그림으로
보는 ───── 니체

그림으로 보는 니체

초판 1쇄 발행 2020년 11월 20일
초판 2쇄 발행 2022년 3월 25일

—

지은이 한상연
펴낸이 이방원
편 집 정조연·김명희·안효희·정우경·송원빈
디자인 양혜진·손경화·박혜옥   **마케팅** 최성수·김 준

—

펴낸곳 세창출판사
　　　신고번호 제1990-000013호 **주소** 03736 서울시 서대문구 경기대로 58 경기빌딩 602호
　　　전화 723-8660 **팩스** 720-4579 **이메일** edit@sechangpub.co.kr **홈페이지** http://www.sechangpub.co.kr
　　　블로그 blog.naver.com/scpc1992 **페이스북** fb.me/Sechangofficial **인스타그램** @sechang_official

—

ISBN 978-89-8411-986-4 03160

이 도서의 국립중앙도서관 출판예정도서목록(CIP)은 서지정보유통지원시스템 홈페이지(http://seoji.nl.go.kr)와
국가자료종합목록 구축시스템(http://kolis-net.nl.go.kr)에서 이용하실 수 있습니다.(CIP제어번호 : CIP2020046772)

그림으로 보는 *Nietzsche* 니체

| 한상연 지음 |

Also sprach Zarathustra

세창출판사

❦

오직 피로 쓴 글만이
그대를 자유케 하리라!

/

흔히 니체의 철학은 어렵다고 한다. 실은 그 반대이다. 니체의 철학
은 조금도 어렵지 않다. 니체의 철학을 이해하려면 한 가지만 기억해
두면 된다. 그것은 오직 피로 쓴 글만이 우리를 자유케 한다는 것이
다. 니체의 글은 피로 쓰였다. 그의 글을 이해하는 데 모범생의 좋은
머리 따위는 아무 도움도 되지 않는다. 피로 쓴 글은 피로 쓴 글을 사
랑할 수 있는 자만을 위한 것이기 때문이다.

피로 쓴 글의 특징은 무엇일까? 그것은 무시무시한 고통에 시달리
는 정신의 산물일까? 그렇다. 오직 무시무시한 고통에 시달려 본 정신
만이 피로 글을 쓸 수 있다. 그러나 고통은 피로 쓴 글의 필요조건일
뿐 충분조건은 아니다. 피로 쓴 글은 고통의 산물이기도 하고 기쁨의
산물이기도 하다. 무시무시한 고통에도 불구하고 삶을 긍정할 수 있

는 자, 죽음보다 깊은 고독에도 불구하고 삶을 사랑할 수 있는 자, 가슴을 찢어발기는 슬픔에도 불구하고 삶을 아름답게 여길 수 있는 자만이 피로 글을 쓸 수 있다. 니체의 철학은 삶이 안겨 주는 무한대의 고통과 고독에도 불구하고 삶을 기꺼워하며 춤추는 자를 위한 철학이다. 춤추며 처절한 슬픔마저 기쁨으로 승화시키는 자를 위한 철학이다.

니체의 철학은 기쁨의 철학이다. 그러나 오해는 하지 말라! 니체의 철학이 말하는 기쁨은 안온한 일상에 젖은 자에게는 허락되지 않는다. 그것은 스스로 정신의 거인이 되기를 갈망하는 자만이 맛볼 수 있는 기쁨이다.

니체에 대해 논하는 자들은 많다. 그러나 니체의 정신이 일부러 시궁창에 처박아 놓은 것을 애써 건져 올린 뒤 "바로 이것이 니체의 사상이다!"라고 떠벌리지 않는 자는 적다. 피로 쓴 글을 사랑할 수 없는 자는 함부로 니체에 관해 말하면 안 된다. 화가가 미칠 듯한 고통과 기쁨에 시달리며 그린 그림을 얌전하게 감상하며 지적 유희나 즐기는 지식인만큼 역겨운 존재가 또 있을까? 환전상의 마음으로 그림을 그리는 주제에 자신의 그림이 피로 그린 것인 양, 심오한 척하는 화가만큼 우스꽝스러운 존재가 또 있을까? 누구나 피로 글을 써야 하는 것은 아니다. 누구나 피로 그림을 그려야 하는 것도 아니다. 원한다면 얼음처럼 냉정한 마음으로 진실을 헤아려 보는 것도 나쁘지 않다. 그러나 사적인 행복과 이익에 마음을 빼앗긴 자는 진실을 발견할 수 없다. 그는 다만 정신적 난쟁이로 살다 죽을 뿐이다.

니체의 철학은 스스로 정신의 거인이 되기를 원하는 자를 위한 철학이다. 피로 쓴 니체의 글이 고통의 산물이기도 하고 기쁨의 산물이기도 한 까닭이 여기에 있다. 환전상의 기쁨을 추구하는 자는 피로 쓴 글을 이해할 수 없다. 지적 유희나 즐기는 지식인은 피로 쓴 글을 이해할 수 없다. 권력과 부를 추구하며 상대적 우월감에 사로잡히기나 하는 속물은 피로 쓴 글을 이해할 수 없다. 이러한 자는 모두 정신적 난쟁이일 뿐이다. 이러한 자는 모두 니체가 차라투스트라의 입을 빌러 끝물 인간이라 지칭한 부류일 뿐이다.

정신의 거인이 되려면 취해야 하고, 미쳐야 한다. 동시에 자신의 광기가 정신적 난쟁이들의 온갖 잡설들을 박살 낼 망치가 되게끔 냉철해야 한다. 요컨대 우리는 시인이 되어야 한다. 걸핏하면 도덕적 설교나 일삼는 사이비 시인 말고 진짜 시인이 되어야 한다. 삶의 아름다움에 진실로 미쳐 버리기만 하면 그림을 그려도 시인일 수 있고, 철학을 해도 시인일 수 있으며, 이런저런 생업에 매달려도 시인일 수 있다. 한 가지만 기억하면 된다. 피로 쓴 글을 사랑할 수 있으면 난쟁이라도 위대한 거인이지만, 사적인 행복과 이익에 마음을 빼앗긴 자는 거인이라도 보잘것없는 난쟁이일 뿐이라는 사실이다.

왜 그러한가? 니체의 철학이 말하는 기쁨은 자신을 정신적 난쟁이로 만드는 온갖 경향을 극복해 나가는 자에게만 허락되는 것이기 때문이다. 몰락을 두려워하지 않는 자만이 정신적 거인이 될 수 있다. 오직 지금의 자기가 극복되도록 하는 자만이 지금의 자기보다 더욱 고차원적인 존재가 될 수 있기 때문이다.

『그림으로 보는 니체』는 지금의 자기가 극복되기를 원하는 이들을 위한 책이다. 피로 쓴 글을 아직 차마 읽지 못하는 이들이 진실한 기쁨으로 자신의 삶을 긍정할 수 있도록 돕는 것이 이 책의 유일한 존재 이유다. 니체의 차라투스트라 사상을 생생하게 밝힐 목적으로 여러 유명한 그림들에 대한 설명을 곁들였다. 그러나 이 책에 수록된 그림들이 철학적 설명을 위한 보조 수단에 지나지 않는 것은 아니다. 그 그림 중 상당수는 피로 그려진 것이다.

　이 책의 출판에 도움을 준 모든 분께 감사의 마음을 드린다. 차라투스트라는 자신이 신을 믿게 된다면 그 신은 오직 춤출 줄 아는 신일 것이라고 고백한다. 그 춤은 드높게 상승하는 정신에게만 허락되는 춤이다. 이 책의 출판에 도움을 준 모든 분의 삶을 통해 많은 사람의 정신이 춤출 줄 아는 정신이 되기를 바란다.

차례

제1장

/

차라투스트라의 몰락

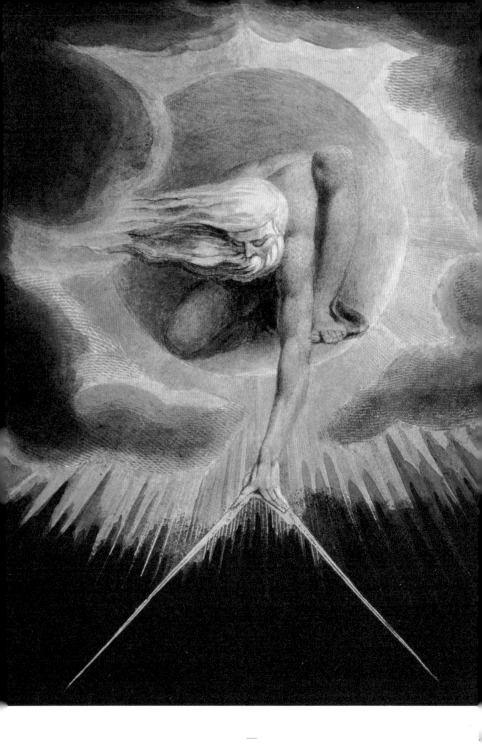

윌리엄 블레이크, 〈옛적부터 항상 계신 이〉, 1794, 영국 박물관

"신은 죽었다!"

프리드리히 니체의 책 『차라투스트라는 이렇게 말했다』에서 가장 유명한 말이다. 차라투스트라는 서른이 되었을 때 고향을 떠나 산으로 들어갔다. 그가 다시 산에서 내려온 것은 10년이 지난 뒤였다. 그동안 그는 지치지도 않고 고독한 정신을 즐겼다.

하지만 차라투스트라는 다시 인간이 되고자 했다. 그에게 그것은 일종의 자발적인 몰락이었다. 고독을 단순히 견딜 뿐 아니라 기꺼워할 줄 아는 정신의 소유자는 인간 이상의 존재이기 때문이다. 말하자면 그는 초인이었다. 그의 정신은 고독을 두려워하는 인간의 한계를 넘어서 마침내 밤하늘의 아스라한 고도 위에서 빛나는 별이 되었다. 그런 그가 왜 자발적으로 몰락하기를 원하게 되었을까? 그는 왜 다시 인간이 되려 했을까?

산에서 내려온 차라투스트라가 처음 만난 인간은 늙은 성자였다. 노인에게 차라투스트라는 자신이 몰락을 원하게 된 까닭을 "인간을 사랑하기 때문"이라고 설명한다. 하지만 차라투스트라와 달리 노인은 인간에게는 큰 관심이 없는 것 같았다. 그는 신을 사랑하고 또 찬양하는 자였다. 그런 그와 헤어지고 난 뒤 차라투스트라는 마음속으로 이렇게 말했다.

> '이럴 수가 있는가! 저 늙은 성자는 숲속에 혼자 있느라 신이 죽었다는 소식조차 듣지 못했구나!'

얼마나 이상한 말인가! 신이 죽었다니, 대체 그런 일이 어떻게 가능할까? 죽을 수 있는 자가 어떻게 신일 수 있단 말인가? 게다가 인간을 사랑하기 때문에 기꺼이 몰락을 원하게 되었다는 차라투스트라의 말은 그 '죽음'의 의미를 더욱 혼란스럽게 한다. 신이야말로 궁극의 사랑을 상징하는 존재가 아닌가? 그러니 신의 죽음이란 사랑의 영원한 실패와 좌절을 뜻하지 않을까?

이러한 의문을 풀기 위해서는 우선 죽을 수 있는 신은 가짜이거나 절대자가 아니라는 것을 먼저 알아야 한다. 신이 죽었노라는 차라투스트라의 선언은 신의 존재에 대한 믿음에서 출발한 유럽 문화가 마침내 파산하게 되었노라는 선언과도 같다. 유럽 문화의 두 뿌리인 고대 그리스 철학과 기독교 신학은 모두 영원불변하는 신의 존재를 중심으로 형성되었다. 그런데 정말 신이 죽었다면 영원불변하는 신은 처음부터 아예 없었던 셈이다. 죽음이란 산 자에게 찾아오는 가장 극적이고도 최종적인 변화를 뜻하기 때문이다.

영국의 시인이자 화가였던 윌리엄 블레이크의 그림 〈옛적부터 항상 계신 이〉는 차라투스트라가 그 죽음을 선언한 신과 가장 가까운 이미지를 우리에게 제공한다. '옛적부터 항상 계신 이'는 구약 성경의 다니엘서에 나오는 야훼의 별칭이다. 블레이크는 신을 '유리즌Urizen'이라고 부른다. 유리즌의 의미는 보통 두 가지로 해석된다. 하나는 '너의 이성Your Reason'이고, 또 하나는 '제약하기to limit'(그리스어 ὁρίζων)이다.

유리즌을 묘사한 〈옛적부터 항상 계신 이〉는 1794년에 출판된 블레이크의 시집 『유럽: 하나의 예언』의 제1면에 실린 그림이다. 블레이크의 그림에서 유리즌은 수염이 달린 남자 노인의 모습을 하고 있다. 그의 손에는 컴퍼스가 들려 있다. 태양처럼 밝은 빛에 둘러싸인 채 유리즌은 컴퍼스로 영원한 혼돈의 어둠에 기하학적 형상의 질서를 부여한다. 유리즌에 의해 영원불변하는 법칙과 이데아의 지배를 받는 하나의 세계가 창조된 것이다.

전통 철학과 신학의 관점에서 보면 이러한 창조는 위대할 뿐 아니라 참으로 아름답다. 참된 아름다움은 영원불변하는 신의 존재에 잇닿아 있다. 우리가 감각적으로 발견하는 이런저런 무상한 사물들의 아름다움은 영원불변하는 신의 아름다움의 불완전한 그림자에 지나지 않는다. 그러니 세계를 지배하는 영원불변하는 법칙과 이데아는 우리가 살면서 경험하는 어떠한 아름다움보다도 더 진실하고 찬란한 아름다움으로 기념되어야 한다.

그러나 블레이크의 시와 예술에서 유리즌은 종종 사탄과 가까운 존재로 묘사된다. 무슨 까닭일까? 비록 성경 속의 하나님과 달리 컴퍼스를 사용하기는 했지만, 아무튼 유리즌 역시 혼돈의 어둠을 가르면서 창조하기 시작했다. 그러니 유리즌이 블레이크의 시와 예술에서, 성경 속의 하나님과 같은 존재라는 점을 부정하기는 어려울 것 같다. 그럼에도 블레이크는 유리즌을 신성하기는커녕 사악하고 흉폭한 사탄과도 같은 존재로 묘사하는 것이다.

우선 다음과 같은 점을 생각하도록 하자.

창조는 새로운 것의 생성이요,

생성된 모든 것은 결코 영원불변하지 않다.

영원불변한 것은 생성될 수도, 소멸할 수도 없기 때문이다.

만약 세계를 지배하는 법칙과 이데아의 지배를 받는 세계가 혼돈의 어둠이 갈라지면서 창조된 것이라면, 영원한 것은 오직 혼돈의 어둠뿐이요, 법칙과 이데아는 실은 혼돈의 어둠으로 표상되는 영원에 대한 반역의 산물일 뿐이다. 혼돈의 어둠은 세계가 창조되기 전에도 있었다. 그리고 세계는 언제나 이미 혼돈의 어둠 속에 잠길 위험에 처해 있다. 그렇지 않다면 왜 세계에서 그토록 빈번히 재난이 일어나겠는가? 왜 정의와 평화는 거저 주어지지 않고 피비린내 나는 투쟁의 산물로서 주어지겠는가?

세계는 결코 영원불변하는 법칙과 이데아의 지배를 받는 조화로운 세계가 아니다. 세계에서는 늘 투쟁이 벌어지고 있고, 투쟁이 벌어져야 하는 세계는 본래 혼돈의 세계이다. 그렇다면 법칙과 이데아란 부질없는 허명에 불과한 것이 아닐까? 참된 존재는 본래 혼돈의 어둠일 뿐이고, 정의·선·아름다움·조화 등을 향한 인간의 소망은 결코 이루어질 수 없는 것이 아닐까? 만약 모든 존재가 영원한 혼돈의 어둠 속에 잠겨 있는 것이 아니라면 왜 신은 하나의 세계를 창조해야만 했을까? 신이 하나의 세계를 창조해야만 했다는 사실 자체가 오직 혼돈의 어둠만이 영원하다는 것을 증명하지 않을까?

니체가 보기에 유럽 문화는 공포와 불안으로 점철된 역사를 가지고 있었다. 소크라테스와 플라톤에 의해 철학이 영원한 진리를 향한 학문적 탐구의 성격을 띠기 시작한 이래로, 그리고 기독교 신학 사상이 그리스 철학과 교묘하게 통합된 이래로, 유럽인은 늘 자신이 세계 안에 머물고 있다는 사실 자체를 두려워했다. 인간은 원죄로 인해 타락한 존재로 상정되었다. 세계는 낙원에서 추방된 인간이 고통스럽게 살다 죽어 가도록 마련된 저주받은 곳이었다. 구원받으려면 인간은 세계를 멀리하고 오직 하나님만을 경외해야 한다. 하나님만이 참된 존재이고, 영원한 진리와 선의 유일무이한 근거이기 때문이다.

월리엄 블레이크의 시와 예술에서 세계의 창조자인 유리즌은 선하기는커녕 오히려 압제자이다. 성경 속의 하나님은 유리즌의 가면이다. 히브리 족속에게 십계명을 선사한 것은 바로 유리즌이었다. 모세의 인도를 받으며 광야로 나오기 전, 히브리 족속은 이집트의 파라오에게서 억압받는 노예였다. 파라오는 누구인가? 살아 있는 신, 영원한 진리와 선의 화신이다. 즉 히브리 족속은 신의 이름으로, 영원한 진리와 선의 이름으로, 억압을 받았던 것이다.

이집트를 탈출한 뒤 그들을 기다리고 있었던 것 또한 자신을 영원한 진리와 선의 근거로 소개하는 신이었다. 그들은 율법의 지배를 받아야만 했다. 율법과 어긋나는 모든 것은 단호히 배척되었다. 율법은 신의 뜻이었기에 율법과 어긋나는 모든 것은 거짓이고 악이며, 추함이었다.

율법이 지배하는 곳에서, 다시 말해 영원불변하는 신의 섭리와 의지가 지배적인 나라에서, 인간은 무엇으로 인간답게 살 권리를 얻게되는가? 복종을 통해서이다. 복종하지 않는 인간은 죄에의 유혹을 이기지 못하는 자이고, 쾌락에 탐닉하는 자이며, 그런 한에서 짐승과 다를 바 없다. 그러니 짐승의 차원으로 몰락하지 않으려면 철저하게 복종해야 한다.

신의 나라에서 인간은 늘 몰락을 두려워해야 한다. 신에 의해 의롭다 칭함을 받고 들림받기만을 갈망해야 한다. 그러려면 자신이 지상에서 누릴 수 있는 모든 육체적 쾌락과 즐거움을 단호히 포기해야 한다. 말하자면 인간은 철저히 복종적인 정신이 되기 위해서 자신의 한계를 극복해야 한다.

니체의 차라투스트라 역시 인간에게 자신의 한계를 극복하라고 권면한다. 성자가 살던 숲에서 가장 가까운 도시로 간 차라투스트라는 줄타기 광대의 공연을 기다리며 서성이던 군중을 향해 이렇게 말했다.

> "나는 너희에게 초인을 가르치려 하노라.
> 인간은 극복되어야 할 그 무엇이다.
> 너희는 자신을 극복하기 위해 무엇을 했는가?"

차라투스트라에 따르면 인간이 극복되어야 하는 것은 인간이 스스로 창조와 생성의 힘이 되어야 한다는 것과 같다.

> "지금까지 모든 존재는 자신을 넘어서 그 무엇인가를 창조해 왔다.
> 그럼에도 너희는 이 엄청난 밀물의 한가운데서 썰물이 되기를,
> 자신을 극복하기보다 짐승으로 퇴락해 가기를, 원하는가?"

언뜻 차라투스트라의 말은 모순처럼 보인다. 인간이 짐승으로 퇴락할 위기에 처하게 된 것은 인간이 자신을 넘어서 그 무엇을 창조하지 못하기 때문이다. 그렇다면 지금까지 모든 존재가 자신을 넘어서 그 무엇인가를 창조해 왔다는 말은 성립할 수 없는 것이 아닐까? 자기를 극복하지 못하는 인간이 짐승으로 퇴락한다면 짐승은 분명 그러

한 인간보다 하위의 존재가 아닌가? 짐승 역시 인간과 마찬가지로 자신을 넘어설 수 없는 존재라고 해야 하지 않을까? 만약 짐승이 자신을 넘어설 수 있는 존재라면 인간보다 짐승이 더 상위의 존재라는 결론이 나오지 않는가?

그러나 여기서 문제가 되는 것은 오직 인간의 존재일 뿐이다. 인간은 짐승이 극복되어 창조된 새로운 존재이다. 즉 짐승 역시 자신을 넘어서 그 무엇인가를 창조해 온 모든 존재의 한 구성원이다. 차라투스트라가 지적하는 것은 스스로 극복되어 인간이라는 새로운 존재가 생성되도록 한 짐승과 달리 인간은 극복되기를 거부하고 있다는 점이다. 바로 그렇기에 인간은 초인의 길을 예비하기는커녕 스스로 짐승으로 퇴락하게 될 위기에 처하게 되었다. 오직 초인을 향한 길 위에 머무는 인간만이 퇴락하지 않을 수 있는 것이다.

그렇다면 인간으로 하여금 극복되지 못하는 존재가 되도록 하는 것은 무엇인가? 왜 인간은 지금까지 초인의 길로 가지 못하고 정체된 삶을 반복해 왔을까? 그것은 바로 신의 이름으로 절대화되고 또 영속화된 진리와 선이다.

"형제들이여, 나는 간절히 바란다.
대지에 충실하라!
그리고 천국을 향한 희망을 말하는 자들을 믿지 말라!
그들은 알면서든 모르면서든 독이 든 양식을 퍼트리는 자이다."

신의 이름으로 절대화되고 또 영속화된 진리는, 즉 신적 진리의 후광으로 인해 절대화된 선의 이념과 도덕적 규범들은, 인간으로 하여금 늘 고정된 삶의 이상에 집착하게 만든다. 간단히 말해, 진리와 선은 인간을 노예로 만든다. 규범의 근거가 신의 이름으로 절대화된 진리와 선인 한에서, 인간은 규범의 무조건적인 지배를 받아야 한다.

자유로운 정신의 특징은 무엇인가? 자유분방함이다. 정신이 자유로운 자는 집착하기보다 기꺼이 떠나려 하며, 떠나려는 결의를 통해 자신이 더욱 강하고 고차원적인 존재로 고양되도록 한다. 그러니 영원불변하는 진리와 선의 이념에 사로잡힌 채 고정된 삶의 이상을 추구하게 된 인간은 노예의 정신을 지닌 자일 수밖에 없다. 인간으로 머물기를 갈망하면서, 짐승 같은 자가 되지 않을까 염려하면서, 최대한 순수한 인간이 되기 위해 대지에 속한 모든 것을 포기하고 오직 천국만을 바라보면서, 우리는 실은 노예가 된다. 스스로 극복되기를 두려워하는 자는 노예 외에 다른 아무것도 아니다.

바로 여기에 차라투스트라가 말하는 몰락의 비밀이 있다. 홀로 고독을 즐기던 10년 동안의 생활을 청산하고 인간 세상으로 되돌아갈 결심을 한 후 차라투스트라는 "나는 몰락해야만 한다"라고 다짐한다. 차라투스트라의 몰락은 인간의 퇴락과 어떻게 다른가? 인간이 짐승으로 퇴락할 위기에 처한 까닭은 바로 인간이 몰락하기를 거부하기 때문이다. 즉 퇴락의 징후는 바로 자신의 몰락에 대한 두려움과 불안이다.

"인간은 더러운 강물이다.

그러므로 우리는 먼저 바다가 되어야 한다. …

보라, 나는 너희에게 초인을 가르친다.

초인은 바다이다.

너희의 커다란 경멸은 그 속으로 가라앉을 수 있다."

여기서 경멸이란 몸을 향한 영혼의 경멸을 뜻한다. 순수한 정신이 되고자 인간이 행하는 경멸이다. 세속적인 모든 것을 향한 경멸, 신과 달리 영원하지 못한 세계의 무상함을 향한 경멸, 대지에 발을 딛고 살아가는 인간의 구체적이고도 현실적인 삶을 향한 경멸이다.

그렇다면 우리에게 왜 몰락이 필요한지 이미 답변이 된 셈이다. 순수한 정신이 되기를 지향하며, 또 드높은 영혼으로 고양되기를 갈망하며, 우린 실은 고정된 삶의 이상에 사로잡힌 채 변화를 거부하는 노예가 되어 갈 뿐이다. 그러니 초인이 되기를 원하는 자는 먼저 몰락하는 법을 배워야 한다.

그 까닭은 순수한 정신을 향한 길이 깨끗하기는커녕 더럽기 때문이다. 대체 존재하는 모든 것을 경멸하는 정신, 스스로를 높이고자 하면서 만나는 모든 것을 부정당해 마땅한 불결한 것으로 낙인찍는 정신보다 더 위선적이고 타락한 정신이 있을 수 있을까?

차라투스트라에게 초인이 되는 길은 결코 위만 향하지 않는다. 또한 초인이란 한번 도달하고 나면 영원히 내 것이 될 어떤 항구적인 인격 같은 것도 가리키지 않는다. 10년 동안 고독을 즐기며 초인이 된 차라투스트라에게는 스스로 인간으로 몰락해 가는 것이 동시에 초인

〈세계의 건축가이신 하나님〉, 1220-1230, 오스트리아 국립도서관

이 되는 길이었다. 만약 몰락을 거부하고 끝끝내 인간 이상의 존재로만 남으려 했다면 아마 그는 자기도 모르는 사이에 인간으로, 짐승으로, 퇴락해 버렸으리라.

윌리엄 블레이크가 컴퍼스를 든 세계의 창조주 그림을 처음 그린 것은 아니다. 중세기 유럽에서는 종종 『교훈 성서 Bible moralisée』라는 이름의 매우 값비싼 책이 제작되었다. 책 속에는 성경 이야기를 담은 여러 그림이 수록되어 있다. 그중에는 프랑스 파리에서 1220-1230년경에 그려진 것으로 추정되는 〈세계의 건축가이신 하나님〉도 있다.

이 그림에서도 마찬가지로 하나님은 컴퍼스를 사용하여 세계를 창조하고 있다. 태양과 달과 지구를 담고 있는 우주가 하나님의 왼손에 들려 있고, 하나님의 오른손에 들려 있는 컴퍼스의 바늘 하나는 우주의 중심에 꽂혀 있다. 바늘이 달린 다리가 축이고, 다른 다리가 바늘이 꽂힌 곳을 중심으로 삼아 완벽한 원형의 운동을 하며 우주의 둘레를 그려 낸 참이다.

창조주인 신은 초월자이다. 여기서 초월이란 경계를 넘어서 있다는 뜻이다. 창조주인 신과 피조물인 세계 사이에는 넘을 수 없는 경계가 있다. 신은 영원하지만 피조물인 세계는 그렇지 못하다. 세계는 신의 창조를 통해 비로소 존재하게 된 것이고, 신이 마음만 먹으면 언제든 사라지게 될 허망한 것이다. 그렇다면 창조주인 신은 몰락할 수 없는 자로서 초월자인 셈이다. 그는 언제나 자기 자신으로 머물 뿐이다. 그는 자신이 아닌 다른 것이 될 수 없다. 그는 영원한 자기동일자다.

창조주인 신은 순수 주체이다. 순수 주체라는 말은 객체화될 수 없다는 뜻이다. 신과 세계 사이의 관계에서 능동적으로 행위하는 자는 늘 신이고, 세계는 철두철미하게 수동적이다. 신은 세계를 바라보고, 대상화하며, 이렇게 저렇게 바꾼다. 반면 세계는 신에 의해 관조되고, 대상이 되며, 신의 행위로 인해 변해 간다. 창조주인 신이 몰락할 수 없다는 말은 신이 순수 주체라는 말과 같다. 아무것도, 심지어 신 자신조차, 신을 바라볼 수 없다. 아무것도 신을 대상화할 수 없으며, 이렇게 저렇게 바꿀 수도 없다. 대상화될 수 있는 자는, 바뀔 수 있는 자는, 결코 순수 주체로서의 신일 수 없다.

신이 자신의 이미지를 본떠서 만든 탓인지 인간 역시 하나의 주체이기는 하다. 인간에게는 정신이 있고, 그 무엇을 바라보고 대상화할 눈도 있다. 그러나 신과 달리 인간은 초월자가 아니다. 인간은 어디까지나 세계 안에서만 머물 수 있을 뿐이다. 그 때문에, 함께 세계 안에 머무는 타자의 시선에 의해 대상화될 수도 있고, 타자와의 관계 속에서 이렇게 저렇게 바뀔 수도 있다. 결국, 인간은 순수 주체가 아니다.

몸을 향한 인간의 경멸은 바로 몸으로 인해 자신이 순수 주체가 되지 못한다는 생각을 반영한다. 신과도 같은 순수 주체가 되기 위해서는, 그럼으로써 육체적 욕망이 자아내는 갖가지 범죄의 속박으로부터 완전히 벗어나기 위해서는, 최대한 몸과 무관한 존재가 되어야 한다. 결국, 신에게 복종적인 인간은 신처럼 변화와 무관한 존재가 되는 방향으로만 자신의 삶의 변화가 이루어지기를 의욕하는 자인 셈이다. 신을 믿는 자는 몰락이 아니라 끝없는 상승만을 희구한다. 그 상승의 끝은 영원한 멈춤이다. 자유분방한 삶의 완전한 소멸이다.

차라투스트라의 몰락은 인간을 향한 그의 사랑 때문에 시작되었다. 그러나 신에게 복종적인 인간은 본래 차라투스트라가 사랑할 수 있는 존재가 아니다. 이러한 인간은 몰락하기를 거부하기 때문이다. 차라투스트라는 자신의 사랑이 기꺼이 몰락하려는 자를 향해 있음을 고백한다.

> "나는 사랑한다.
>
> 자신의 신을 사랑하기 때문에 자신의 신을 벌하는 자를.
>
> 그러한 자는 자신의 신의 분노로 인해 파멸할 수밖에 없기 때문이다. …
>
> 나는 사랑한다.
>
> 자신을 망각한 채 만물을 자기 안에 간직할 만큼 그 영혼이 넘쳐흐르는 자를.
>
> 만물이 그의 몰락의 계기가 되기 때문이다. …
>
> 나는 사랑한다.
>
> 자유로운 정신과 자유로운 심장을 가진 자를.
>
> 그러한 자에게 머리는 심장에 있는 내장일 뿐이다.
>
> 그의 심장이 그를 몰락으로 몰아간다."

신은 피조물인 세계와 자기 사이에 넘을 수 없는 경계를 지닌 자이

다. 하지만 차라투스트라가 사랑하는 자는 만물과 자기 사이의 경계
를 알지 못하는 자이다. 이러한 자는 어떠한 자인가? 만물을 자기 안
에 간직할 만큼 그 영혼이 넘쳐흐르는 자요, 자신을 망각할 만큼 만물
안으로 몰입해 있는 자이다. 왜 만물은 이러한 자의 '몰락의 계기'가
되는가? 만물과 자기 사이의 경계가 허물어져, 지켜야 할 자기가 결국
사라지기 때문이다.

　말하자면 그는 신의 안티이다. 영원한 자기동일자인 신과 달리 그
는 끝없이 허물어지는 자이며, 자신의 몰락 속에서 만물과 하나가 된
채 부단한 생성의 힘이 승리하도록 기꺼이 내버려 두는 자이다. 그는
왜 자신의 신을 사랑하기 때문에 도리어 자신의 신을 벌하게 되는가?
만물을 향한 사랑의 힘으로 자기와 자기 아닌 것 사이의 경계를 허묾
으로써 영원히 불변하는 자기로 남는 신의 존재를 수치스러운 것으로
서 드러내기 때문이다.

　사랑하는 자는 자기와 사랑의 대상 사이의 경계를 본래 알지 못한
다. 사랑하는 자는 자기로 남을 수 없으며, 사랑의 대상과의 관계 속에
서 기꺼이 자기를 버리려 한다. 그러니 신의 사랑이란 그 자체로 순수
주체이자 영원한 자기동일자인 신의 존재에 대한 모욕일 뿐이다. 신
은 본래 사랑이라는 말과 어울리지 않는다. 오직 몰락할 수 있는 자만
이, 자신의 영혼이 너무 넘쳐흘러 자기도 모르게 만물을 자기 안에 담
아내며 스스로 몰락의 길을 걷게 되는 자만이 사랑의 정신일 수 있다.
그는 몰락함으로써, 자기가 극복되도록 내버려 둠으로써, 자기 이상의
존재가 되는 것이다.

〰️

신에게 복종적인 인간은 궁극의 노예가 되기 위해 끝없는 상승을 갈망하는 자이다. 그러나 이러한 인간에게도 한 가지 긍정할 만한 점이 있다. 몰락을 거부하기는 하지만 아무튼 그는 나름대로 자기 극복을 시도하는 자이다. 결국, 신에게 잘 복종하기 위해서는 세속적인 쾌락에의 유혹에 시달리는 일상적 자기의 한계를 넘어서야 하는 것이다. 다만 그는 몰락을 거부하고 신이라는 궁극의 존재를 향해 끝없이 상승해 나가는 길이 결국 자유의 부정으로 이어지게 된다는 것을 모르고 있을 뿐이다.

니체는 긍정할 만한 점이 하나도 없는 인간을 '끝물 인간der letzte Mensch'이라고 부른다. 끝물 인간은 보통 '인간 말종', '말종 인간', '말인' 등으로 번역된다. 하지만 인간 말종 등의 번역은 다소 문제가 있다. 인간 말종은 행실이 아주 못된 인간을 비유적으로 이르는 말이다. 즉 도덕을 무시하고 제멋대로 하는 인간, 그 품성이 매우 비열하고 악한 경우를 일컫는 말이다. 하지만 니체의 '끝물 인간'은 그러한 자가 아니다. '끝물 인간'은 일상에 안주하는 인간을 말한다.

왜 우리는 일상에 안주하는가? 일상이 소소한 기쁨과 즐거움을 안겨 주면서 동시에 큰 고통과 죽음의 위협으로부터 우리 자신을 지켜 준다는 느낌 때문이다. 일상에 안주하는 '끝물 인간'은 인간 말종과 달리 도덕에 집착하고 또 도덕을 적당히 지킬 줄 알아야 한다는 식의 절충적 태도를 보이기 마련이다.

도덕을 너무 엄격하게 지키려 하면 일상이 주는 소소한 기쁨과 즐거움이 사라질 것이고, 반대로 도덕을 너무 무시하면 범죄가 만연해서 결국 불안하고 고통스럽게 살게 될 위험이 커질 것이다. '끝물 인간'에게 가장 좋은 것은 최대한 많은 기쁨과 즐거움을 누리는 것뿐이다. 그에게 도덕이 필요한 까닭은 욕심이 지나치면 기쁨과 즐거움보다 고통과 슬픔이 찾아오기 쉽기 때문이다.

대체 누가 끝물 인간인가? 미안한 말이지만, 우리 중 절대다수는 끝물 인간이다. 보통 군중이나 대중이라고 불리는 인간 군상, 일신의 안위에 전념할 뿐 스스로 정신의 거인이 되기를 두려워하는 인간들은 모두 끝물 인간에 속한다.

신의 죽음은 절망할 이유인가? 그렇지 않다. 신이 살아 있을 때 인간은 신의 의지에 복종하는 것 외에 다른 어떤 선택의 가능성도 알지 못했다. 그런데 신이 죽고 나자 자신의 의지를 강요하는 절대자는 더 이상 존재하지 않게 되었다. 마침내 자유로운 삶의 길이 열리게 된 것이다. 그 때문에 차라투스트라는 신의 죽음이 명백해진 시대를 사는 군중을 향해 이렇게 외친다.

> "지금은 인간이 자신의 목표를 세워야 할 때다.
> 지금은 드높은 희망의 싹을 심을 때다."

불행하게도 차라투스트라의 외침을 들은 군중은 끝물 인간의 무리였다. 하지만 아직 그 사실을 모르는 차라투스트라는 군중에게 끝물 인간이 어떤 자인지 들려주었다. 차라투스트라에 의하면 끝물 인간으로 분류되는 자들은 종종 눈을 깜박이며 묻는다.

"사랑이란 무엇인가? 창조란 무엇인가?
동경이란 무엇인가? 별이란 무엇인가?"

그들의 가슴속에 드높은 희망의 싹이 간직되어 있다면, 그가 아스라한 고도 위의 별을 동경할 줄 안다면, 창조와 생성을 위해 만물과 자신 사이의 경계를 허물며 스스로 만물 속으로 몰락해 갈 결의를 품을 수 있다면, 그들은 아마 어린아이 같은 순수하고도 건강한 호기심으로 이렇게도 물을 것이다.

"왜 사랑과 창조라는 말은 내 가슴을 두근거리게 하는가?
왜 나는 이 지상에서의 삶에 만족하지 못하고 밤하늘의 별을 동경할까?"

그러나 끝물 인간들은 진실한 것은 아무것도 긍정할 줄 모르는 회의주의자일 뿐이다. 그들에게는 사랑도, 창조도, 동경도, 밤하늘의 별도— 필요하지 않다.

"우리는 행복을 찾아냈다."
끝물 인간들은 이렇게 말하며 눈을 깜박인다.

행복할 수만 있다면 그저 만족할 뿐, 끝물 인간들은 아무것도 묻지 않는다. 물론 그들 역시 다소간 이웃을 사랑하기는 한다. 그러나 그것은 사랑의 열정에 자신을 내맡길 준비가 되어 있어서가 아니라 그저 온기가 약간 필요해서다. 사회질서의 보존과 재생산이라는 관점에서 보면, 그들은 분명 최악이 아니다. 아니, 최악이기는커녕 그들이야말로 사회질서가 잘 보존되고 재생산되도록 하는 데 꼭 필요한 존재들이다.

일상의 안위가 크게 흔들리지만 않으면 사회에 대해 지나친 불평을 늘어놓는 법도 없고, 이웃을 해치지도 않으며, 나름 열심히 일하기도 한다. 일상의 안위를 추구하는 끝물 인간은 왜 방종한 생활을 하는 대신, 일하며 살아갈까? 일하지 않으면 가난해지고, 가난해지면 삶이 고통스러워지기 때문이다. 게다가 자신의 가슴속에 드높은 희망의 싹을 품지 못하는 자에게는 날 마다의 일이 적당한 소일거리이기도 하다.

요컨대 끝물 인간들은 자신의 삶을 살뜰하게 잘 챙기는 자들이다. 물론 그들은 스스로 몰락하려 하지도 않고, 드높은 동경의 마음으로 기꺼이 몰락해 가는 정신이 어떠한 것인지 이해할 수도 없다. 바로 그 때문에 그들은 오직 행복만을, 자신의 사적인 삶에 집착하는 자가 누릴 수 있는 일상적 기쁨과 즐거움만을, 바랄 뿐이다.

끝물 인간에 대한 차라투스트라의 이야기를 들은 군중은 환호하며 외쳤다.

"아, 차라투스트라여! 우리에게 그 끝물 인간을 달라!
우리를 그 끝물 인간으로 만들라!"

군중의 외침을 들은 차라투스트라는 자신이 그들에게 어울리는 존재가 아니라는 사실을 깨달았다. 인간을 사랑하는 마음 때문에 자신의 몰락을 선택한 차라투스트라는 대다수의 인간이 창조와 생성의 비밀을 조금도 알지 못한다는 사실을 절감해야 했다.

오직 스스로 몰락하기를 선택하는 자만이 창조할 수 있다.
창조란 새로운 것이 생성될 수 있도록 자신이 부단히 극복되게 하는 존재에게서 비롯되는 것이기 때문이다.

니체는, 니체의 차라투스트라는, 신성모독자인가? 과연 그렇다. 경건한 신앙심의 눈으로 보면 신의 죽음을 선포하는 것이야말로 최악의 신성모독이다. 그러나 니체의 차라투스트라를 진실한 마음으로 사랑할 수 있는 자가 아니라면 실은 조금도 경건한 자가 아니다. 신에게 복종하기만 일삼는 자는, 복종을 강요하는 신을 모독하기를 두려워하는 자는, 그럼으로써 신의 이름을 진정한 자유의 가능성과 조화롭게 하기 위해 애쓰지 않는 자는— 신의 죽음이 선포된 새로운 시대에, 자신의 신을 구원할 수 없다는 뜻이다.

프랑스 혁명이 일어난 해인 1789년에 블레이크는 시집 『천진무구의 노래 The Songs of Innocence』(순수의 노래)를 출판한다. 『천진무구의 노래』에는 「양」이라는 유명한 시가 수록되어 있다. 그 시는 다음과 같다.

어린 양아, 누가 너를 만들었니?

너는 알고 있니, 누가 너를 만들었는지?

누가 너에게 생명을 주고

시냇가와 풀밭 위에서 너를 먹여 주는지?

너에게 기쁨의 옷을, 솜같이 따스하고 밝은

너무도 보드라운 옷을 입혀 주는지?

너에게 그처럼 부드러운 목소리를 주고

온 골짜기를 기꺼워하게 만들었는지?

어린 양아, 누가 너를 만들었니?

너는 알고 있니, 누가 너를 만들었는지?

어린 양아, 내가 말해 주마.

어린 양아, 내가 말해 주마.

그분은 너의 이름으로 불리신단다.

그분은 자신을 양이라고 부르시거든.

그분은 온화하고 포근하시단다.

그분은 어린아이가 되셨지.

나는 어린아이, 너는 양,

우리는 그분의 이름으로 불린단다.
어린 양아, 하나님이 너를 축복하시길!
어린 양아, 하나님이 너를 축복하시길!

블레이크의 시 「양」에서 하나님은 스스로 세상에서 가장 연약한 존재인 양이 된 존재이다. 그런 점에서 이 하나님은 분명 신의 죽음을 선포한 차라투스트라와 닮았다. 자신을 양이라고 부르는 하나님은 스스로 몰락을 선택한 신, 세상을 위해 극복될 자로서 자신을 내어 준 신인 것이다. 그러므로 어린 양인 하나님은 유리즌과도 같이 명령을 내리는 신, 영원한 자기동일자로 남아 자신이 아닌 모든 것을 철두철미하게 지배하려는 신의 대척점에 서 있다. 어린 양인 하나님은 순수 주체가 아니다. 온 골짜기를 기꺼워하는 어린 양은 세계의 아름다움 안으로 기꺼이 몰입해 가는 천진무구한 정신이며, 자신을 안으로 받아들여 주는 세계와 언제나 이미 하나인 정신이다.

　냉정하게 현실적으로 생각해 보면, 블레이크의 「양」은 꽤나 그로테스크하고 불길한 느낌을 주기도 한다. 가장 연약한 짐승인 양은 결국 죽임당할 운명과 함께 태어난다. 땅 위의 맹수나 하늘을 나는 맹금이 기회가 될 때마다 양의 어린 살을 갈기갈기 찢을 것이다. 그런데 그러한 양을 만든 하나님이 어떻게 온화하고 포근한 존재일 수 있을까? 그러한 양을 하나님이 축복해 주시길 어떻게 기원할 수 있을까? 진정 어린 양을 사랑하거든 어린 양을 창조한 하나님을 향해 저주라도 퍼부어대며 어린 양을 위해 뜨거운 눈물을 흘려야 하지 않을까?

그렇다. 블레이크의 「양」은 스스로 어린 양이 될 결의를 품은 자만이 부를 수 있는 노래이다. 자신을 어린 양으로 여기는 자만이 그 노래에 어울린다. 운명이 사납게 자신의 삶을 참혹한 고통 속으로 몰아넣어도 오직 삶과 존재를 있는 그대로 순연하게 긍정할 뿐 결코 원망도 후회도 않겠노라 다짐하는 자가 아니면 그 노래를 부르지 말아야 한다. 스스로 자신을 양이라고 부르는 하나님과도 같이 될 것을 다짐하면서 내일에의 염려를 잊는 자만이, 아름다운 골짜기 안으로 천진난만하게 자신을 내던지며 하늘의 독수리와 지상의 늑대가 안겨 주는 두려움마저도 찬란한 삶의 한 부분으로 기꺼이 받아들일 마음을 지니고 있는 자만이, 블레이크의 「양」을 부를 자격을 가진다.

성경 속에는 그러한 양의 모범적인 표상이라 할 만한 인물이 하나 등장한다. 바로 예수 그리스도이다. 만약 예수가 하나님과 하나라는 기독교 교의가 맞는다면, 예수는 인간이면서 동시에 신인 특별한 존재이다. 그는 기꺼이 자신의 십자가를 받아들였다. 그는 기꺼이 자신의 몸이 갈기갈기 찢기도록 내버려 두었으며, 자신의 몸을 찢는 자들을 원망하거나 증오하지도 않았다. 그는 오직 하나님의 역사가 이루어지기를, 만물이 합심하여 기어이 하나님의 사랑과 정의가 온전히 실현되기를, 원할 뿐이었다. 결국, 그는 하나님을 위해, 죄 많은 인간들을 위해, 만물을 위해─ 스스로 몰락해 가기를 선택한 자였다.

그렇다면 예수야말로 차라투스트라가 말하는 초인의 전형이 아닐까? 예수야말로 유리즌이 아니라 자신을 어린 양이라고 부르는 그러한 신의 존재에 대한 생생한 증거가 아닐까? 왜 차라투스트라는 신의 죽음을 선포했는가? 왜 니체는 기독교에 적대적인가? 왜 니체는 자신을 안티-그리스도로 이해했는가? 아마 그 가장 커다란 이유는 세상에 끝물 인간이 너무나도 많다는 사실일 것이다.

끝물 인간들은 어디에나 있다. 세상에 자신의 몰락을 기꺼워할 자가 대체 얼마나 될까? 일상의 안위에 집착하는 자는 어느 시대 어느 나라에서나 압도적 다수이다. 세상은 끝물 인간들이 지배하는 곳이다. 지위가 높은 자도, 부자도, 심지어 학식이 높은 자나 섬세한 감성의 소유자인 시인과 예술가마저도 대개 그저 끝물 인간에 지나지 않는다.

둔감한 정신의 소유자라면 끝물 인간들이 세상에 넘쳐난다는 사실을 대수롭지 않게 생각할 수도 있다. 일상의 안위에 좀 집착한들 그게 무슨 큰 문제란 말인가? 적당히 기쁨과 즐거움을 추구하면서, 온기가 필요해 서로 미적지근한 사랑도 하면서, 철저하게는 아니어도 도덕과 법 역시 대강 사회질서가 유지되도록 하는 만큼은 지켜 가면서 살아가는 자가 다수인 사회가 그렇지 못한 사회보다 훨씬 더 낫지 않은가?

과연 그렇기는 하다. 사람 죽이기를 밥 먹듯이 하는 자들이 많은 사회보다는 끝물 인간들이 많은 사회가 살기에 더 좋을 것이다. 그러나 그들이 식탁에 올리는 음식은 어린 양의 살로 만들어지는 법이다. 어린 양의 희생 덕분에 끝물 인간들의 안위로운 일상이 꾸려진다. 이 얼마나 역설적인 일인가? 창조와 생성을 위해 기꺼이 몰락을 선택하는 자의 희생이 몰락을 거부하는 자, 존재에게 주어진 부단한 창조와 생성의 힘을 가로막는 자가 창생하도록 하는 수단이 되다니! 이 얼마나 기이한 일인가?

차라투스트라에 의하면, 끝물 인간으로 분류되는 자들은 아무 열의도 없이 다음과 같이 묻는다는 점을 다시 기억하자.

"사랑이란 무엇인가? 창조란 무엇인가?
동경이란 무엇인가? 별이란 무엇인가?"

끝물 인간들은 사랑이 아니라 행복을 선택한다. 그들이 서로 나누는 소위 이웃 사랑도 실은 온기가 조금 필요해서 나누는 것일 뿐이다. 온기가 없이 너무 냉랭하면 행복할 수 없을 것이므로.

끝물 인간들은 창조가 아니라 "지금 이대로!"를 선택한다. 창조가 요구하는 자기부정과 몰락을 감당할 수 없기 때문이다.

끝물 인간들은 아무것도 동경하지 않는다. 그들은 그저 행복하는 데 필요한 돈과 맛난 음식과 이런저런 유흥거리에 마음을 빼앗길 뿐이다. 오직 드높은 것만이 동경의 대상이 될 수 있기 때문이다.

끝물 인간들은 순수한 마음으로 별을 우러를 마음조차 없다. 밤하늘 드높은 곳에서 반짝이는 별의 아름다움이야말로 안위로운 일상에 집착하는 그들에게는 최고의 모욕이 되기 때문이다.

스스로 끝물 인간인 자에게는 아마 끝물 인간을 향한 이러한 경멸의 언사조차도 대수롭지 않을 것이다. 그는 조롱하듯 마음속으로 말할 것이다. "아무려면 어떤가? 아무튼 적당히 행복하면 그뿐이다." 그러나 어떤 종류의 것이든 크나큰 사랑의 열정에 사로잡힌 적이 있는 사람이라면, 소위 '적당한 행복'이라는 말이 얼마나 상스럽고 위험한 말인지 이미 알고 있다.

적당히 행복하면 그뿐이라니, 조금이라도 자존심이 있는 인간에게는 이보다 모욕적인 언사가 있을 수 없다. 세상의 어느 자식도 부모가 적당한 행복을 위해 자식을 향한 사랑을 거두기를 원하지 않는다. 부모로서 진실하고 훌륭하려면, 자식을 위해 필요한 경우 몰락할 위험조차 기꺼이 감수해야 한다. 세상의 어느 연인도 적당한 행복을 위해 자신을 배반할 수 있는 자를 사랑할 수 없다. 사랑하는 자라면 연인을 위해 쓰디쓴 운명조차 감내해야 한다.

요컨대, 적당히 행복하면 그뿐이라고 생각하는 자는 희생할 수 없는 자이고, 희생할 수 없는 자의 삶은 본래 무의미하다. 그는 그 누구의 진실한 부모도 될 수 없고 진실한 연인도 될 수 없다. 그는 다만 모두의 삶을 비껴가며 그때그때 적당한 유흥거리를 찾아 즐기고 시시덕거릴 뿐이다.

니체는 예수의 십자가에서 기꺼이 몰락을 선택하는 자의 승리가 아니라, 그의 결정적인 패배를 보았다. 그는 대체 누구를 위해 십자가에 달렸던가? 그를 십자가에 못 박으라고 사납게 외치던 군중들, 그가 자신에 대한 무서운 적개심에도 불구하고 사랑하려 애썼던 군중들, 적당한 행복을 위해서라면, 고통스러운 희생을 면할 수만 있다면, 신의 아들조차도 기꺼이 십자가에 매달 군중들— 즉 끝물 인간들을 위해서였다.

무엇을 위해? 예수가 십자가에 달리기 전 겟세마네 동산에서 올린 새벽기도에 따르면 '아버지' 즉 하나님의 뜻을 이루기 위해서였다. 그렇다면 예수가 십자가에 달려 죽음으로써 하나님의 뜻은 이루어졌는가? 니체라면 단호하게 그렇지 않다고 대답할 것이다. 오직 끝물 인간의 뜻이 이루어졌을 뿐이다. 예수가 십자가에 달려 죽게 한 것도, 그럼으로써 예수의 행적에 의해 위태롭게 흔들리던 안위로운 일상이 제자리를 찾게 된 것도, 모두 끝물 인간들이 바라던 바였다.

그렇다면 결국 삶은 무의미해졌을 뿐이다. 끝물 인간들의 의지가 지배적인 곳에서는 적당한 행복 외에 다른 아무것도 구해지지 않기 때문이다. 예수 자신이 그랬던 것처럼 창조와 생성의 역사를 위해 기꺼이 몰락하고자 하는 자의 죽음은 거듭거듭 헛되고 공허한 것으로서 모욕받게 될 것이다. 어린 양의 죽음이야말로 몰락을 거부하는 자의 식탁에 일용할 양식이 제공되도록 하는 그 비결이기 때문이다. 결국, 예수의 패배로 인해 기독교의 지배를 받은 유럽의 문화는 본질적으로 반反-역사적이게 되었다. 역사란 본래 자신을 넘어서는 것이 창조될 수 있도록 스스로 몰락해 가는 존재에게서만 이루어지는 것이기 때문이다.

차라투스트라는 "다시는 군중과 말하지 않으리라" 하고 다짐한다. 표면적으로 보면 그 이유는 군중이란 끝물 인간들의 무리에 지나지 않는다는 것을 알게 되었기 때문이다. 그러나 더 깊은 이유는 따로 있다. 왜 예수는, 신의 어린 양으로서 자신의 몰락을 기꺼이 선택할 줄 아는 탁월한 자였음에도 불구하고, 결국 결정적인 패배를 맞이하게 되었나? 왜 예수의 십자가는 쓰디쓴 좌절과 오욕의 상징이 되고 말았는가?

바로 동정 때문이다. 예수는 적당한 행복만을 추구하는 끝물 인간들을 향한 동정 때문에 패배했다. 삶이란 본래 부단한 창조와 생성의 힘 외에 다른 아무것도 아니다. 그러니 끝물 인간들의 승리란 본래의 삶을 거역하는 자의 승리를 —삶에 가해진 극한의 오욕을— 뜻할 뿐이다. 그럼에도 예수는 끝물 인간들의 몰락을 단호하게 추구하지 못했다.

차라투스트라는 군중 대신 창조할 줄 아는 길동무를, 자신의 낫을 갈 줄 아는 자들을 찾기 시작했다. 차라투스트라의 길동무는 파괴자여야 했다. 파괴자로서 끝물 인간들로 하여금 어린 양을 악인으로 단죄하도록 하는 선과 악의 관념을 비웃는 자들만이 차라투스트라의 길동무일 수 있기 때문이었다. 그러나 차라투스트라가 추구했던 것은 결코 군중에 대한 지배가 아니었다. 군중에 대한 지배를 추구하는 자는 블레이크의 유리즌과도 같은 신을 숭배하는 자이거나 그 자신이 유리즌 같은 압제자이다. 기꺼이 몰락을 선택할 수 있는 자, 어린 양처럼 기꺼이 자신이 극복되도록 내버려 두는 자는 결코 압제자가 되려고 할 수 없다. 실은 어린 양의 죽음이야말로 압제자와 적당한 행복만을 추구하는 끝물 인간들 사이의 타협의 산물인 것이다.

차라투스트라가 추구한 것은 자신의 진정한 몰락이었다. 그런 점에서 그는 예수의 반대자이되 사탄과도 같은 적대자는 아닌 셈이다. 도리어 그는 예수가 패배했던 곳에서 예수가 성취해야만 했던 어린 양의 승리를 위해 다시 시작하는 자이다. 바로 그 때문에 『차라투스트라는 이렇게 말했다』의 첫 번째 글인 「차라투스트라의 서언」은, 우선 차라투스트라가 선과 악을 비웃으며 그 피안에 서려 하는 파괴자들만을 길동무로 삼을 결심을 하기까지의 과정을 묘사한 후, "이렇게 하여 차라투스트라의 몰락은 시작되었다"라는 말과 함께 끝을 맺는다.

　차라투스트라는 누구인가? 그는 오직 선악의 피안에 서 있는 자만이 참으로 어린 양의 승리를 가능하게 할 수 있음을 아는 자이다. 어린 양의 승리를 위해서는 우선 가차 없이 파괴해야 한다. 반-역사적인 모든 것이, 몰락을 거부하는 모든 것이, 창조와 생성의 힘을 두려워하는 모든 것이, 삶의 승리를 피해야 할 자신의 패배로 여기는 모든 비겁한 정신이 다 파괴되어야 한다. 불행하게도 파괴되어야 하는 것 중에는 그 자신이 어린 양인 자도 있다. 바로 동정의 정신에 사로잡힌 어린 양이다.

제2장

/

삶을 위한 투쟁

에른스트 루트비히 키르히너, 〈베를린 거리 풍경〉, 1913, 노이에 갤러리 뉴욕

　차라투스트라에 따르면, 정신은 낙타가 되고, 낙타는 사자가 되며, 사자는 마침내 어린아이가 된다. 정신은 세 가지 변형태를 갖는다는 뜻이다. 우선 낙타는 고귀한 전통을 존중하고 지키는 정신을 상징한다. 낙타의 정신은 그 내면에 외경심이 깃들어 있으며, 강인하고 인내심이 많다. 사자는 새로운 가치를 창조하고자 하는 정신, 삶의 주인이 되기 위해 자유를 쟁취하려는 정신이다.

　사자의 정신은 인류를 지배해 온 거대한 용에 맞서 싸우려 한다. 그 용은 규범적 도덕의 힘, 우리 모두에게 "너는 해야 한다"라고 명령을 내리는 지배자 신, 유리즌의 상징이다. 사자는 유리즌의 명령에 맞서 "나는 원한다"라고 말한다. 하지만 사자는 새로운 가치를 창조하지 못한다. 사자는 다만 새로운 창조를 위한 자유를 획득할 수 있을 뿐이다.

　사자의 정신은 "아니다!"라고 말할 수 있는 항거와 부정의 정신이며, 오직 이러한 부정의 정신을 통해서만 자유가 ―새로운 가치를 위한 권리가— 쟁취될 수 있다. 하지만 새로운 가치의 창조는 순연한 긍정의 정신을 필요로 한다. 차라투스트라에 따르면 "어린아이는 천진무구함이자 망각이고, 새로운 출발이자 걱정을 모르는 놀이이며, 스스로 도는 수레바퀴, 최초의 운동, 성스러운 긍정이다." 왜 어린아이의 천진무구한 정신은 성스러운 긍정의 정신인가? 존재하는 모든 것을 존재함 그 자체에서 순수하게 긍정하기 때문이다.

존재란 무엇인가? 그것은 곧 생성, 창조를 위해 부단히 자신이 극복되도록 하는 만물의 이름이다. 어린아이의 정신은 윌리엄 블레이크의 시 「양」에서 하나님의 축복을 받을 어린 양의 정신이기도 하고, 자신을 어린 양이라고 부르는 하나님의 정신이기도 하다. 물론 자신을 어린 양이라고 부르는 하나님은 더 이상 존재하지 않는다.

그는 기꺼이 몰락을 선택하는 신이며, 오직 새로운 창조를 위해 몰락해 가는 한 존재에게서만, 몰락해 가기 위해 창조되는 무상한 존재에게서만, 그 가장 내밀한 비밀로 깃들며 감추어지는 영원한 삶의 이름이기 때문이다. 그는 우리에게 "너는 해야 한다"라고 명령을 내리는 도덕의 궁극적 심급으로서의 신이 아니다. 그는 우리에게 숭배의 대상으로 기념되는 초월자로서의 신이 아니다. 그는 그저 몰락할 운명에 처해 있는 모든 것들의 근원적 아름다움을 증거하는 침묵의 소리일 뿐이다.

신은 죽었다! 죽지 않는 신, 죽음을 거부하는 신은 처음부터 신이 아니었으며, 경외될 자격이 없는 압제자의 허명일 뿐이다. 신을 만나고 싶거든 천진무구한 어린아이를 찾으면 된다. 스스로 몰락을 위해 내던져져 있을 뿐 아니라 몰락해 갈 운명에 처해 있는 모든 무상한 것들을 순연하게 긍정하고 기꺼워하는 그러한 정신보다 더 높은 것은 없다.

성스러운 긍정의 정신으로서 어린아이는 아무것도 동정하지 않는다. 동정이란 그 자체가 일종의 부정, '동정의 대상이 되는 한 존재를 본래 존재해서는 안 될 것으로 받아들임'이기 때문이다. 어린아이의 정신은 불행한 인간조차 동정의 대상으로 삼지 않는다. 왜 그러한가? 그와 함께 있음이 그저 즐겁기 때문이다. 기꺼이 함께 고통을 나눌 뿐, 불행한 인간의 존재를 부정할 것으로 받아들이지 않고 오히려 기쁨의 원천으로 받아들이기 때문이다.

아마 누군가는 물으리라. "그렇다면 니체는 왜 끝물 인간을 왜 가차 없이 공격하는가? 군중이 끝물 인간에 지나지 않는다면 니체는 결국 거의 모든 인간을 부정당해 마땅한 자로 낙인찍는 셈이다. 그렇다면 바로 니체야말로 '어린아이의 정신'의 완전한 안티가 아닌가?" 하지만 명민한 정신의 소유자는 그 대답을 이미 알고 있다.

어린아이가 되려면 정신은 우선 사자가 되어야 한다. 끝물 인간은 사자의 정신이 출현하지 못하도록 막는다. 그렇다고 그가 고귀한 전통을 존중하고 지키는 낙타의 정신을 지닌 것도 아니다. 그에게는 고귀한 전통조차 자신의 '적당한 행복'을 보존하고 증가하는 데 유용한 경우에만 좋은 것이기 때문이다.

요컨대, 끝물 인간은 정신의 세 가지 변형태인 낙타의 정신과 사자의 정신, 그리고 어린아이의 정신 모두에 대해 적대적이다. 그는 고귀한 전통을 지키려 하지도 않고, 새로운 가치를 창조할 자유를 쟁취하려는 마음도 없으며, 모든 것을 순연하게 긍정할 만큼 천진무구해지고 싶지도 않다.

그는 끝없이 자신의 '적당한 행복'을 기준으로 삼아 만나는 모든 것을 심판할 뿐이다. 그는 아무 진지한 성찰도 없이 무조건 선과 악의 구분에 집착한다. 그에게는 자신의 '적당한 행복'을 감퇴하는 모든 것이 악이고, 증진하는 모든 것이 선이다. 바로 그 때문에 끝물 인간은 자신의 '적당한 행복'을 감퇴하는 모든 것을 악한 것으로 낙인찍어야 한다. 불편하지 않게 살려면 온기도 필요해 제법 사람 좋은 척도 하고 적당한 선에서 이웃 사랑을 실천하기도 하지만, 끝물 인간은 그 마음속에 크나큰 증오와 분노를 감추고 있다.

이봐, 적당히 하라고!

이것이 끝물 인간의 모토이다. 하나님의 독생자라고 한들 "이봐, 적당히 하라고!"라는 끝물 인간의 모토를 피해 갈 수는 없다. 누구든 너무 진실하면, 너무 선하면, 너무 사랑이 많으면, 정의와 선의 껍질 속에 감추어진 부정과 부패를 너무 적나라하게 드러내면— 가차 없이 십자가에 매달아야 한다. 너무 진실한 것도, 너무 선한 것도, 너무 사랑이 많은 것도, 부정과 부패를 드러내어 개선할 기회를 주는 것도—
끝물 인간의 '적당한 행복'을 훼방하면 곧바로 악이 되기 때문이다.

　〈베를린 거리 풍경〉은 20세기 독일의 화가이자 판화가인 에른스트
루트비히 키르히너가 1913년에 그린 그림이다. 키르히너는 독일 표
현주의의 선구자로, 독일 최초의 표현주의 그룹인 다리파Die Brücke(브뤼
케)의 창설자 중 한 사람이기도 하다. 다리파는 1905년에 창설되었고,
1913년 동료들 사이의 불화 끝에 해산되었다.

　베를린은 당시 독일 예술의 중심지였다. 1910년대의 베를린은 정
치적 소요가 끊이지 않았다. 자본주의가 발전하면서 사회적 부가 크
게 증가하는 추세에 있었지만 대다수는 매우 가난했다. 〈베를린 거리
풍경〉에 등장하는 매춘부들과 남자들의 얼굴 표정은 끝물 인간들이
추구하는 '적당한 행복'의 본질이 무엇인지 적나라하게 드러내는 듯하
다. 거기에는 어떤 특별한 감정도 엿보이지 않는다. 고통도, 기쁨도,
슬픔도, 즐거움도, 심지어 고독조차도 없다. 자기 안에 갇힌 채, 적당
한 유흥거리를 찾으며, 그저 무심하게, 만족과 불만족이 적당하게 균
형을 이룬 듯한 얼굴로— 베를린 거리의 인간 군상은 거리를 걸을 뿐
이다.

　그들은 하릴없이 거리를 헤매고 있는가? 헤매려면 가야 할 곳이 있
어야 한다. 하릴없으려면 해야 할 일이 있어야 한다. 그들에게는 딱

히 가야 할 곳이 없다. 하지만 그렇다고 길을 잃은 것도 아니다. 어차피 그들은 적당한 행복, 적당한 유흥거리를 찾아 나섰을 뿐이기 때문이다. 그들에게는 딱히 해야 할 일도 없다. 하지만 그렇다고 할 일이 없는 것도 아니다. 아무튼 그들은 적당한 유흥거리를 찾아야 한다. 아마 우연히, 그렇지만 아무튼 확실하게, 어떤 유흥거리든 발견될 것이다. 그럼 이미 족하다. 자기 안에 갇힌 채, 주위의 인간 군상과 동떨어진 마음으로, 거리를 거닐다 보면, 딱히 할 이유가 없는, 그러나 적당히 행복한 생활을 유지하려면 아무튼 수시로 해야 하기는 하는, 그런 유흥거리가 발견되기 마련이다.

끝없는 정치적 소요 따윈 잊어도 좋다. 극단적 가난에 시달리는 노동자 계급의 외침 따윈 무시해도 좋다. 그들이 일으키는 소요를 강압적으로 찍어 누르는 권력 따윈 딱히 미워하거나 두려워하지 않아도 좋다. 동류 인간의 고통 따위가 무슨 상관이랴. 적당한 행복, 적당한 유흥거리 외에 다른 아무것도 필요로 하지 않는 나의 삶을 위해서는 그저 무의미할 뿐이다.

어디 베를린뿐이었으랴. 자본주의가 승리를 거두는 모든 곳에서는 적당한 행복과 유흥거리가 절대적 가치이기 마련이다. 민중은 승리해야 하는가? 그럴지도 모른다. 적어도 소수가 아니라 다수가 행복하게 사는 사회를 만들려면 소수에 불과한 자본가 계급이 아니라 다수인 민중이 승리해야 할 것이다. 그러나 니체는 단 한 번도 다수의 편에 선 적이 없다. 그렇다고 그가 소수 자본가의 편인 것도 아니다. 니체가 보기에 현대사회의 인간들은 대개 새로운 가치의 창조에는 무관심하다. 그들의 투쟁은 행복을 위한 투쟁일 뿐이다. 그렇다면 다수가 승리한들 새로운 가치를 창조할 자유가 쟁취될 리 없다.

군중은 계속해서, 아니 더욱더 기세등등하게, 새로운 가치의 창조를 원하는 차라투스트라의 동반자들을 향해 "이봐, 적당히 하라고!"를 외칠 것이다. 그들은 선악의 구분에 집착할 것이고, 자신의 적당한 행복의 보존과 증진을 방해하는 모든 경향을 억압하려 할 것이다. 다수의 승리는 폭력과 억압의 이면에 숨어 있던 '적당한 행복주의'의 본질을 보다 적나라하게 드러낼 뿐이다. 적당한 행복 외에는 다른 아무것도 지향할 줄 모르는 끝물 인간들이야말로 폭압적 권력의 생산과 재생산을 부단히 가능하게 하는 그 근본 동인인 것이다.

아마 민주주의를 긍정적으로 생각하는 사람들에게는 이러한 주장이 매우 실망스러울 것이다. 그렇다면 다수의 승리가 아니라 소수의 승리를 원해야 한다는 말인가? 역사는 소수 특권층의 지배로부터 다수를 해방시키는 방향으로 나아가야 하지 않는가? 다수의 편에 서기를 거부하는 자는 모두 소수 특권층의 편에 선 정치적 반동에 불과하다고 보아야 하지 않을까?

그러나 현실과 유리된 공허한 이념이 폭압적 권력의 해체를 가능하게 하는 것은 아니다. 민주주의는 다수가 긍정적인 인간일 때 비로소 좋을 수 있다. 사적 욕망과 이해관계에 얽매인 자가 다수일 때, 그리고 그러한 다수가 부끄러움도 모르고 삶을 감퇴하는 경향에 맞서려는 창조적 소수를 향해 "이봐, 적당히 하라고!"를 사납게 외칠 때, 민주주의는 최악의 정치가 되고 만다.

군중은 결국 끝물 인간에 지나지 않는다는 니체의 생각은 올바른가? 그럴 수도 있고, 그렇지 않을 수도 있다. 아무튼 한 가지는 분명하다. 다수가 '적당한 행복주의'에 매몰된 끝물 인간에 불과할 때, 다수의 편에 서는 자는 명성과 이익을 얻으려는 아첨꾼에 불과하다. 다수에게 아첨하는 자가 다수의 환심을 얻어 큰 권력을 얻게 되면 사회는 한층 더 폭압적이 된다. 폭력이 사회 구석구석에 만성적으로 내재하게 되는 것이다.

〈베를린 거리 풍경〉이 제작된 1913년이 어떤 시기였는지 생각해보자. 그때는 1914년 제1차 세계대전이 발발하기 1년 전쯤이었다. 오스트리아가 세르비아에 선전포고를 하며 시작된 제1차 세계대전은 유례없이 대규모로 진행된 참혹한 전쟁이었다. 대략 천만 명이 죽고 2천만 명이 부상을 당했다. 제1차 세계대전은 자본주의 사회를 지배하던 도덕의 파산선고와도 같았다.

오늘날 많은 사람은 자본주의란 본래 도덕과 무관한 것이라고 생각한다. 그러나 전혀 그렇지 않다. 자본주의 이전의 전통적 사회는 대개 신분제 사회였다. 신분제 사회에서는 개개인의 도덕성이 중요하지 않을 수 있다. 통치자에게 노예의 양심에 호소할 이유는 별로 없다.

노예는 이유 여하를 막론하고 주인이 시키는 대로 해야 하는 자이다. 그래서 노예다. 신분제 사회에서 통치자는 개개인의 양심에 호소하기보다 곧잘 자신의 막강한 힘을 과시해서 백성들을 겁박하는 방식을 택했다. 신분제에 예속된 백성들은 본래 자유롭게 생각하고 행동할 권리가 주어지지 않은 존재이니 그편이 더 효율적이고 현실적이었다.

하지만 자본주의의 발전은 신분제의 철폐와 맞물리며 발전해 왔다. 다수가 신분제에 예속되어 있으면 노동 시장에 노동 상품이 풍부하게 공급될 수 없고, 이 경우 자본가들은 이윤을 내기 힘들다. 그 때문에 자본가들에게 신분제의 철폐는 사활이 걸린 문제였다.

자본주의 사회는 기본적으로 개인들 간의 계약에 근거해서 경제활동이 이루어지는 사회이다. 그런데 계약은 정당한 사유 없이 약속을 어겨서는 안 된다는 도덕적 확신을 지닌 사람들 사이에서만 효력을 발휘할 수 있다. 즉 신분제 사회와 달리 자본주의 사회는 사회구성원들의 양심에 호소할 수밖에 없다. 자본주의에 걸맞은 도덕적 개인을 길러 내는 것― 바로 여기에 자본주의의 성패가 달려 있는 것이다.

제1차 세계대전의 근본 원인은 무엇보다도 우선 자본가들의 탐욕이다. 제1차 세계대전이 벌어질 즈음, 유럽의 혁신적 사상가들과 예술가들에게 자본주의 도덕이 위선적이라는 것은 매우 분명했다. 끝없이 도덕을 부르짖는 인간들이 실은 가장 탐욕스러운 자들이었고, 이익을 위해서라면, 수백만의 인간이 비참하게 학살당할 전쟁이라도 불사할 자들이었다. 제1차 세계대전의 발발은 자본주의 도덕의 위선성이 적나라하게 발가벗겨진 사건이었다.

자본주의는 자본가들의 세상이다. 즉 자본가들은 지배받는 다수가 아니라 지배하는 소수이다. 그럼에도 자본가들은 차라투스트라가 외면한 군중과 조금도 다를 바 없는 끝물 인간들이다. 그들은 모두 이익과 세속적 행복에만 관심이 있다. 그들에게는 이익 실현에 이바지하는 모든 것이 선이고, 이익 실현을 가로막는 모든 것이 악이다. 그 밖에 다른 것은 별로 중요하지 않다. 사랑과 아스라한 별을 향한 동경조차 상품화되어 이익 실현에 도움을 주는 경우에만 고려할 가치가 있다.

　불행하게도 자본주의는 자본가들의 끝물 인간 도덕을 모든 사회구성원에게 강권해야만 한다. 이전의 신분제 사회와 달리 자본주의 사회에서는 모든 사회구성원이 법적으로 자유인이기 때문이다. 노예의 양심 따윈 무시해도 좋다. 어차피 노예란 주인의 뜻대로 움직여야 하는 자이므로. 아니, 노예 따윈 처음부터 양심에 걸맞은 존재가 아니다. 주인이 선을 명령하든 악을 명령하든 상관없이 주인을 무서워하며 복종하기만 하면 충분하다. 하지만 자본주의 사회의 구성원은 —적어도 법적으로는— 노예가 아니다. 그러니 그들은 양심을 지녀야 한다. 어떠한 양심? 보편타당한 도덕적 양심이 아니라 자본가들의 끝물 인간 도덕이 옳다고 믿게 하는 기만적 양심이다.

　자본가들의 끝물 인간 도덕은 본질적으로 자가당착적이다. 그 도덕의 근본 모토 중 하나는 "일하라! 끝없이 일하라!"이다. 왜 그러한가? 노동에 이윤이 달려 있기 때문이다. 노동자들이 성실할수록, 그들이 자신을 채찍질하며 불철주야 일하는 자발적 노예가 될수록, 이윤은 커진다. 그런데 그 도덕의 또 다른 근본 모토는 "유흥하라! 틈날 때마다 유흥하라!"이다. 왜 그러한가? 유흥에 집착하는 자가 가장 많이 소비하기 때문이다. 물론 소비하는 자가 많아야 이윤도 커진다. 이 점은 예나 지금이나 다르지 않다.

현대의 자본주의 사회에서도 대다수의 사람은 끝없이 공부하고 일해야 한다는 강박관념에 시달리는 한편, 다른 한편으로는 고된 노동에 대한 보상을 유흥에서 찾는다. 어떻게 사는 것이 바람직한지에 대한 진지한 성찰은 부담스럽기만 하다. 아무튼 끝없이 일해야 한다. 그래야 이윤이 생기고, 이윤이 생겨야 안락하게, 적당한 행복을 누리며, 살 가능성이 주어지니까. 아무튼 끝없이 유흥해야 한다. 그래야 살맛도 나고, 자신이 자신의 노예근성을 자랑스러워하는 구제 불가능한 노예라는 점도 무시할 수 있으며, 적당한 행복의 실현에 필요한 돈을 벌기 위해 열심히 노동할 기분도 날 것이므로.

요컨대 자본주의 사회는 지배자나 피지배자나 모두 끝물 인간인 사회이다. 적당한 행복을 위해 악착같이 선악의 구분에 집착하는 자들의 사회, 도덕적인 척하며 조금이라도 이윤이 되면 무수한 사람들이 비참하게 학살당할 전쟁도 불사할 사람들이 사는 사회─ 바로 이것이 자본주의 사회이다. 제1차 세계대전이 발발할 즈음, 아니 그보다 훨씬 이전부터, 유럽의 혁신적인 사상가들과 예술가들은 자본주의의 냉혹한 본성에 눈뜨고 있었다. 니체의 관점에서 보자면 자본주의의 바탕에는 끝물 인간 도덕이 있다. 적당한 행복을 위해서라면 하나님이라도 십자가에 매달 그런 인간의 도덕이, 현대인들이 겪게 되는 온갖 비극의 근본 원인이라는 뜻이다.

자본가 계급의 패배를 갈망했던 사상가 중 으뜸은 카를 마르크스이다. 마르크스는 소수가 아니라 다수가 지배하는 사회를 원했다. 그가 자본주의를 증오했던 것은 자본주의 사회가 겉으로는 민주주의를 내세우면서도 실제로는 소수 자본가에 의해 지배되는 엘리트 중심의 사회라고 생각했기 때문이었다. 그런 점에서 마르크스는 니체와 매우 다르다. 마르크스가 다수에 대해 지닌 믿음이 니체에게는 없다. 니체는 단 한 번도 프롤레타리아 혁명 같은 것을 꿈꾸지 않았다. 그럼에도 마르크스와 니체는 한 가지 커다란 공통점을 지닌다. 둘 다 피안의 세계를 앞세우는 종교를 혐오한다.

"종교는 인민의 아편이다"라는 유명한 말이 있다. 보통 마르크스가 『헤겔 법철학 비판』(1843)에서 주장한 말로 알려져 있다. 하지만 사디즘의 원조인 사드 후작이 이미 소설 『줄리엣 이야기: 악덕의 반영』(1797)에서 적나라한 진실을 가리고 무지를 조장하는 그릇된 통치술에 대한 상징으로 아편이라는 말을 사용한 바 있다. 심지어 독일 낭만주의 문학의 대표적 시인인 노발리스의 철학적 저술 『꽃가루』(1798)에는 마르크스처럼 종교를 아편이라고 설명하는 구절도 나온다.

니체 역시 종교를 일종의 아편이라고 보았다. 그는 차라투스트라의 입을 빌려 다음과 같이 밝힌다.

"날조를 일삼고 신을 갈망하는 자 중에는 언제나 병든 자들이 많았다.

그들은 인식하는 자를 맹렬히 증오하고,

덕 가운데 가장 새로운 덕인 정직을 지극히 미워한다."

여기서 병든 자들이란 마음이 가난한 자들을 뜻한다. 이들은 삶을 있는 그대로 직시하고 긍정할 수 있는 건강한 정신을 상실한 채 고통에 시달리는 자들이다. 그들은 끝물 인간과 구분되는 나름의 특질을 지니고 있다. 끝물 인간이 원하는 것은 언제나 적당한 행복이다. 끝물 인간은 진지한 정신과 거리가 멀며, 그 때문에 좀처럼 신이나 내세 등에 관해서도 심각하게 고민하지 않는다.

반면, 어떤 의미에서 병든 자들은 깨닫기 전의 차라투스트라와 닮았다. 차라투스트라의 고백에 의하면 그 역시 "피안에 대한 망상"을 품은 적이 있는 것이다. 병든 자와 깨닫기 이전의 차라투스트라는 피안에 대한 망상을 품을 만큼 진지하다는 점에서 서로 닮았다. 그럼에도 병든 자들은 끝물 인간과 한 가지 커다란 공통점을 가진다. 끝물 인간이 적당한 행복을 원할 뿐 진실에는 본래 별 관심이 없듯이, 병든 자들 역시 아편처럼 고통을 경감시켜 주는 달콤한 환상을 원할 뿐, 진실은 외면하려 한다. 바로 그 때문에 그들은 있는 그대로의 진실을 인식하는 자를, 자신이 인식한 바를 솔직하게 털어놓게 하는 덕인 정직을, 맹렬히 증오한다.

끝물 인간과 병든 자들 사이의 가장 커다란 차이는 아마 건강을 되찾고자 하는 소망에 있을 것이다. 끝물 인간에게는 모든 것이 적당하게 만족스럽다. 적당히 퇴폐적이 되어도, 다소간 건강을 해치는 악습에 물들어도, 적당한 쾌락을 안겨 주기만 하면 상관하지 않는다. 그러나 병든 자들은 지금 당장 고통에 시달리고 있다. 그 때문에 그들은 고통으로부터의 해방을 갈구한다. 다만 그들은 고통으로부터 진정으로 해방되는 길을 찾기보다 그때그때 일시적으로 위안을 주는 아편에 매달리게 되었을 뿐이다.

차라투스트라는 병든 자들에게 상냥하다. 그들의 나약함과 위선, 그리고 배은망덕에도 불구하고, 차라투스트라는 병든 자들에게 화내지 않는다. 차라투스트라가 원하는 것은 다만, 병든 자들이 자신의 병을 극복하고 건강을 회복하는 것뿐이다. 그런데 건강을 회복하려면 우선 있는 그대로의 현실을 직시할 필요가 있다. 세계 너머의 세계라는 망념에, 천국이라는 이름의 유치한 동화에, 현실을 외면하라고 조장하는 가짜 신에, 집착하면 안 된다. 차라투스트라는 다음과 같이 말한다.

> "병든 자와 죽어 가는 자들이야말로 몸과 대지를 경멸하고 천국과 구원의 핏방울을 날조한 자들이었다.
> 하지만 이 달콤하고 음울한 독조차도 그들은 몸과 대지로부터 만들어 내었다."

이 수수께끼 같은 말의 의미는 무엇보다도 우선 "피안의 세계에 대한 갈망 역시 고통으로부터 해방되고 적극적으로 기쁨을 추구하고자 하는 마음으로부터 나왔다"라는 것에 있다. 우리는 왜 고통과 기쁨을 느끼게 되는가? 우리에게 몸이 있기 때문이다. 우리는 육화된 정신으로서 대지 위에 서 있다. 천국과 구원에의 꿈은 분명 달콤한 독이다. 그것은 우리로 하여금 현실 세계로 돌아갈 힘을 잃어버리게 하는 것이다. 그러나 오직 고통과 기쁨의 근원적 처소인 몸으로 존재하는 정신만이 천국과 구원을 꿈꿀 수 있다.

　피안의 세계에 대한 병든 자의 갈망은 병이 깊으면 깊을수록 더 강렬해진다. 그것은 키르히너의 〈베를린 거리 풍경〉의 인간 군상이 품고 있는 적당한 유흥을 향한 꿈, 제법 짜릿하다고 해 봤자 한순간 지속한 뒤 길고도 긴 권태 속으로 빨려 들어갈 쾌락에의 꿈처럼 흐릿하지 않다. 그런 점에서 병든 자의 꿈에는 분명 구원의 가능성도 깃들어 있다. 오직 절실한 자만이 ―마음이 가난한 자만이― 절망의 나락으로부터 구원받을 수 있기 때문이다. 그러나 그 구원의 가능성을 발견하고 실현하려면 무엇보다도 우선 천국과 구원의 꿈이 죽음의 꿈에 지나지 않는다는 것을 깨달아야 한다.

　　"형제들이여,
　　차라리 건강한 몸의 소리에 귀를 기울이라.
　　보다 정직하고 보다 순수한 소리에."

　어떻게 하면 우리는 건강한 몸의 소리에 귀를 기울일 수 있을까? 가치관의 전복을 통해서이다. 전통적으로 서구 문화는 몸보다 정신을, 차안의 세계보다 피안의 세계를, 대지보다 하늘을 소중히 여겼다.

고대 그리스 철학은 무상한 세계를 경멸하고 영원불변하는 실체만이 참된 존재라고 보았고, 그 점에서는 기독교 역시 별반 다르지 않았다. 하지만 우리로 하여금 삶을 긍정할 수 있도록 하는 것은 결국 고통으로부터 해방되려는 강렬한 의지, 기쁨과 쾌락을 향한 거짓 없는 열망, 할 수만 있다면 최대한 아름답고도 드높은 삶을 이루려는 동경과 소망이다.

왜 우리는 고통으로부터 해방되려는 강렬한 의지를 지니는가? 몸 때문이다. 몸을 지닌 자만이 고통을 느낄 수 있기 때문이다. 왜 우리는 기쁨과 쾌락을 향한 거짓 없는 열망을 지니는가? 역시 몸 때문이다. 기쁨과 쾌락 역시 몸을 지닌 자만이 느낄 수 있는 것이고, 그 자체로서는 어떤 도덕관념과도 무관한 순수하고 무구한 것이기 때문이다. 우리에게 아름답고 드높은 삶을 이루려는 동경과 소망이 있는 까닭 역시 몸에 있다. 결국, 대지 위에 발을 딛고 서 있는 자만이 별을 우러를 수 있는 것이다.

정신을 경멸할 이유는 없다. 그러나 몸과 유리된 정신이란 가능하지도 않고, 설령 가능하다고 하더라도 조금도 긍정할 만하지 않다. 차라투스트라는 다음과 같이 말한다.

> "몸은 하나의 거대한 이성이다. …
> 네가 정신이라고 부르는 그 작은 이성도 몸이라는 이름의 그 커다란 이성의 작은 도구이자 장난감에 지나지 않는다."

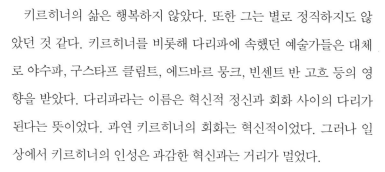

키르히너의 삶은 행복하지 않았다. 또한 그는 별로 정직하지도 않았던 것 같다. 키르히너를 비롯해 다리파에 속했던 예술가들은 대체로 야수파, 구스타프 클림트, 에드바르 뭉크, 빈센트 반 고흐 등의 영향을 받았다. 다리파라는 이름은 혁신적 정신과 회화 사이의 다리가 된다는 뜻이었다. 과연 키르히너의 회화는 혁신적이었다. 그러나 일상에서 키르히너의 인성은 과감한 혁신과는 거리가 멀었다.

『다리파 연감』(1913)에 키르히너는 자신을 다리파의 대표적 예술가인 양 소개했는데, 그 때문에 다른 회원들은 화가 났다. 다리파는 회원들 사이의 불화 끝에 1913년에 해체되고 말았다. 다리파의 해체에 키르히너의 부정직이 한몫한 셈이다. 몇 년이 지난 뒤 키르히너는 연감에 기록된 자기 작품의 제작 일자를 수정하기도 했다. 자신이 야수파 화가들의 영향을 받지 않고 혼자서 혁신적이고 고유한 작품 세계를 구축해 내었다고 알리는 것이 그 목적이었다.

하지만 훗날 독일에서 무슨 일이 벌어질지 미리 알았더라면 키르히너는 자신을 세상에 알리는 데 매우 조심스러웠을 것이다. 제1차 세계대전에서 패망한 뒤 독일 사회는 극단적으로 혼란스러워졌다. 특히 나치즘이 기승을 부리기 시작하면서 키르히너 같은 전위적 예술가들의 삶은 매우 불안정해졌다. 1933년 나치가 집권한 뒤 키르히너는 나치에 의해 퇴폐적 예술가로 낙인이 찍혔다. 키르히너는 나치에게 박해를 받게 되지 않을까, 매우 불안해하며 생활했다. 1937년 나치가 뮌

헨에서 열도록 한 〈퇴폐미술 전시회〉에 자신이 포함되자 키르히너의
불안감은 걷잡을 수 없이 커졌다. 결국, 그는 1938년에 권총으로 자살
하고 말았다.

키르히너의 자살은 표본적이다. 그것은 현대 자본주의 사회가 어
떻게 그럴듯한 도덕과 명분을 내세우며 군중을 유혹하는지 매우 극명
하게 드러낸다. 이 점을 잘 이해하려면 우선 니체가 차라투스트라의
입을 빌려 국가에 대해 어떤 말을 들려주는지 들을 필요가 있다.

"국가에서는 모든 것이 가짜다.
국가는 물어뜯기를 좋아하는데, 훔쳐 온 이빨로 그렇게 한다.
심지어 국가의 내장조차도 가짜다."

차라투스트라는 국가를 "새로운 우상"이라고 부른다. 국가의 출현
은 "민족의 죽음"의 징조이다. 국가의 출현과 더불어 민족이 소멸되어
버리는 까닭은 국가가 본질적으로 냉혹한 괴물이기 때문이다.

"국가는 가장 냉혹한 괴물 중에서도 가장 냉혹하다.
그 괴물은 냉정하게 거짓말한다.
그 괴물의 입에서는 '나, 즉 국가는 민족이다'라는 거짓말이 새어 나온다."

아마 니체가 국가를 말하며 염두에 두었던 것은 우선 프로이센이었
을 것이다. 니체는 1870년 보불 전쟁(프로이센-프랑스 전쟁) 동안 간호병

으로 참전한 적이 있다. 이 전쟁은 프랑스가 독일 통일의 마지막 걸림 돌이라고 본 비스마르크에 의해 조장된 면이 크다. 프랑스가 먼저 전 쟁을 선포하기는 했지만 그것은 프로이센이 전쟁을 원하고 있다는 것 이 꽤나 분명해진 뒤의 일이었다. 프로이센이 전쟁에서 승리한 뒤 비 스마르크는 독일제국의 성립을 선포하고, 당시 프로이센의 국왕이었 던 빌헬름 1세를 초대 독일제국 황제로 추대했다.

전쟁은 조국의 승리로 끝났지만 니체는 환호하지 않았다. 그의 반 응은 당시 대다수의 독일 사람이 보인 국가주의적 열광과 매우 달랐 다. 도리어 니체는 비스마르크의 프로이센에 대해 적대적인 감정을 느끼기 시작했다. 그것은 그가 국가와 민족, 혹은 국가적 정체성과 문 화적 정체성을 동일시할 수 없음을 깨달았기 때문이었다.

물론 니체가 말하는 국가가 프로이센에 국한된다고 생각할 이유는 없다. 그보다는 근대 이후의 소위 국민국가national state(민족국가) 전체를 아우르는 말로 이해해야 할 것이다. 국민국가는 유럽에서 중세 말기 의 물물교환에 바탕을 두고 있었던 자연경제(현물경제)가 붕괴하고, 상 업 및 화폐경제가 급속도로 성장하면서 형성되기 시작했다. 니체가 말하는 국가는 자본주의적 생산체제와 맞물려서 발전해 온 근대적 국 가를 뜻했다.

니체는 국가와 민족을 엄격하게 구분한다. 냉혹한 기만자인 국가 가 삶에 적대적인 것과 달리 민족은 본래 삶에 우호적이다. 차라투스 트라는 다음과 같이 말한다.

"국가가 곧 민족이라는 것은 거짓말이다!

민족을 창조하고 그 민족이 하나의 신앙과 하나의 사랑에 전념하게 한 것은 창조하는 자들이었다.

그럼으로써 그들은 삶에 이바지했다."

이 말 속에는 니체의 인간관이 매우 함축적으로 담겨 있다. 국가에 대한 차라투스트라의 비판은 니체가 국가주의 및 전체주의를 비판하는 개인주의자라는 느낌을 주기 쉽다. 분명 니체는 개인주의적 성향을 지니고 있다. 그는 도덕에 복종하지 않을 개인의 자유, 자유를 쟁취하기 위해 낡은 가치관을 파괴할 개인의 권리, 어떤 전통적인 사고방식에도 구애받지 않고 자신만의 고유한 길을 걸어갈 개인의 역량 등을 긍정적으로 평가한다.

그러나 니체의 개인주의는 개인을 고립된 실체처럼 보는 원자적 개인주의가 아니다. 왜 니체는 국가를 비판하면서 동시에 민족을 강조하는가? 인간이란 본래 역사적 존재임을 알기 때문이다. 역사 속에서 형성된 구체적 민족과 그 문화가 모든 인간의 삶의 지반이자 그 모험적 여정의 출발점이다. 민족이 창조하는 자들에 의해 창조되었다는 차라투스트라의 말은 민족이란 본래 고정된 가치관에 의해 한 방향으로 나아가도록 정해진 인간들의 집합을 뜻하지 않는다는 것을 뜻한다.

분명 하나의 민족에게는 대다수의 구성원이 전념하는 하나의 신앙과 하나의 사랑이 깃들어 있다. 그러나 민족에게서 발견되는 신앙

과 사랑은 모두가 한 방향으로 나아가도록 획일화하고 몰아세우는 힘
이 아니다. 사랑이란 본래 서로를 그 고유함 가운데서 발견하고 긍정
할 수 있는 자들에게서만 생겨나는 어떤 힘이다. 고유한 아름다움을
향한 동경과 열정이 곧 진정한 의미의 사랑이며, 그런 한에서 사랑은,
사랑이 일깨우는 신앙은, 모든 획일화 경향에 반대한다.

자본주의가 승리를 거두고 난 뒤 국가는 늘 보편주의적 가치관과
도덕을 강조해 왔다. 각각의 민족에게 특유한 방식으로 형성되고 발
전해 온 전통은 철두철미 부정되기 시작했다. 민족의 고유함이 자본
주의적 생산체제에 걸맞게 사회를 혁신하는 데 방해가 되기 때문이
었다. 그 점에서는 소위 제3제국도 마찬가지였다. 역사학자 가운데는
나치즘이 반-자본주의적, 반-계몽주의적, 반동적이었다는 식으로 설
명하는 이가 적지 않다. 매우 모호하고 부정확한 설명이다.

히틀러는 집권한 후 독일의 자본주의적 생산체제를 현대화하는 데
매우 큰 공을 들였다. 작은 공장들은 강제적으로 병합되어 하나가 되
었고, 자본과 권력의 유착을 통해 거대한 독점자본 또한 형성되었다.
또 나치즘이 계몽주의적 보편주의를 거부한다는 것이, 나치즘이 보편
주의적 성향을 띠지 않았다는 것을 뜻하지는 않는다.

나치즘 또한 하나의 보편주의였다. 물론 나치즘에 동조하지 않는
사람들의 관점에서 볼 때 나치들이 보편적이라고 생각한 것은 실은
전혀 보편적이지 않다. 그러나 나치들은 나치즘의 바탕인 인종주의와
진화론이 의심의 여지 없이 확실한 진실의 표현이라고 믿었다. 그들
은 나름의 방식으로 보편성을 추구한 보편주의자들이었다.

국가가 내세우는 보편주의란 무엇인가? 창조적 삶에 대한 부정이다. 창조적 삶을 가능하게 하는 것은 무엇인가? 니체에게 그것은 만물과 자기 사이의 경계를 허묾으로써 새로운 존재의 창조를 위해 자신이 극복되도록 하는 초인의 정신이다. 창조는 실체적 자아의 이념에 집착하는 원자적 개인과 아무 상관이 없다.

그렇다면 국가의 보편주의는 어떤 방식으로 창조적 삶을 부정하는가? 두 가지 방식을 통해서이다. 하나는 개인의 자아를 실체화함으로써 개인 사이의 차이를 무력화하는 방식이다. 또 다른 하나는 개인의 자아를 아예 부정하고 국가에 예속된 삶만을 개인에게 허용하는 방식이다.

거칠게 말해 전자의 방식은 대체로 국가가 전통을 해체하려 할 때 사용하는 방식이다. 전통에 맞서 각각의 개인이 지니고 있는 보편적 이성에 호소하는 식이다. 후자의 방식은 국가가 개인을 국가의 신민으로 바꾸려 할 때 사용하는 방식이다. 애국심을 내세워 국가를 우선시하지 않는 개인의 성향을 비도덕적 이기심의 발로라고 몰아세우는 식이다.

이러한 두 가지 방식은 한 가지 공통점을 지닌다. 그것은 선과 악의 구분을 강압적으로 내세우며 국가가 제시하는 보편성의 이념에 상응하지 않는 모든 것을 부정당해 마땅한 악으로 낙인찍는 일이 자행된다는 것이다.

국가에 대한 니체의 적개심은 실로 놀라울 정도다. 차라투스트라의 입을 빌려 니체는 국가란 완전한 위선과 허위의 산물에 지나지 않는다고 공언한다.

"선과 악을 말할 때의 언어적 혼란,

나는 너희에게 이것이 국가의 징표라고 알려 준다.

참으로 이 징표는 죽음에의 의지를 드러내고 있다!

참으로 이 징표는 죽음의 설교자들에게 이리 오라며 눈짓을 한다!"

"많고 많은 자들이 태어난다.

국가는 그러한 인간 쓰레기들을 위해 고안되었다."

국가의 징표가 선과 악을 말할 때의 언어적 혼란인 까닭은 무엇인가? 그것은 국가가 내세우는 보편주의의 근본 바탕이 끝물 인간 도덕이기 때문이다. 국가가 끝물 인간 도덕을 활용하는 방식은 두 가지로 나뉠 수 있을 것이다. 하나는 국가가 내세우는 보편주의의 허위와 위선을 발가벗기려 하는 자들에게 "이봐, 적당히 하라고!"라는 끝물 인간 도덕의 모토를 외치는 방식이다. 다른 하나는 끝물 인간들을 길들이는 데 그들의 두려움을 활용하는 방식이다

적당한 행복만을 추구하려는 끝물 인간들에게 국가는 행복한 삶을 보장해 주는 유일무이한 수단이다. 결국, 그들로 하여금 안정되게 이윤을 추구하고 또 필요할 때마다 유흥을 즐기도록 보장해 주는 것은 국가인 것이다. 그러니 그들은 국가가 내세우는 보편주의의 허위와 위선을 발가벗기려 하는 자들이 불편할 수밖에 없다. 그러나 국가가

끝물 인간들의 비위만 맞추며 존속하는 것은 아니다. 국가는 끝물 인간들을 국가의 충실한 신민으로 강압적으로 길들이는 데도 끝물 인간 도덕을 사용한다. 그 모토는 다음과 같다.

이봐, 국가에 충성하라고! 안 그러면 적당한 행복조차 잃게 될 테니!

물론 이 두 번째 모토는 "이봐, 적당히 하라고!"라는 첫 번째 모토에서 엿보이는 끝물 인간들의 불안과 두려움에 호소한다. 끝물 인간들은 왜 틈만 나면 "이봐, 적당히 하라고!"를 외치는가? 적당한 행복을 보장해 줄 국가의 위선성이 진실과 정직을 통해 드러날까봐 불안하고 두려워서이다. 그 때문에 그들은 자발적으로 자신들을 윽박지르는 데 사용될 도덕을 만들어 내었다. 그것은 국가 도덕, 국가에 충성하는 것이 선이요, 충성하지 않는 것은 악이라고 주장하는 도덕이다.

키르히너는 왜 자살로 생을 마감해야 했는가? 그의 예술이 제3제국이 내세우는 '보편주의'에 어긋났기 때문이었다. 키르히너의 예술은 나치가 비판했던 것처럼 정말 퇴폐적이었는가? 분명 그런 측면도 있다. 키르히너는 도덕적으로 훌륭한 인물은 아니었다. 그에게는 어떤 정치적 이념이나 도덕적 가치관에 대한 투철한 신념이 있지도 않았다. 또한 그의 작품 역시 도덕적으로 반듯하게 살기를 원하는 사람들이 훌륭한 가치를 지녔다고 평가할 만한 작품은 아니었다. 어떤 점에서 그는 끝물 인간의 면모도 지니고 있었다. 그는 창조를 위해 자기가 극복되도록 하려는 마음은 별로 없었던 것 같다.

그는 자기의 이름을 내세우고 싶어 했다. 『다리파 연감』에 실린 자기 작품의 제작 일자를 고쳐서 마치 혼자서 과감하고 혁신적인 작품 세계를 구축해 낸 것처럼 과시하려 했다. 그러나 명성에 대한 그의 집착은 역설적이게도 그가 창조와 혁신에 목마른 자였다는 것을 알려 준다. 20세기의 수많은 전위예술가처럼 그 또한 예술은 끝없이 혁신되어야 하는 것임을, 지금의 예술은 새로운 예술의 창조를 위해 기꺼이 극복되어야 하는 것임을, 알고 있었다. 다만 그는 자기 자신을 극복되어야 할 어린 양으로 내줄 마음은 별로 없었다. 예술이란 끝없는 혁신 가운데서만 진정으로 창조적일 수 있다는 것을 알면서도 정작 자신의 예술은 순수하게 독자적인 것으로 인정받기를 원했다는 것―바로 이것이 키르히너라는 예술가의 삶이 지닌 역설과 비극의 원천이었다.

좀 퇴폐적이면 어떤가? 퇴폐적인 분위기를 자아내며, 창조적 예술가들은 자기 시대의 퇴폐성을 밝히 드러낸다. 어디 그뿐인가? 키르히너 같은 소위 퇴폐적 예술가들의 작품 속에는 퇴폐한 시대조차도 새로운 아름다움의 근거로 활용하고자 하는 창조적 의지가 깃들어 있다. 의도했든 의도하지 않았든, 퇴폐적 예술가들의 작품 속에는 곧잘 "엄격한 도덕의 정신이 부정하는 모든 것을 아름답고 긍정할 만한 것으로 재평가하고 수용하라!"라는 요구가 담겨 있다.

선과 악의 구분에 집착하는 도덕적 인간의 관점에서 보면 퇴폐적인 것은 곧 악이요, 부정되어야 할 어떤 것이다. 그러나 퇴폐적인 작품들은 퇴폐적인 것 또한 아름답고 긍정할 만한 것으로 발견하는 법을 배우라고 권유한다. 어느 것이 더 차라투스트라의 정신에 부합할까? 모든 것을 그 존재 자체에서부터 순연하게 긍정하고 기꺼워하는 어린아이의 정신에 더 잘 어울리는 것은 과연 어떤 태도일까?

국가는 언제나 퇴폐적인 것과 퇴폐적이지 않은 것, 허용될 만큼만 퇴폐적인 것과 허용될 수 없을 만큼 퇴폐적인 것을 구분하려 한다. 니체의 차라투스트라는 결코 퇴폐적으로 되라고 요구하지 않는다. 그러나 그것은 퇴폐적인 정신이 악한 것이기 때문이 아니라 약한 것이기 때문이다. 창조적 정신은 삶을 보존하고 더 나아가 증진하고자 하는 정신이며, 그 때문에 삶을 강하고 건강하게 하는 데 큰 관심이 있다. 창조적 정신을 사랑하는 자는 퇴폐적인 경향에 매몰되지 않도록 늘 조심해야 한다는 뜻이다.

아마 나치즘에 관해 잘 알고 있는 이들이라면 나치들 역시 같은 이유로 퇴폐적인 예술을 경원시했노라고 말할 것이다. 과연 그렇기는 하다. 그러나 나치들은 자신의 조국이 패전했다는 사실, 그래서 자신의 삶이 빈곤의 나락으로 굴러떨어졌다는 사실로 인해 절망하는 군중들을 선동하는 데 능숙한 자들이었다는 점을 기억해야 한다. 제3제국은 악의 제국이었지만 연합국은 정의를 사랑하는 훌륭한 나라들이었다는 식의 유치한 생각에 빠질 필요는 없다. 히틀러의 독일이든 연합국이든 침략을 사랑하기는 마찬가지였다. 제2차 세계대전은 제1차 세계대전과 마찬가지로 제국주의 국가 간에 벌어진 추악한 전쟁이었을 뿐이다.

문제는 나치들에 의해 선동을 당한 독일인들에게 역사에 대한 철저한 반성과 고민이 없었다는 점이다. 그들에게는 그저 자신들이 지금 굶주리고 있다는 사실, 절망에 빠져 있다는 사실, 패전국의 국민으로 사는 것이 수치스럽다는 사실, 현재의 삶이 고통스럽고 매우 불편하다는 사실 등이 중요할 뿐이었다. 말하자면 그들은 자신들에게 적당한 행복이 허용되지 않는다는 사실 때문에 절망하고 분노했다.

그들은 심지어 차라투스트라의 병든 자조차도 아니었다. 병든 자와 달리 그들은 내세를, 피안의 세계를 꿈꾸지도 않았다. 그들은 그런 점에서 철저하게 끝물 인간들이었다. 그들은 오직 적당한 행복만을, 살면서 지상에서 누릴 즐거움만을 꿈꾸었다. 물론 그러기 위해 모든 독일인은 나치즘을 국가 이데올로기로 삼아 철저하게 국가를 중심으로 뭉쳐야 했다. 뭉치지 않으면 적당한 행복을 되찾아 줄 현실적인 힘이 형성되지 못할 것이므로 뭉치는 데 방해가 되는 모든 경향은 가차 없이 부정당해야 했다.

키르히너의 비극의 본질은 바로 이것이다.

다수가 정신적으로 건강한 곳에서는 퇴폐적인 예술조차 기쁘고 즐거운 삶의 현상으로 해석되고 수용될 수 있다. 창조를 위해 기꺼이 자기가 극복되도록 내버려 두는 사람들 사이에서는 다소 퇴폐적인 성향의 사람 역시 함께 즐겁게 놀 동반자로 수용되기 마련이다. 시합을 하며 노는 어린아이들을 생각해 보라. 누군가 반칙을 하려 하거나 지나친 승부욕 때문에 부당하게 화를 내거나 하는 경우, 마음이 건강한 아이들은 그가 자신들을 지배하도록 내버려 두지 않는다. 정당하지 못한 자가 지배하게 되면 더 이상 함께 즐겁게 놀 수 없음을 알고 있기 때문이다.

그러나 도가 지나치지만 않으면 정당하지 못한 자를 악인으로 낙인찍고 추방하려고도 하지 않는다. 자신들의 강함과 단호함으로 인해 그가 곧 자신의 잘못을 수긍하고 태도를 바꾸게 되리라고 생각하기 때문이다. 건강하면 건강할수록, 강하면 강할수록, 아이들이 수용할 수 있는 부당함의 크기도 더욱 커진다.

심지어 마음이 건강한 아이들은 부당한 행위에 대한 원한조차 오래 간직하지 않는다. 시간이 지나면 모든 것이 그저 즐거운 추억거리가 될 뿐이다. 그러나 마음이 건강하지 못한 아이들은 그럴 수 없다. 사소한 부당함조차 이런 아이들 사이에서는 도저히 용납할 수 없는 절대 악이 되고 만다. 추방하는 자가 생겨나고, 추방당하는 자가 생겨나며, 오랜 시간이 지나도 지워지지 않을 원한과 분노가 각자의 마음속에 쌓이게 된다.

키르히너의 예술은 왜 퇴폐적 예술로서 낙인찍혔는가? 그가 머물던 사회가 적당한 행복만을 추구하는 끝물 인간들로 가득 찼기 때문이었다. 그는 왜 극단적인 불안에 시달리다 권총으로 자살하고 말았는가? 가장 직접적인 원인은 키르히너의 정신이 강하지 못했다는 것에 있다. 그러나 또 다른 원인은 패배로 인해 굴욕을 맛본 끝물 인간들의 가슴속에 쌓인 원한과 분노였다. 그들은 자신들의 적당한 행복을 되찾을 유일무이한 희망을 히틀러에게서 찾았고, 그 때문에 나치즘에 어긋나는 모든 것을 악으로 규정 짓고 단죄했다. 그들은 모두 일종의 보편주의자들이었다. 그러나 그 보편주의의 근거는 진실한 정의

조지 그로스, 〈메트로폴리스(베를린)〉, 1916-1917, 티센보르네미차 미술관

와 선이 아니라 끝물 인간의 나약한 정신이었다.

국가란 무엇인가? 니체는 차라투스트라의 입을 빌려 국가를 그 안에 속한 모든 인간의 자살이 일어나는 곳으로 명명한다.

> "착한 자나 악한 자나 모두 다 독을 마시게 되는 곳,
> 그곳을 나는 국가라고 부른다.
> 착한 자나 악한 자나 모두 다 자기 자신을 상실하는 곳,
> 그곳을 나는 국가라고 부른다.
> 모든 사람이 서서히 자살을 하는데도 바로 그것을 삶이라고 부르는 곳,
> 그곳을 나는 국가라고 부른다."

과격한 무정부주의자의 신조처럼 느껴지는 이 주장에 가장 잘 어울리는 그림은 아마 조지 그로스의 〈메트로폴리스〉일 것이다. 그는 제1차 세계대전이 끝난 뒤 오토 딕스, 존 하트필드 등과 함께 베를린 다다 그룹을 결성한 인물이었다. 1920년대에는 딕스와 함께 신즉물주의 그룹을 결성하기도 했다.

그로스는 제1차 세계대전에 자원입대한 뒤 신경쇠약증에 시달리다 퇴역했다. 〈메트로폴리스〉는 그해에 그려졌다. 〈메트로폴리스〉에서 묘사된 베를린은 전쟁터처럼 그로테스크하고 참혹하다. 전쟁의 주역

은 군중, 차라투스트라가 끝물 인간이라고 부른 자들이다.

니체의 관점에서 보면, 국가에 의해 조장되는 끝물 인간의 도덕이야말로 모든 인간에게 예비된 죽음의 선포와도 같다. 〈메트로폴리스〉는 무엇을 고발하는가? 왜 대도시는 〈메트로폴리스〉에서 음울한 전쟁터로 묘사되었는가? 그로스는 당시 바이마르 체제의 독일에 만연해 있던 국수주의를 매우 혐오했다. 그렇다면 그는 국수주의를 고발한 것인가? 그럴 수도 있다.

특히 그가 1919년 독일 공산당에 입당했다는 점, 히틀러가 권좌에 오르기 직전인 1932년 미국으로 이주했다는 점, 나치들에 의해 그의 많은 작품이 압수당했다는 점 등을 생각해 보면 그런 생각이 더 강해진다. 〈메트로폴리스〉에 당시 독일인들의 국수주의적인 경향에 대한 그로스의 반감이 표현되었다는 해석이 가능할 것이다. 그러나 그것만은 아니다. 그로스는 국수주의 자체가 아니라 국수주의의 근본 원인을 고발하고 있다. 그것은 적당한 행복만을 추구하는 끝물 인간에 의한 사회의 지배이다.

국수주의자의 얼굴은 진지하기 마련이다. 애국심을 고취해야 하기 때문이다. 그러나 〈메트로폴리스〉의 인간 군상의 얼굴은 조금도 진지하지 않다. 그 표정에서는 탐욕이, 경박함이, 잔인함이, 속물근성을 가진 자의 근원적 아둔함이 보일 뿐이다. 끝없이 애국심에 호소하지만, 끝없이 악을 증오하지만, 끝없이 선을 말하며 새로운 도덕과 가치관을 확립할 것을 요구하지만— 그 이면에는 쾌락과 적당한 행복만을 추구하는 사욕이 있을 뿐이다. 그리고 그 결과는 모두의 죽음이다. 그림의 색조가 전체적으로 어둡고 붉은 것은 나치 독일의 등장을 암시하는 일종의 전조 같은 것이 아닐까?

이러한 국가에서 착한 자는 어떠한 자인가? 정의와 선을 향한 자신의 부르짖음이 실은 쾌락과 적당한 행복을 향한 애착의 표현에 지나지 않는다는 점을 망각한 자이다. 이러한 국가에서 악한 자는 어떠한 자인가? 쾌락과 적당한 행복을 향한 애착이 너무 크고 강렬해서 정의와 선으로 적당히 포장하는 법을 제대로 배우지 못한 자이다.

차라투스트라의 말대로 과연 이러한 곳에서는 착한 자나 악한 자나 모두 다 자신을 상실한다. 둘 다 실은 탐욕과 집착의 노예일 뿐이다. 차라투스트라의 말대로 과연 이러한 곳에서는 모든 사람의 삶이 느린 자살과 같다. 모두가 쾌락과 적당한 행복만을 원하는 곳에서는 전쟁이 지금 당장 일어나고 있거나 언젠가 반드시 일어날 것으로서 임박해 있기 때문이다. 차라투스트라의 말대로 과연 이러한 곳에서는 결국 자살하도록 모든 사람이 서서히 내몰리는 과정을 삶이라고 부른다. 삶이 전쟁을 위한 수단으로 끝없이 전용되기 때문이다.

그렇다면 무엇을 어떻게 해야 할까? 니체의 해답은 전통적인 성현들의 그것처럼 간단하고 명료하다. 우리는 우리 자신을 탐욕으로부터 해방시켜야 한다.

"위대한 영혼들에게는 아직 자유로운 삶이 활짝 열려 있다.

진실로, 적게 소유한 자는 그만큼 더 적게 지배된다.

찬양할지어다, 소박한 가난을!"

소박한 가난을 구하는 자는 자신을 국가의 신민으로 여겨서는 안 된다. 국가야말로 쾌락과 적당한 행복만을 원하는 끝물 인간 도덕을 조장하는 그 기제이기 때문이다.

"국가가 사라지는 곳,

인간적인 인간들의 삶은 바로 그러한 곳에서 시작된다."

제3장

/

위대한 정오

안드레이 루블료프, 〈삼위일체〉, 1411 또는 1425-1427, 트레챠코프 미술관

『차라투스트라는 이렇게 말했다』의 가장 위대하고도 심오한 사상은 '위대한 정오'라는 말에 담겨 있다. 모두 네 개의 큰 부분으로 구성된 책의 첫 번째 부분 말미에서 니체는 '위대한 정오'에 대해 다음과 같이 말한다.

> "위대한 정오란 인간이 짐승과 초인 사이에 놓인 길의 한가운데에 서 있을 때이며,
>
> 저녁을 향해 나아가는 인간의 길을 최고의 희망으로 축복하는 때이다.
>
> 그 까닭은 그 길이 새로운 아침을 향해 가고 있기 때문이다.
>
> 이때 몰락해 가는 자는 자신이 저 너머로 건너가는 자라는 것을 알고 자신을 축복할 것이다.
>
> 그때 그의 인식의 태양은 그에게 정오의 태양이리라.
>
> '모든 신은 죽었다. 이제 우리는 초인이 등장하기를 원한다.'

이것이 언젠가 찾아올 위대한 정오에 우리의 마지막 의지가 되기를!"

정오는 밤으로부터 가장 먼 때이다. 오전은 지나간 밤과 가깝고, 오후는 다가올 밤과 가깝다. 그러나 정오가 밤으로부터 가장 먼 때인 까닭은 그것이 지나간 밤의 때와 다가올 밤의 때 사이의 산술적 중간이기 때문은 아니다. 그것은 다만 태양이 정오에 가장 높이 떠오르기 때문이다. 드높이 떠오른 정오의 태양이 정오가 아닌 다른 모든 때를 정오보다 밤에 더 가깝게 하는 것이다.

역설적이게도 밤으로부터 가장 먼 때라는 바로 그러한 이유로 정오는 우리에게 밤이 언제나 이미 우리 곁에 임박해 있음을 알린다. 정오가 지나고 나면 우리는 더 이상 태양이 드높이 떠오를 때가 아니라 사라질 때를, 캄캄한 어둠이 자신의 존재를 한 치의 간격도 없이 휩싸안을 때를, 향해 가게 된다. 정신이 약한 자는 그 때문에 불안과 두려움에 사로잡힌다.

정신이 약한 자가 낮 동안 추구하던 행복과 쾌락의 발랄한 색깔을 어둠이 검게 물들일 것이기 때문이다. 그러나 정신이 강한 자는 불안과 두려움을 떨쳐 낸다. 밤의 어둠 속을 통과해 가지 않으면 새로운 아침을 맞이할 수 없음을 알기 때문이다.

정신이 강한 자가 맞이할 아침은 어떤 것인가? 신의 죽음이 알리는 자유의 서막이다. 기이하게도 위대한 정오가 예고하는 아침에 최고도로 잘 어울리는 그림은 '삼위일체'라는 제목을 가지고 있다. 15세기 러시아의 성상화가였던 안드레이 루블료프의 템페라화다.

니체는 곧잘 자신의 사상이 반-그리스도적이라고 밝혔다. 게다가 그가 공격한 기독교는 그리스 철학의 영향하에 플라톤화한 기독교였다. 플라톤화한 기독교가 유럽인들로 하여금 세계를 초월적 절대자의 지배를 받아야 할 열등한 곳으로 오인하게 한 근본 원인 가운데 하나라고 생각했던 것이다. 그렇다면 기독교의 삼위일체론이야말로 니체의 사상과 가장 대립적인 교설이 아닐까? 성경에는 삼위일체라는 표현이 나오지 않는다. 원시 기독교인들은 원래 삼위일체설과 같은 입장을 가지고 있지 않았다.

　삼위일체설은 자신을 어린 양으로 내준 예수를 신격화하고 절대화하는 교설이다. 그런데 어떻게 '삼위일체'라는 제목을 가진 그림이 위대한 정오가 예고하는 아침에 어울릴 수 있을까? "신은 죽었다!"라는 차라투스트라의 말은 삼위일체설을 폐기 처분하라고 요구하지 않는가? 이러한 의문을 풀기 위해서는 우선 니체의 반-그리스도적 사상이 예수 개인에 대한 적개심의 표현이 아니라는 점을 분명히 해야 한다. 차라투스트라는 다음과 같이 말한다.

　　"예수는 너무 일찍 죽었다.

　　내 나이만큼만이라도 살았다면 그는 자신의 가르침을 철회했을 것이다.

　　그는 철회할 수 있을 만큼 고귀한 자였다."

차라투스트라가 보기에 예수는 어쩌면 초인이 될 수도 있었을 만큼 드높은 정신을 지닌 자였다. 불행하게도 그는 한때 피안의 망념에 사로잡혔던 차라투스트라와 달리 자신의 과오를 깨닫고 새로운 사상을 추구할 기회를 받지 못했다. 너무 일찍 죽었던 것이다. 바로 그런 점에서 차라투스트라의 반-그리스도적 초인 사상은 예수가 자신의 미숙함으로 인해 좌절한 바로 그곳에서, 성숙한 가상의 예수가 회심하고 나아갔을 그 길을 가리키고 있다고 볼 수 있다.

차라투스트라의 나이만큼만 살았다면 예수가 스스로 철회했을 가르침이란 무엇인가? 예수의 모든 가르침이다. 착하고 의롭게 살라는 가르침, 네 이웃을 사랑하라는 가르침, 원수를 사랑하라는 가르침 등등 신약 성경 속에 나오는 예수의 사상이 그 밑뿌리에서부터 부정되어야 한다. 왜 그러한가? 예수로 하여금 그러한 가르침을 사람들에게 전해 주도록 한 근본 원인이 동정심에 있기 때문이다.

> "이 히브리 사람 예수는 히브리 사람들의 눈물과 비애, 그리고 착하고 의로운 자들의 증오밖에 알지 못했다. 그 때문에 죽음을 향한 동경이 그를 엄습했다."

진실로, 애통해하는 자는 극복되어야 할 인간이지 동정받아야 할 인간이 아니다. 이러한 니체의 입장은 너무나도 많은 혼란과 오해의 원인이 되어 왔다. 애통해하는 자의 편에 서지 않으면, 학대받아 끝없는 절망과 고통에 시달리게 된 자의 편에 서지 않으면, 대체 누구의

편에 서야 한다는 말인가? 압제자의 편에 서서 애통해하는 자의 눈물
을 고소해하기라도 해야 한다는 말인가?

원한다면 얼마든지 애통해하는 자의 편에 서라. 원한다면 얼마든
지 학대받는 자의 아픔을 함께 아파하라. 그러나 애통해하는 자가 극
복되어야 하는 인간임을 분명히 하지 않으면 세상에는 정의의 탈을
쓴 불의와 증오가 넘쳐나게 될 뿐이다. 그 까닭은 애통해하는 자란 마
음 가장 깊은 곳에 무서운 분노와 증오를 간직하고 있는 인간이기 때
문이다.

애통해하는 자가 극복되지 않으면 두 가지 파국이 우리를 기다릴
뿐이다. 하나의 파국은 애통해하는 자의 파멸이다. 자신으로 하여금
애통해하게 한 자를 제압할 만큼 강하지 못하면 그는 자신의 분노와
증오로 인해 파멸에 이르기까지 고통받게 될 것이다. 불행하게도 애
통해하는 자는 이러한 운명을 면하기가 쉽지 않다. 그가 애통해하는
까닭이 약한 정신에 있기 때문이다.

또 하나의 파국은 참혹한 복수의 파국이다. 크게 애통해할수록 마
음속 분노와 증오도 커지는 법이다. 복수의 때가 오면 애통해하는 자
는 보통 사람이라면 상상도 할 수 없으리만치 잔인하게 원수를 응징
할 것이며, 자신의 잔인함을 정의의 이름으로 합리화할 것이다. 그러
니 예수처럼 참으로 선하고 의로운 자로서 애통해하는 자를 동정하면
난감한 처지에 빠지게 된다. 자신이 동정하고 사랑하려 애쓰는 그 대
상에게서 실은 자신이 가장 혐오스러워하는 마음을 보게 된다. 증오
와 분노로 가득 찬, 맹목적인 원한 감정에 사로잡힌 마음이 그것이다.

애통해하는 자는 어떠한 자인가? 착하고 의로운 자이다. 물론 원수조차 사랑할 만큼 진실로 착하고 의롭다는 뜻이 아니다. 자신을 착하고 의로운 자로 생각하지 않으면 누구도 진심으로 애통해할 수 없다. 최악의 살인마조차도 애통해하려면 누군가 자신에게 부당한 짓을 저질렀다고, 그 때문에 적어도 자신을 애통해하게 만든 그 사건에 관해서는 자신이 남보다 더 착하고 의롭다고― 생각해야 한다.

물론 애통해하는 자가 자신을 착하고 의롭다 할 때의 '착함'과 '의로움'은 상대적인 것이다. 그는 자신이 남보다 더 착하고 의롭다고 생각한다. 그 때문에 자신과 함께 애통해하지 않는 자는, 자신으로 하여금 애통해하게 한 자는, 마땅히 벌을 받아야 한다고 생각한다.

이러한 자의 곁에서 그를 동정하면서 머물러 있으면 삶을 긍정할 우리의 힘이 약해지기 마련이다. 동정이 왜 악덕인지 알지 못하는 자는 자신이 실은 자신이 동정하는 자를 마음 깊이 염오하고 있다는 사실에 놀라고 슬퍼하게 된다. 자신이 동정하는 자를 향한 염오야말로 자신을 최악의 인간으로 드러내는 그 증표와도 같기 때문이다.

미숙했던 청년 예수가 겪었을 고통을 헤아리며 차라투스트라는 다음과 같이 말한다.

"그가 황야에 남아 착하고 의로운 자들로부터 멀리 떨어져 있었다면 좋았을 것을! 그랬다면 그는 사는 법과 대지를 사랑하는 법을 배웠을지도 모른다. 아마 웃음까지도 배웠을 것이다!"

차라투스트라는 예수를 동정하고 있는가? 남의 아픔을 안타깝게 여기면서 자신 역시 마음으로 아파함을 동정이라고 할 수 있으면 분명 차라투스트라는 예수를 동정하고 있다. 그러나 차라투스트라가 말하는 동정은 일종의 집착이다. 청년 예수의 미숙함을 안타까워하는 차라투스트라의 마음은 마치 고통당하는 친구를 대하는 마음과도 같다.

인간을 사랑하는 마음 때문에 스스로 자신의 몰락을 선택한 차라투스트라에게 어떻게 고통당하는 자를 향한 안타까운 마음이 없을 수 있을까? 자신의 친구를 위해 필요한 경우 기꺼이 몰락을 선택할 수도 있는 자만이 친구로서 진정眞正할 수 있다. 고통당하는 친구를 위해, 그 고통의 경감을 위해, 그가 다시 삶으로 돌아와 승리하고 또 기쁨을 만끽할 수 있도록 돕기 위해, 우리는 때로 몰락을 각오해야 한다.

그러나 애통해하는 자는, 자신의 마음 깊은 곳에 감추어진 분노와 증오에 의해 무너져 버린 정신을 지닌 자는, 이미 누구의 친구도 아니다. 그는 자아에 집착하는 자이고, 복수에만 전념하는 자이며, 자신의 추한 마음을 악착같이 아름다운 것으로 인지해 내는 자기기만에 사로잡힌 자이다. 이러한 자는 극복되어야 한다. 그렇지 않으면 그도 그 주위 사람들도 모두 화를 입게 될 것이다. 또한 예수처럼 이러한 자를 동정하는 자 역시 극복되어야 한다. 그렇지 않으면 그도 그가 동정하는 자도 건강한 삶의 의미를 배우지 못할 것이다.

애통해하는 자가 극복되어야 함은 그를 억울하게 한 악인의 편에 서야 함을 뜻하는가? 물론 그럴 수 없다. 애통해하는 자가 극복되어야 하듯이 그를 억울하게 한 악인 역시 극복되어야 한다. 애통해하는 자와 마찬가지로 악인 역시 자기에 집착하는 자이며, 창조를 위해 극복되기를 한사코 거부하는 자이기 때문이다. 애통해하는 자가 극복되어야 하는 까닭은 애통해하는 자기가 극복되지 않으면 건강한 삶을 회복할 수 없기 때문이다. 애통해하는 자는, 적어도 애통해하는 동안에는, 적에 맞서 치열하게 싸울 마음을 품을 수 없다. 애통해할 만큼, 비애와 자기 연민에 사로잡힐 만큼, 그의 정신이 약하기 때문이다.

애통해하는 자를 친구로서 사랑하거든 그가 애통해하는 마음에 사로잡힐 만큼 약한 정신을 지니고 있음을 멸시해야 한다. 친구의 멸시를 받고서 친구도 증오하기로 마음먹는 자는 아예 구제 불능이다. 자신이 애통해하는 약한 정신을 지니고 있음을 부끄럽게 여기고 스스로 건강한 정신을 회복할 결심을 품는 자의 정신만이 실제로도 건강해질 수 있다. 오직 실제로 정신이 건강한 자만이 원수를 온당한 방식으로, 즉 삶을 향한 긍정과 기쁨의 정신을 잃지 않으면서, 제압할 수 있다.

차라투스트라가 미숙한 예수의 고통을 안타깝게 여김은 그를 동정해서가 아니다. 차라투스트라는 자신의 몰락을 결심한 자이고, 자신을 극복되어야 하는 것으로 여기는 자이며, 바로 그 때문에 자신에게 집착하지도 않는다. 자신에게 집착하지 않는 자는 아무도 동정하지 않는다. 동정의 대상으로 존재함은 극복되어야 할 자로 존재함과 같은 것임을 알고 있기 때문이다.

차라투스트라는 다만 예수가 웃음을 배우지 못했음을 안타까워할 뿐이다. 자신의 곤궁한 처지조차 대수롭지 않게 여기는 자의 웃음, 강한 적 앞에서도, 패배가 거의 확실함을 알면서도, 두려워하거나 애통해하기보다 최대한 담대하게 싸움에 나설 수 있는 자의 웃음— 바로 이러한 웃음을 통해서만 인간은 초인을 향한 길 위에 머물 수 있음을 차라투스트라는 알고 있는 것이다.

　루블료프의 〈삼위일체〉가 위대한 정오가 예고하는 아침에 최고도로 잘 어울리는 까닭은 무엇일까? 오늘날 루블료프는 기독교 정교회 전통이 남긴 가장 위대한 성상화가 중 한 사람으로 꼽힌다. 하지만 루블료프의 생애에 관해서는 구체적인 기록이 남아 있지 않다. 그는 1360년대에 태어났으리라고, 그리고 1427년에서 1430년 사이에 죽었으리라고, 추정된다. 출생지에 관해서는 아무 기록도 없다. 화가로서 살아간 대강의 이력 외에 그가 구체적으로 어떤 예술관을 지녔는지도 알려지지 않았다.

　그렇다면 루블료프의 〈삼위일체〉가 차라투스트라의 사상에 어울리는 그림이라는 것을 우리는 어떻게 알 수 있을까? 안드레이 타르콥스키가 남긴 불멸의 영화 《안드레이 루블료프》(1966)를 통해서이다. 영화 《안드레이 루블료프》는 실존 인물에 관한 이야기가 아니라 하나의 신화적 이야기를 담고 있다. 그렇다고 타르콥스키가 역사를 날조했다는 식으로 생각해서는 안 된다. 타르콥스키는 구소련의 경직된 체제 속에서 망각되어 가던 러시아 민족의 고귀한 전통을 되살리려 애썼을 뿐이다.

앞에서 살펴본 것처럼, 니체는 국가와 민족을 엄격하게 구분한다. 국가는 자신이 곧 민족이라고 말하지만 이는 새빨간 거짓말이다. 국가는 냉혹한 민족 살해자다. 민족의 형성과 발전을 가능하게 하는 것은 민족 고유의 신앙과 사랑이다. 그런데 민족 고유의 신앙과 사랑이 발현되도록 하는 것은 창조적 정신이다.

국가는 자신을 절대화하며 늘 보편주의를 내세우지만 그 보편주의의 바탕에 깔려 있는 것은 적당한 행복 외에는 다른 아무것도 추구하지 못하는 끝물 인간들의 도덕이다. 타르콥스키의 《안드레이 루블료프》는 냉혹한 국가의 폭력에도 불구하고 민족의 형성과 발전을 가능하게 할 신앙과 사랑이 어떻게 창조적 소수에 의해 발현되는지 알리는 그 표본과도 같은 작품이다.

영화가 제작된 해인 1966년에 《안드레이 루블료프》는 모스크바에서 단독으로 상영되었다. 하지만 그 후로 구소련 내에서는 수년 동안 개봉되지 않았다. 《안드레이 루블료프》는 1960년 칸 영화제에서 국제영화비평가연맹상을 받았다. 1971년이 되어서야 《안드레이 루블료프》는 구소련에서 개봉될 수 있었다. 그것도 검열과 수정을 거친 뒤였다.

왜 《안드레이 루블료프》는 구소련에서 환영받지 못했을까? 그 까닭은 무엇보다도 우선 영화 내용이 구소련의 공식적인 무신론적 이데올로기와 맞지 않았다는 점에서 찾을 수 있다. 《안드레이 루블료프》는 구소련의 국가 이데올로기에 의해 말살될 위기에 직면한 러시아 민족의 고유한 신앙과 사랑을 되찾고자 하는 의지의 표현이었다. 구소련의 국가 이데올로기는 소위 과학적 사회주의에 그 근거를 두고 있었고, 엄격한 보편주의를 표방했다. 그것은 보편타당한 진실의 이름으로 전통적인 모든 것을 말살하려는 의지의 표현이었다.

우선 차라투스트라가 말한 정신의 세 가지 변형태 중 첫 번째인 낙타의 정신이 부정되었다. 구소련의 국가 이데올로기는 전통 속에서 창조적이고 고귀한 정신의 흔적을 발견하려 애쓰기는커녕 냉혹한 보편주의의 이름으로 전통을 통째로 부정하려 했다.

또한 그것은 정신의 세 가지 변형태 중 두 번째인 사자의 정신에 대한 부정이기도 했다. 냉혹한 보편주의는 자기 외의 다른 어떤 사상도 허용하지 않는 것이다. 즉 창조를 위한 자유를 쟁취할 권리가 철두철미 부정되었다. 물론 낙타의 정신과 사자의 정신을 부정하는 자는 어린아이의 정신 역시 부정하는 자이다. 이러한 인간은 모든 것을 그 존재 자체에서부터 순연하게 긍정하고 기꺼워하는 대신 도리어 순연하게 부정하고 말살하려 할 뿐이다.

루블료프가 살았던 15세기의 러시아는 격변에 시달리고 있었다. 타타르제국이 침략했고, 어디서나 학살과 약탈이 자행되었다. 타르콥스키의 영화 《안드레이 루블료프》는 침략자의 지배를 받게 된 러시아의 참상 앞에서 고뇌하던 루블료프의 예술 정신이 어떤 과정에서 성숙해 갔는지 묘사한다.

중세기 교회에서는 성경 속의 일화들을 각각 독립적으로 묘사하는 가운데 하나의 통일된 이야기를 제시하는 여러 개의 프레스코화가 그려지고는 했다. 《안드레이 루블료프》 역시 그와 비슷하다. 프롤로그와 그 밖의 여덟 개 부분이 제각각 독립적인 이야기를 묘사하듯 서로 느슨하게 연결되어 있으면서도 전체적으로 조망해 보면 분명한 통일성이 엿보이도록 구성되었다.

주인공 루블료프는 라도네츠의 삼위일체 수도원 소속 수도사이다. 그는 러시아 민중들의 참혹한 현실을 목격하며 크나큰 고뇌에 빠진다. 민중을 학살하는 것은 타타르 군대뿐이 아니었다. 러시아의 권력자들 가운데서도 타타르 군대와 손잡고 민중을 학살하는 자가 있었다.

압도적으로 강한 외적이 조국을 침략할 때, 그리고 조국의 권력자들마저 민중의 편에 서기보다 외적과 야합하기를 선택할 때, 우리는 무엇을 어떻게 해야 할까? 그 대답은 자신이 어떠한 인간이냐에 따라 달라진다. 철저하게 이기적인 인간이라면 저 혼자 살길을 찾아 도망가든가, 최대한 권력자나 외적의 환심을 사려 노력할 것이다. 하지만 이타심이 많고 정의감에 불타오르는 인간이라면 목숨을 걸고 투쟁하는 편을 택할 것이다.

학대받는 민중의 편에서 보면 물론 전자가 아니라 후자가 바람직하다. 아마 후자에 속하는 인간들은 대체로 민중과 함께 애통해하는 자들일 것이다. 그러나 제대로 투쟁하려면 오랫동안 애통해할 수는 없다. 중요한 것은 투쟁하는 것이고, 할 수만 있다면 최선을 다해 승리하는 것이다. 그러기 위해서는 민중 역시 애통해하는 자로 남아서는 안 된다. 애통해하는 민중은 민중의 승리를 염원하는 자의 관점에서 보더라도 결국 극복되어야 한다.

민중과 함께 애통해하는 자가 추구하는 정의는 민중의 해방과 승리를 요구하기 때문이다. 그런데 민중이 스스로 떨쳐 일어나지 않으면 민중의 해방과 승리는 불가능하다. 그러니 민중을 사랑하는 자일수록 애통해하는 민중을 향한 동정심을 이겨 내야 한다. 어떠한 역경 속에서도 삶을 긍정하는 민중만이, 극한의 슬픔조차도 기어이 삶을 향한 기쁨의 웃음으로 승화해 낼 수 있는 민중만이, 승리할 수 있기 때문이다.

주인공 루블료프는 이기적이지 않다. 분명 그는 이타심이 많고 굳은 결의로 정의를 추구하는 자다. 하지만 그는 목숨을 걸고 투쟁하는 것처럼 보이지 않는다. 도리어 그는 투쟁 자체를 회의하는 자처럼 보인다. 그런데 블라디미르의 지배자인 대공의 동생이 권력에 눈이 멀어 타타르와 손잡고 블라디미르를 습격한다. 약탈과 학살이 이어지는 와중에 루블료프는 백치인 한 소녀를 겁탈하려는 러시아 병사를 죽이게 된다.

민중을 위해 투쟁하려는 자의 관점에서 보면 민중의 적을 죽인 일은 칭찬받을 일이다. 죽임당한 자가 아무 죄도 없는 백치 소녀를 겁탈하려던 자였다면 더욱더 그렇다. 하지만 루블료프는 소녀를 구한 자신을 자랑스러워하기는커녕 깊은 고뇌에 빠져 버렸다. 그의 마음은 영원한 동토의 밤처럼 길고 음울한 침묵 속에 잠겼다.

아마 그 까닭은 그가 추구하던 것이 인간의 정의가 아니라 하나님의 정의였기 때문일 것이다. 성자인 예수는 말하지 않는가? 진실한 신앙을 가진 자라면 원수조차 사랑해야 한다고. 하나님의 정의는 원수라도 사랑하기를 마다하지 않을 거룩한 마음을 통해서만 이루어지는 것이 아닐까? 그 때문에 살인자가 된 루블료프의 마음속에서는 밑도 끝도 없는 회한과 의심의 음성이 끝없이 울리고 있었을 것이다.

'하지만 나는 결국 살인하고야 말았다.

나는 어떻게 해야 했을까?

나는 순진무구한 백치 소녀가 희생되도록 내버려 두어야 했을까?

평화적으로 그를 말리다 그가 찌르면 그냥 찔리는 편을 택해야 했을까?

하지만 내가 죽었다면 소녀 역시 희생되었을 것 아닌가?'

그러나 이러한 의구심의 바탕에는 진실을 직시하기 어려워하는 소심함과 비겁이 있다. 전쟁이 일어나자 모두가 미쳐 날뛰기 시작했다. 적군뿐 아니라 아군까지도. 적군이 흉폭한 학살자인 바로 그만큼 아군도 흉폭한 살인자이다. 하지만 그들은 모두 평소에는 누군가의 다정한 이웃이자 친구가 아닌가? 그렇다면 이웃 사랑이란 결국 어리석은 망념일 뿐이다.

원수조차 사랑하라는 예수의 가르침은 결국 모두를 사랑하라는 뜻이다. 주위에 있는 모든 사람을 사랑해야 할 이웃으로 이해하라는 뜻이다. 그런데 인간은 과연 이웃 사랑에 어울리는 존재인가? 잠재적·현실적 살인자에 불과한 인간들은 사랑은커녕 경멸과 증오의 대상이어야 하지 않는가?

·

과연 그렇다. 지금 내 곁에서 서성거리는 자들, 소위 이웃이라고 불리는 자들은 대개 잠재적·현실적 살인자에 불과하다. 그들은 적당한 행복만을 추구하는 끝물 인간들이다. 그들은 평화와 질서가 유지되는 곳에서는 이웃 사랑을 선전하고, 스스로도 이웃 사랑이 좋은 덕이라고 믿는다. 이웃 사랑을 선전하는 것이, 이웃 사랑이 좋은 것이라고 믿음으로써 불필요한 갈등을 줄이는 방향으로 삶을 꾸려 나가는 것이, 적당한 행복을 누리는 데 유리하기 때문이다.

그러나 막상 전쟁이 벌어지면, 그리고 그 전쟁 속에서 나와 한편인 소위 이웃들이 승리를 거두기에는 지나치게 약하고 지리멸렬한 인간들이라는 것이 드러나면, 이웃 사랑은 적당한 행복을 누리는 데 조금도 도움이 되지 않는다. 도리어 그 반대이다. 이웃 사랑의 덕을 실천하느라 나는 이웃을 위협하는 강한 적과 희망 없는 싸움을 벌여야 한다. 적당한 행복만을 추구하는 끝물 인간들에게 이보다 더 어리석은 일은 없다.

왜 루블료프는 침묵의 서약을 했을까? 아마 여러 가지 이유가 복합적으로 작용했을 것이다. 살인자가 되었다는 회한과 두려움, 증오와 분노로 인해 신앙마저 저버리게 된 것은 아닌가 하는 자괴감, 하나님의 존재에 대한 어떤 근원적 의심 같은 것이 자꾸 일어나 그로서는 참으로 견디기 어려웠을 것이다. 그러나 가장 커다란 이유는 인간이란 사랑받기에는 너무나도 추악한 존재라는 사실을 부정할 수 없었기 때문이 아닐까? 루블료프는 차라투스트라가 아니었다. 그 때문에 그는 담담하게 이웃 사랑을 부정하는 대신 침묵 속에 잠기는 선택을 할 수밖에 없었을 것이다.

이웃 사랑에 대해 차라투스트라는 다음과 같이 말한다.

"너희의 이웃 사랑은 너희 자신에게 해로운 사랑에 지나지 않는다."

차라투스트라에 의하면 우리가 이웃 사랑에 집착하는 까닭은 자신에 대한 사랑이 충분하지 못하기 때문이다.

"너희는 자신을 견뎌 내지 못하고 너희 자신을 충분히 사랑하지도 못한다. 그 때문에 이웃을 유혹해서 사랑하게 하고, 이웃의 잘못을 이용해서 너희 자신을 도금하려고 한다."

침묵의 서언을 한순간의 루블료프에게 이러한 말을 들려주었더라면 아마 그는 더 큰 혼란에 빠져 버렸을 것이다. 설령 마음의 은밀한 곳에서는 인간이란 이웃 사랑에 적합한 존재가 아니라고 확신하고 있다고 하더라도 신실한 신앙을 지닌 자라면 자신의 확신마저도 의심하기 마련이다. 그는 "나의 확신은 과연 정당한가?" 하고 묻는다. "혹시 나의 불경스러운 확신은 내 믿음이 부족하다는 증거가 아닐까?"

이웃 사랑이 자신에게 해롭다는 차라투스트라의 말은 자칫 남이야 고통받든 말든 상관하지 말고 제멋대로 살라는 말처럼 들리기 쉽다. 그러나 차라투스트라에 의하면 자신에 대한 사랑이 충분하지 못한 것이 이웃 사랑에 집착하게 되는 그 원인이라는 것을 유념해야 한다. 차라투스트라의 관점에서 보면 이웃 사랑에 집착하는 나는 실은 이웃을 동정하는 자이다.

나는 이웃을 이웃이 지닌 모든 흠결에도 불구하고 사랑한다. 나는 그의 흠결을 문제 삼지 않으며, 그가 추하다고 해서, 다소 덕이 부족하다고 해서, 사랑하지 않는 것은 인간으로서 해야 할 일이 아니라고 생각한다. 그러나 그럼으로써 나는 실은, 이웃의 정신을 그 자신의 흠결과 부덕함 때문에 무너져 버리도록 조장하는 셈이다. 동정을 받는 자의 마음은 약해지기 쉽고, 약해진 마음은 자신의 과오를 인정하고 스스로 그 과오를 바로잡을 굳은 결의를 품기 어렵다.

그런데 과오를 바로잡을 결의가 굳지 못하거나 아예 그러한 결의마저 없는 자는 이래도 저래도 원망만 하기 마련이다. 만약 부당한 일이라도 당하면 그는 곧바로 불의한 현실을 원망할 것이다. 그러나 자신의 행위가 부당하다고 말하는 자라도 나타나면 그는 약하고 불행한 자신을 불쌍히 여기지 않는다고 화를 낼 것이다. 즉 한 인간을 그의 흠결에도 불구하고 동정하는 일은 그가 응석받이가 되게 하는 일이다.

응석받이처럼 마음이 어린 것은 차라투스트라가 말하는 어린아이의 정신에 조금도 부합하지 않는다. 응석받이에게는 모든 것이 원망스럽고, 바로 그러한 이유로 그는 모든 것을 향해 증오의 눈길만을 주게 된다. 응석받이의 정신은 순연한 긍정의 정신이 아니라 순연한 부정의 정신인 것이다.

차라투스트라가 이웃 사랑에 대한 예수의 가르침을 받아들일 수 없는 까닭이 바로 이것이다. 기독교에서 예수는 모든 인간의 죄를 대속해 줄 구세주이다. 왜 기독교는 구세주를 필요로 하는가? 인간이 스스로 자신의 잘못을 바로잡을 수 없다고 보기 때문이다. 기독교는 인간이 원죄로 인해 전적으로 타락한 존재로 태어난다고 본다.

원죄로 인한 인간의 전적인 타락은 무엇을 뜻하는가? 성 아우구스티누스에 따르면, 인간은 구원을 원하되 자신의 이성과 자유의지에 입각해서 행동하면 반드시 멸망에 이르게 되는 역설적인 존재이다. 바로 이것이 원죄로 인한 인간의 전적인 타락이라는 말이 뜻하는 바다. 그렇다면 인간이란 구원받기 위해 구세주의 동정을 받아야만 하는 존재인 셈이다.

예수 그리스도가 불쌍히 여기지 않으면 인간은 모두 영원한 지옥의 저주를 받을 수밖에 없다. 아무리 현명하고 의지가 굳센 자라도 그렇다. 그러니 기독교에 따르면 인간은 죽을 때까지 어린아이로 남아야 하는 셈이다. 스스로 자신의 잘못과 한계를 인식하고 극복하려고 하는 태도는 교만의 죄를 범하는 것으로 간주되어 엄격한 비난과 처벌의 이유가 된다. 결국, 인간의 구원을 위해 예수는 인간을 동정해야 하고, 인간은 예수의 동정 외에 다른 어떤 것도 희망해서는 안 된다는 결론이 나온다.

이러한 교리를 받아들이는 자는 진정으로 회개할 수 없다. 이러한 교리 아래 생활하는 자의 회개란 하나님이 무서워 차마 원망의 목소리를 내지 못하는 자가 자기 안에 내면화한 증오의 표출에 불과하다. 그것은 본질적으로 무서운 아버지를 향한 응석받이의 소극적 항변과

도 같다. 회개할 테니 당신은 나를 받아 주어야 한다는 항변, 내가 세
상에서 어떤 잘못을 저질렀든지 아무튼 나를 불쌍히 여기는 당신은
나를 용서하고 사랑해야 한다는 항변, 절대자인 당신의 자녀인 나는
세상에 나가 무슨 짓을 하든 원래 괜찮은 것이라는 항변이 기독교적
회개의 본질이다.

　차라투스트라가 지적하는 예수의 과오는 어린 자식의 잘못을 바로
잡아 주지 않고 애정의 눈길만 보내는 부모의 과오와도 같다. 어린 자
식을 향한 사랑은 오직 지금의 흠 많은 자식이 기어이 극복되어야 한
다는 부모의 결의를 통해서만 온당할 수 있다. 성년이 되어도 극복되
지 않은 아이로 남는 자야말로 모든 고통과 사회악의 근원이 아닌가?
근엄한 어른의 얼굴과 떼쓰는 아이의 마음을 함께 지닌 자는 끔찍스
러울 정도로 자기중심적인 괴물이자 위선자일 뿐이다. 불행하게도 인
간의 역사 속에서는 이러한 인간들이 권력을 잡고 동류의 인간들에게
크나큰 해악을 끼치는 일들이 수없이 반복되어 왔다.

　참으로 인간을 사랑하는 자는 인간성을 멸시하는 자가 되어야 한다.
아르튀르 랭보가 「지옥의 계절」에서 "흠 없는 영혼이 어디 있으랴!"
하고 노래한 것처럼, 인간은 누구나 저마다의 흠결을 지닌 채 존재하
기 마련이다. 흠결 있는 인간에 대한 사랑은 인간이 극복되어야 하는
존재라는 성찰을 통해서만 온당해질 수 있다.

　인간을 극복되어야 하는 존재로서 사랑하고 또 경멸하는 자는 자기
자신 역시 극복되어야 하는 자로서 사랑하고 또 경멸한다. 오직 이러
한 자만이 자신을 충분히 사랑하는 자이다. 오직 이러한 자만이 이웃

을 충분히 사랑하는 자이다. 오직 주어져 있는 모든 것을 극복되어야할 것으로서 경멸하는 자만이 모든 것을 향한 크나큰 사랑의 정신을 지닌 자이다. 오직 이러한 인간을 통해서만 삶은 장차 지금보다 더욱 아름답고 긍정할 만한 것이 될 수 있다.

《안드레이 루블료프》에서도 이러한 역설적 사랑에 관한 이야기가 나온다. 그것은 보리스카라는 한 소년의 이야기이기도 하다. 보리스카의 아버지는 주물공이자 종 제작자였다. 어느 날 마을에 왕자가 보낸 사람들이 와서 보리스카의 아버지를 찾는다. 하지만 그때는 마을 일대에 역병이 돌아 수많은 사람이 죽고 난 뒤였다. 보리스카의 아버지 역시 다른 가족들과 함께 이미 죽었다.

보리스카는 왕자가 보낸 사람들에게 임종 직전의 아버지가 자신에게 종을 만드는 비법을 전수해 주었다고 말한다. 처음에 그들은 보리스카의 말을 무시했다. 하지만 종을 만들 수 있는 사람이 아무도 없다는 사실을 깨닫고 나서 결국 보리스카에게 종의 제작을 의뢰한다. 보리스카의 책임은 매우 막중했다. 종을 성공적으로 제작하지 못할 경우 그는 왕자로부터 엄한 벌을 받게 될 것이었다. 종의 제작은 쉽지 않았다. 종의 제작에 참여한 일꾼들은 보리스카를 믿지 못하고 불평하기 일쑤였다.

그럼에도 우여곡절 끝에 보리스카는 마침내 종을 성공적으로 제작했다. 종은 왕자가 흡족해할 만큼 아름다운 소리를 냈다. 보리스카와 일꾼들에게 그것은 무시무시한 불안과 두려움이 환희와 서글픈 해방감으로 뒤바뀌는 순간이었다. 종이 성공적으로 제작되지 못했다면 왕자가 그들 모두를 참수했으리라는 것을 그들은 알고 있었다.

이후 보리스카는 루블료프의 품에 안겨 자신의 비밀을 고백한다. 그것은 보리스카가 아버지로부터 아무 비법도 전수받지 못했다는 고백이었다. 소년의 고백을 들은 루블료프는 마침내 침묵의 서언을 깬다. 그는 보리스카에게 "울지 마라"라고 말했다. 그것은 자신을 향한 다짐이기도 했다. 소년의 이야기를 듣고 나서 이제는 더 이상 애통해해서는 안 된다는 것을, 민중을 향한 사랑과 경멸 사이에서 방황해서는 안 된다는 것을, 깨닫게 된 것이다.

> "앞으로 너는 종을 만들고, 나는 그림을 그리는 거야."

종은 약속의 상징이다. 우렁차고 아름답게 울리며 희망의 내일을 예고한다. 그러나 희망의 내일은 오늘의 인간이 극복되지 않으면 찾아오지 않는다. 오늘의 인간을 위한 최선의 사랑과 경멸─ 종소리는 이 두 상반된 감정이 역설적 통일을 이루며 내는 소리이다. 루블료프의 그림은 장차 종소리를 닮을 것이었다.

루블료프의 다짐은 무엇을 뜻할까? 왜 보리스카는 종을 만들어야 하고, 그는 그림을 그려야 하는가? 이 물음에 대한 대답은 아름다움의 본질에 대한 이해를 요구한다. 아름다움은 감각적이다. 순수하게 지

〈전능하신 하나님〉, 1220-1240, 톨레도 대성당

적이기만 한 아름다움, 생생한 느낌과 함께 전달되지 않는 아름다움
은 있을 수 없다. 그러나 아름다움의 감각은 다른 감각과 다른 특징을
하나 가지고 있다. 그것은 바로 동경과 의지이다.

아름다움의 감각은 자신에게 아름다움을 느끼게 해 준 그 대상과도
같이 자신 또한 아름다운 존재가 되면 좋겠다는 동경과 의지를 불러
일으킨다. 꽃을 보며 아름답다고 느끼는 순간 우리는 자신의 삶이 꽃
처럼 아름다워지면 좋겠다는 소망을 품게 된다. 별을 보며 아름답다
고 느끼는 순간 우리는 자신의 삶이 별처럼 드높고 순수해지기를 바
라게 된다. 태양 빛이 아름답다고 느끼는 순간 우리는 자신의 삶이 태
양처럼 찬란해지기를 바라게 된다. 그런 점에서 아름다움의 감각은
자기 극복에의 청유이다. 지금보다 아름다운 삶을 원하는 자는 지금
의 자기가 극복되도록 해야 하기 때문이다.

지금의 나는 극복되어야 한다는 것, 그래야 내일의 나는 지금의 나
보다 아름다울 수 있다는 것이 아름다움의 감각을 통해 내게 전달된
다. 아름다움은 지금의 나에 대한 조롱이자 경멸이다. 나는 그 조롱과
경멸을 기꺼이 감수해야 한다. 아니, 아름다움에 사로잡힌 나는 그 조
롱과 경멸을 기꺼이 감수할 뿐만 아니라 스스로도 지금의 나 자신을
조롱하고 경멸한다. 내일의 나는 지금의 나보다 기어이 더 아름다워
야 하기 때문이다. 내일의 내가 지금의 나보다 더 아름다운 경우에만
나의 삶은 긍정할 만한 것이 되기 때문이다.

이웃 사랑의 덕을 멸시하며 차라투스트라는 말한다.

"바로 가까이에 있는 자들에 대한 사랑보다 가장 멀리 있는 자들, 미래의 사람들에 대한 사랑이 더욱 고귀하다.

인간에 대한 사랑보다는 주어진 일과 유령에 대한 사랑이 더욱 고귀하다."

차라투스트라의 말은 가까이에 있는 자들을 사랑하지 말고 증오만 하라는 뜻은 아니다. 실은 그 반대이다. 가장 멀리 있는 자들, 미래의 사람들을 가까이에 있는 자들보다 더욱 사랑하는 것은 가까이에 있는 자들을 사랑하는 유일무이하게 온당한 방식이다. 응석받이에 불과한 지금 내 곁의 흠결 많은 아이를 맹목적으로 사랑하는 것은 아이의 인성을 망치는 결과를 초래하기가 쉽기 때문이다.

아이를 사랑하는 부모는 아이가 장차 훌륭해질 것을 믿고 지금 당장은 가능성에 불과한 미래의 아이를 지금의 아이보다 더 사랑하기 마련이다. 그 미래의 아이가 어떠할지는 아무것도 모른다. 그것은 그저 막연한 가능성, 어쩌면 아예 현실이 되지 않을 그러한 가능성에 불과할지도 모른다. 그러나 진정 아이를 사랑하거든, 아이 역시 그 유령 같은 미래의 아이를 향해 스스로 나아가도록, 그 유령에게 자신의 살과 뼈를 주도록, 그 과정에서 흠결 많은 응석받이인 자신은 온전히 극복되도록, 마음 써야 한다.

이웃 역시 마찬가지이다. 진정 이웃을 사랑하거든 이웃의 마음속에 지금과는 비교도 할 수 없으리만치 아름다운 삶을 향한 꿈을 심어야 한다. 스스로 극복되기를 결의하지 않는 자는 다른 사람의 이웃이 될 자격과 권리를 지니지 못한 자이다. 그러한 자는 가차 없이 거부되어야 하고, 멸시받아야 한다. 그렇지 않으면 그는 지금의 자기에 대한 집착으로부터 벗어날 수 없을 것이다.

미래의 사람들에 대한 사랑 없이 소위 이웃 사랑에만 전념하는 일은 그 자체가 하나의 폭력이다.

> "너희의 이웃 사랑 때문에 보다 멀리 있는 자들이 대가를 치른다. 너희가 다섯 모이면 여섯 번째 인간은 언제나 희생양이 된다."

왜 이웃 사랑은 보다 멀리 있는 자의 희생을 야기하는가? 이웃으로 하여금 지금의 흠결 많은 자기가 극복되도록 할 마음으로부터 멀어지게 하기 때문이다. 자기가 극복되도록 할 마음으로부터 멀어지면 멀어질수록 사람은 자기와 다른 자를 용납할 수 없게 된다. 아니 실은 자기와 똑같은 자도 용납할 수 없기는 마찬가지이다. 그러나 적당한 행복을 위해서는 자기와 통하는 자와 적당한 공존을 모색해야 한다. 그 때문에 우선 여럿이서 한 패거리를 이룬 뒤 패거리에 끼지 못하는 자를 향한 적개심과 폭력성을 드러내게 된다.

그가 선하든 악하든 상관은 없다. 악하면 당연히 공격할 좋은 핑곗거리가 이미 주어져 있는 셈이다. 이 경우 그냥 공공연하게 비난하고 공격하면 된다. 선하면, 그래서 그처럼 선하지 못한 우리네 패거리의 자존심이 상하게 되면, 은밀하고도 집요하게 공격한다. 그의 지나친 선 자체가 우리에게는 악이 된다.

선이란 결국 인간을 위한 것 아니던가? 그러니 적당한 행복만을 추구하는 이웃에게, 우리 모두에게, 마음의 불편함을 초래하는 자는 결국 악을 범한 셈이다. 그러니 우리에게는 —그가 선하든 악하든 상관없이— 그를 비난하고 공격할 권리가 있다. 이것이 바로 소위 이웃 사랑이 작용하는 방식이다.

자기 자신부터가 흠결 많은 자로서 흠결 많은 이웃들과 살고 있는 경우 우리는 무엇을 어떻게 해야 할까? 그 해답은 이미 차라투스트라의 말 속에 주어져 있다. 지금보다 미래를, 지금의 인간보다 미래의 인간을, 가까이에 있는 자보다 멀리 있는 자를— 더욱더 사랑하는 법을 배워야 한다. 지극히 인간을 사랑하거든 지극히 인간을 멸시해야 한다. 그 까닭은 초인이 멀리 있는 것이 아니라 바로 우리 안에 있는 것이기 때문이다.

> "미래, 그리고 가장 멀리 떨어져 있는 것이 오늘 그대의 존재 이유가 되기를.
> 즉, 그대는 벗 안에 있는 초인을 그대의 존재 이유로서 사랑해야 한다."

루블료프가 선택한 길이 바로 이러한 사랑의 길이다. 지금 내 주위에 있는 약한 이웃, 애통해하는 이웃, 원한과 분노에 사로잡힌 이웃은 잔악한 적과 마찬가지로 단호히 거부되어야 한다. 그 까닭은 이웃 안에 초인이 있기 때문이다. 오직 이웃 안에 있는 초인을 향한 사랑만이 진정한 의미의 이웃 사랑일 수 있다.

자기 안의 초인을 보지 못하는 자는 경멸받아 마땅한 자이며, 우리가 단호히 맞서 싸울 적이다. 오직 그러한 싸움을 통해서만 우리는 이웃으로 하여금 자기 안의 초인을 보게 할 수 있다. 이웃으로 하여금 스스로 극복되도록 하는 것, 스스로 자기 안에 감추어진 초인을 보게 하는 것, 그럼으로써 그 자신이 지금의 흠결 많은 자기가 아니라 가장 먼 미래의 자기를 사랑하도록 하는 것― 오직 이러한 방식으로만 우리는 진정으로 이웃을 사랑할 수 있다.

　　루블료프가 살았던 15세기는 모스크바대공국이 몽골을 몰아내고, 영토를 확장해서, 강력한 통일 국가를 이룩하려는 행진을 시작한 때였다. 러시아 민중을 외적으로부터 지켜 줄 통일 국가의 탄생은 러시아 민중들에게 바람직한 일이 아니었을까? 그렇다는 것을 부정하기는 어렵다. 강력한 국가가 형성되지 않으면 외적의 침략을 면하기 어렵다는 것은 역사 속에서 반복적으로 증명되어 온 일이다.

　　그렇다면 국가에 대한 니체의 경멸과 증오는 어떻게 평가되어야 할까? 혹시 니체는 비현실적인 몽상가에 불과한 것이 아닐까? 그러나 사람들이 불가피하게 국가를 중심으로 뭉쳐야 했던 과거를 근거로 삼아 국가를 절대화할 이유는 전혀 없다. 침략자들 역시 실은 이미 강력한 국가를 형성한 자들이거나 강력한 국가를 형성하는 과정에 있는 자들이다. 강력한 국가를 향한 의지와 열망이야말로 참혹한 전쟁과 학살의 근본 원인인 것이다.

우리는 국가에 대해서도 니체의 초인 사상을 적용해 말할 수 있다. 참으로 국가를 사랑하거든 지금의 국가가 극복되어야 함을 먼저 알아야 한다. 우리는 가장 멀리 있는 미래의 국가를, 아니 국가와 권력이 불필요해지는 그러한 세상을, 온몸과 정성을 다해 사랑해야 한다. 오직 이러한 사랑을 통해서만 우리는 국가의 야만성과 폭력성을 제거해 나갈 수 있다. 이러한 방식으로 국가를 사랑하지 않고 지금의 국가가 지닌 야만성과 폭력성에 눈을 감는 국민은 국가 폭력을 정당화하는 자들이다. 그들은 침략 전쟁을 기꺼이 정당화할 전쟁광들이며, 잠재적·현실적 학살자들이다.

영화《안드레이 루블료프》에서 학살자는 타타르 군대만이 아니다. 러시아의 귀족들 역시, 통일 국가로서의 러시아의 건립을 향해 나아가고 있는 러시아의 권력자들 역시, 민중에 대한 잠재적·현실적 학살자들이다. 루블료프가 백치 소녀를 구하기 위해 살인을 했을 때도 그랬고, 왕자가 보낸 사람들이 보리스카에게 종의 제작을 의뢰했을 때도 그랬다. 러시아의 권력자들에게 종은 무엇을 뜻했을까? 그들은 왜 종의 제작을 원했을까?

종은 가장 먼 곳까지 울려 퍼지는 권력의 음성이다. 말하자면 종소리는 신의 음성으로 변용된 왕의 음성이다. 왕은 곧 하나님과도 같은 존재이니 왕에게 절대적으로 복종해야 한다고 알리는 소리는 최대한 우렁차고 신비롭고 아름다워야 한다. 그래야 백성들이 왕에게 자발적으로 복종하게 될 것이다.

중세기 유럽의 『교훈 성서』는 신을 곧잘 컴퍼스를 든 세계의 건축가로 묘사한다. 그런데 신의 얼굴은 대개 예수의 얼굴이다. 삼위일체라는 기독교 교리를 생각해 보면 별로 이상하지 않은 일이다. 성부인 하나님과 성자인 예수가 하나이니 하나님의 창조는 결국 예수의 창조이기도 한 셈이다.

그런데 이는 곧 윌리엄 블레이크의 유리즌과도 같은 존재로 예수를 변용시켜 버리는 것이 아닐까? 성경 속 예수는 신의 어린 양이며, 스스로 자신의 몰락을 선택한 자이다. 그는 인류를 구원하기 위해 십자가에서의 죽음을 받아들였다. 왜 그랬을까? 물론 인류의 구원을 위해서이다. 인류가 구원을 받아도 좋을 만큼 아름다운 존재가 되도록 하기 위해 자신을 희생양으로 내준 것이다.

그는 지극한 사랑의 상징이요, 사랑의 대상을 위해 기꺼이 몰락을 선택하는 자이다. 그는 결코 군림하려 하지 않는다. 자식을 사랑하는 부모가 자식 위에서, 연인을 사랑하는 자가 연인 위에서, 친구를 친구로서, 이웃을 이웃으로서 사랑하는 자가 친구와 이웃 위에서 군림하려 할 리 만무하다. 지극한 사랑의 정신을 지닌 자는 필요한 경우 사랑의 대상을 위해 기꺼이 몰락하려 할 뿐, 자신의 희생을 빌미로 사랑의 대상을 지배하려 하지 않는다.

그러니 예수를 세계의 초월자로, 세계의 지배자로, 마음만 먹으면 세계를 무로 돌려 버릴 수도 있는 무시무시한 압제자 신으로 묘사하는 일이야말로 실은 예수에 대한 최악의 모욕이다. 니체의 차라투스트라가 예수에게서 초인이 될 가능성을 발견한 것은, 예수가 차라투스트라처럼 사랑으로 인해 스스로 몰락을 선택한 자이기 때문이다. 예수가 초인의 길로 들어서지 못한 유일무이한 이유는 지금의 인간을 향한 동정심을 품었다는 점이었다.

동정심 때문에 예수는 올바로 사랑할 수 없었다. 진정 인간을 사랑하기를 원하거든 지금의 인간이 아니라 가장 먼 미래의 인간을 사랑해야 한다는 것을, 지금의 인간이 극복되도록 해야 한다는 것을, 그는 알지 못했다. 그러나 그가 인간이 아름다운 존재로 거듭나야 한다는 것을 몰랐던 것은 아니다.

아름다운 존재로 거듭날 미래의 인간만이 참으로 사랑받을 자격을 갖고 있다는 것을 알지 못했다면 예수가 자신을 희생양으로 내줄 필요가 어디 있었을까? 만약 지금 당장 자신의 눈앞에서 고함을 외치는 추악한 인간 군상이 증오와 분노로 가득한 마음을 그대로 지닌 채 살아도 좋다고 생각했다면?

인간의 구원을 위해 스스로 희생양이 될 것을 결의하는 자는 인간이 아름다운 존재로 거듭날 수 있음을 믿고 희망하는 자이다. 추악한 존재는 자신의 추악함으로 인해 스스로 자신의 구원 가능성을 무화하는 자이기 때문이다.

영화 《안드레이 루블료프》의 주인공은 왜 울고 있는 보리스카에게 "앞으로 너는 종을 만들고, 나는 그림을 그리는 거야"라고 말했을까? 종은 왕자가 원하는 것이 아닌가? 백성들에게 자신을 압제자 신으로 소개하고 싶은 권력자가 우렁찬 종소리를 온 나라에 울리고 싶어 하는 것이 아닌가? 이러한 의문을 풀기 위해서는 아름다움에 대한 이해가 필요하다.

　아름다움이란 아름다움을 느끼게 해 준 그 대상과도 같이 스스로 아름다워지면 좋겠다는 동경과 의지를 우리 안에 불러일으킨다. 아름다운 존재가 되고자 하는 동경과 의지를 품고 있는 자는 물론 스스로 극복되기를 원하는 자이다. 지금의 자기가 극복되지 않으면 지금의 자기보다 더 아름다운 존재가 될 수 없기 때문이다.

　그러니 권력자가 원하든 원하지 않든, 그의 주문에 의해서 생산된 것이든 아니든, 예술 작품의 아름다움은 그 자체만으로 우리에게서 스스로 극복되고자 하는 동경과 의지를 불러일으키는 셈이다. 그렇기에 보리스카는 앞으로도 계속 종을 만들어야 한다. 왕을 흡족하게 하기 위해서가 아니다. 오직 아름다운 종소리가 사람들 마음속에 아름다움을 향한 동경을 불러일으키도록 하기 위해서이다. 종소리가 아름다우면 아름다울수록 아름다움을 향한 사람들의 동경과 결의 또한 커질 것이다.

　그렇다면 루블료프가 그림을 그려야 할 이유 또한 이미 밝혀진 셈이다. 보리스카의 종에 관한 이야기는 루블료프의 그림에 관해서도 마찬가지로 통한다. 권력자가 무엇을 원했든 상관없이 아름다운 그림은 그 아름다움만으로도 이미 희망을 품게 할 이유가 된다.

　아름다움을 통해 우리는 지금 존재하는 모든 것이 기어이 극복되어야 하는 것이라는 사실을 깨닫게 된다. 왕도 국가도 예외일 수 없다. 아름다움으로 인해 우리는 지금의 국가가 아니라 먼 미래의 국가를, 아니 국가의 권력이 아예 필요하지 않은 그러한 세상을 꿈꾸는 법을 배우게 된다. 그런 점에서 아름다움은 초인의 길에의 유혹이자 청유이다.

보리스카의 종소리가 큰 울림으로 알리는 아름다움의 비밀을 루블료프의 그림은 소리 없이, 그러나 더할 나위 없이 명료하게, 드러낸다. 루블료프의 〈삼위일체〉를 보라. 성부와 성자와 성령이 서로서로 친근하게 바라보고 있다. 아니 서로 친근하게 바라보는 것은 성부와 성자이다. 성령은 그런 그들을 약간은 부러움이 섞인 듯한 눈빛으로 바라보고 있다. 성부와 성자는 무서운 압제자가 아니라 다정한 친구이자 이웃이다. 그들은 서로 사랑하는 자들이며, 사랑하는 자들로서 결코 서로에게 압제자가 되어서는 안 된다는 것을 온화한 표정으로 드러내고 있다.

성령은 성부와 성자처럼 다정하고 사랑이 많은 영이 될 것이다. 성부와 성자가 서로 아름답게 사랑하고 있음을, 그 사랑이 참으로 아름다운 것임을, 성령은 알고 있다. 루블료프의 〈삼위일체〉에서 주인공은 하나님도 예수도 아니다. 성부와 성자 사이의 아름다운 관계를 부러워하는 성령이야말로 진정한 주인공이다.

성령의 부러워하는 마음은 오직 스스로 몰락을 선택하는 자만이, 기꺼이 지금의 자기가 극복되도록 하는 자만이, 아름다울 수 있다는 진실의 증표이다. 성령의 역사하심을 통해 모든 인간이 보다 아름다운 삶을 위해 자신이 극복되도록 내버려 두기를 바라는 예술가의 마음이 〈삼위일체〉의 진정한 주인공이다.

기독교의 삼위일체 교설은 타당한가? 알 게 무언가! 그런 문제에 관해서는 신학자들이나 미주알고주알 따지면 된다. 아마 루블료프의 관심사는 삼위일체설의 타당성 여부를 따지는 것이 아니라 그것을 러시아 민족의 형성과 발전을 가능하게 할 새로운 신앙의 근거로 재창조해 내는 것이었으리라. 참된 신은 사랑이 많은 존재여야 함을, 사랑이 많은 신은 압제자가 아니라 진실한 형제나 이웃처럼 온화한 존재임을, 사랑을 위해 스스로 몰락을 선택하기 때문에 초월자이자 절대자로서 발견될 수 없는 존재임을, 그림의 아름다움을 통해 밝히 드러내면 족하다.

타르콥스키가 만든 두 번째 영화 《안드레이 루블료프》는 그의 마지막 영화 《희생》과도 같이 도스토옙스키의 정신으로 만들어진 영화이다. 도스토옙스키는 장편소설 『백치』에서 주인공 미시킨의 입을 빌려 다음과 같이 말한다.

"아름다움이 우리를 구원할 것입니다."

구원은 구원에의 갈망이 있는 곳에 있다. 그 까닭은 구원에의 갈망이란 지금의 자기가 기어이 극복되어야 한다는 결의와 같은 것이기 때문이다. 바로 이것이 니체의 차라투스트라가 자주 드높은 것을 향한 동경을, 먼 미래의 인간을 향한 사랑을, 동정심과 이웃 사랑에 대한 경멸을, 이야기하는 까닭이다. 끝물 인간에 지나지 않는 이웃을, 그러한 이웃의 이웃인 자신을, 가차 없이 경멸하라. 오직 이러한 가차 없는 경멸을 통해서만 이웃과 자신을 향한 사랑이 온전할 수 있다.

제4장

/

재
앙
을 부
르
는 천
민 도
덕

제임스 엔소르, 〈1889년 브뤼셀에 입성하는 그리스도〉, 1888, 폴 게티 미술관

니체는 1844년에 태어나 1900년까지 살았다. 아니, 사상가로서의 니체는 보다 일찍 죽었다. 1889년 1월 2일 이탈리아 토리노에서 니체는 정신발작을 일으켰다. 무슨 일이 있었는지는 알려지지 않았다. 다만 그가 마부에게 얻어맞는 말의 목을 끌어안으며 흐느끼다 바닥으로 쓰러졌다는 목격담이 자주 언급된다. "내 형제여!" 니체는 흐느끼며 말에게 그렇게 말했다고 한다. 이후 니체의 정신은 1990년 사망 때까지 다시는 회복되지 않았다.

니체의 정신을 영원한 어둠이 집어삼키기 일 년 전 벨기에의 화가 제임스 엔소르는 〈1889년 브뤼셀에 입성하는 그리스도〉(이하 〈1889년 그리스도〉)라는 기이한 그림을 그렸다. 엔소르는 무신론자였다. 그러니 그가 예수를 신의 아들로 생각했을 리는 만무하다. 엔소르의 그림은 스캔들을 불러일으켰다. 심지어 그가 주도해서 창설한 예술가 집단인 '20인회'의 회원들로부터도 조롱과 비난을 받았다. 이러한 사실은 엔

소르의 예술이, 좋은 의미든 나쁜 의미든, 매우 혁신적이었다는 것을
암시한다. 실은 '20인회'의 예술가들 모두가 당시의 예술 평론가들과
예술 애호가들로부터 자주 혹독한 비난을 받았다. 그런 그들도 엔소
르의 〈1889년 그리스도〉를 용납하기는 힘들었다. 투표 끝에 그들은
엔소르를 추방했다.

엔소르는 그림의 의미에 대해 아무 말도 하지 않았다. 그림에 대해
무슨 해석을 하든 보는 사람 마음이라는 뜻이다. 다만 엔소르가 당시
의 벨기에 사회를 매우 과격하게 비판했다는 점, 브뤼셀에서 무정부
주의자의 영향을 받고 무정부주의에 깊이 심취했었다는 점, 부르주아
계급뿐 아니라 민중 역시 매우 몰개성적이고 비인격적으로 묘사했다
는 점 등을 근거로 삼아 그가 현대사회의 위선성과 비도덕성을 신랄
하게 풍자했다는 해석이 꽤 우세한 편이다.

이 그림을 평등주의적 시각에서 해석하는 평론가도 있다. 엔소르
의 그림이 자주 카니발리즘을 모티브로 삼고 있다는 것과 〈1889년 그
리스도〉 역시 그러하다는 것 등이 그 근거이다. 민중을 비판하는 것
이 아니라 카니발리즘적 풍자와 해학의 정신으로 부르주아적 특권층
의 위선성을 통렬하게 고발했다는 식이다. 일리가 없는 것은 아니지
만 쉽게 납득하기는 힘든 해석이다. 그림 중앙에서 약간 왼쪽과 위쪽
으로 치우친 곳에 있는 예수의 얼굴이 엔소르를 닮았기 때문이다.

2000년 전 예루살렘에 입성한 예수를 기다리고 있었던 것은 그를
향한 민중의 배신과 분노였다. 예수는 결국 십자가에 매달려야 했다.
1889년 브뤼셀에 입성하는 예수 역시 같은 운명에 처할 것이다. 신앙

심이나 온화한 사랑이라고는 조금도 엿보이지 않는 군중의 표정은 그들이 2000년 전 예루살렘의 군중과 마찬가지로 예수를 용납할 준비가 조금도 되어 있지 않다는 것을 암시한다.

『차라투스트라는 이렇게 말했다』에서 차라투스트라는 예수와 달리 군중을 외면할 결심을 한다. 군중이 자신의 초인 사상을 받아들일 준비가 되어 있지 않다는 것을 발견했기 때문이다. 어쩌면 니체의 비극은 그가 자신의 차라투스트라와 달리 군중을 충분히 멀리하지 못했다는 것에 있지 않았을까? 분명 차라투스트라는 인간을 향한 사랑 때문에 자신의 몰락을 선택했다. 그러니 군중을 외면하는 그의 마음 역시 편치만은 않았을 것이다. 사실 사랑하는 자를 외면하는 일은 얼마나 힘든 일인가? 사랑을 모르는 자라면 아무렇지도 않게 넘길 일조차 마음속에 사랑이 넘쳐나는 자는 쉽게 넘길 수 없다.

마부에게 얻어맞는 말을 보며 "형제여!"라고 흐느끼며 말했던 니체의 모습은, 동정심에 대한 그의 경멸에도 불구하고, 그가 고통 속에서 헤매는 자들을 향한 동정심을 온전히 떨쳐 내지 못했음을 방증한다고 볼 수 있지 않을까? 물론 이런 물음들은 아무짝에도 쓸모없다. 적어도 해명될 가능성이 있어야 물음이 유의미할 수 있다고 보면 그렇다. 니체 본인이 되살아나 직접 이야기를 들려주기라도 하지 않는 한 누구도 확실한 답을 알 수 없지 않은가? 그러나 때로는 해명될 수 없는 물음이 우리 마음속에 깊은 울림을 남기기도 하는 법이다. 삶이란 논리적 사유의 한계 안에 붙잡을 수 없는 것이기 때문이다.

차라투스트라가 권유하는 것처럼 지금 내 곁에 있는 이웃이 아니라

먼 미래의 인간을 사랑하는 일은 매우 어렵다. 사랑이란 언제나 내 안
에 사랑을 불러일으킨 한 현실적인 존재자를 향하기 마련이다. 먼 미
래의 인간을 사랑해야 한다는 말은 두 가지 전제 아래서만 가능하다.
하나는 지금의 인간에게 사랑할 만한 점이 있기는 하지만 온전한 사
랑의 대상이 되는 데는 충분치 않은 경우이다. 또 하나는 지금의 인간
에게는 아무 사랑할 만한 점이 없지만 먼 미래의 인간은 사랑의 대상
이 될 만큼 충분히 아름다워지리라 믿는 것이다.

약간의 인격만 있으면 전자의 경우는 사랑하는 것이 별로 이상하지
않다. 흠결이 아주 없을 리야 없겠지만 아무튼 그 누군가를 사랑하는
것은 그에게 사랑할 만한 점이 있기 때문이다. 그럼 우선 사랑하면서
그가 더욱 아름다운 사람이 되어 주기를 바라면 충분하다. 진실한 사
랑은 우리의 마음을 아름답게 하는 법이니 말이다.

하지만 후자의 경우는 사랑하기가 거의 불가능에 가깝다. 지금 사
랑할 만한 점이 조금도 없는데 대체 어떻게 그를 사랑한다는 말인가?
지금 추악하기만 한 자가 장차 아름다운 자가 될 수 있으리라는 것을
대체 무엇을 근거로 믿어야 한다는 말인가? 차라투스트라의 초인 사
상을 완성해 나갈 당시의 니체는 아마 이러한 딜레마에 사로잡혀 있
었을 것이다.

엔소르의 〈1889년 그리스도〉가 우리에게 각별한 이유가 바로 이것
이다. 세기의 전환기에 엔소르의 예술 세계 안에서 그리스도는 바야
흐로 또 한 번 십자가에 못 박히려 하고 있다. 2000년 전 예루살렘의
군중들과 마찬가지로 1889년의 군중들 역시 적당한 행복만을 갈구하

는 끝물 인간에 지나지 않기 때문이다. 군중은 예나 지금이나 사랑할 만한 점이 너무나 적다. 니체의 정신을 영원한 어둠이 삼키고 난 뒤, 그러니까 엔소르의 그리스도가 처형당하기 위해 브뤼셀에 입성하고 난 뒤, 대략 한 세대가 지나자 일어난 제1차 세계대전이 그 증거이다.

군중이라는 이름의 끝물 인간들은 본질적으로 예수가 예루살렘 성전에서 몰아낸 환전상과 다르지 않다. 그들에게는 아무것도 신성하지 않고, 설령 하나님이라고 할지라도 이익을 남기는 데 방해가 되면 증오와 분노의 대상이 될 뿐이다. 그러니 대체 인간을 어떻게 사랑할 수 있을까? 거의 모든 인간은 결국 끝물 인간인 군중에 속하지 않는가? 거의 모든 인간이 끝물 인간에 불과한 그러한 시대에 먼 미래의 인간을 사랑하는 일이 어떻게 가능할 수 있을까? 인간이 지금보다 다소간 아름다워질 수 있으리라는 희망과 믿음이 어리석지 않다는 것을 어떻게 보증할 수 있을까?

이러한 물음을 풀어내려면 우선 군중을 멀리하려는 차라투스트라의 선택이 옳다는 것을 분명히 해야 한다. 엔소르의 〈1889년 그리스도〉는 군중을 향한 동정심이 얼마나 위험한지 알리는 일종의 경고이다. 동정심 때문에 군중을 가까이하려는 자는 반드시 파멸하기 마련이다. 인간을 향한 사랑 때문에 자신의 몰락을 준비하는 자는 반드시 자기 곁의 군중이 아니라 가장 멀리 있는 미래의 인간을 사랑해야 한다. 그렇지 않으면 그는 비참한 십자가형을 피하기 어려울 것이다. 그를 십자가에 매달 자는 멀리 있지 않다. 바로 그가 사랑한 군중이 그를 십자가에 매달 것이다.

그럼 이제 우리는 다시 원점으로 돌아간 셈이다. 지금의 인간이 사랑할 만한 점을 거의 가지고 있지 않을 때 먼 미래의 인간을 사랑하는 것이 어떻게 가능할 수 있을까? 이러한 사랑은 미래의 인간에 대한 어리석은 기대와 망념의 결과에 불과하지 않을까? 니체의 관점에서 보면 그 대답은 분명하다. 이러한 물음을 던지는 자는 아직 초인으로부터 너무 멀리 떨어져 있다.

스스로 몰락을 선택하는 자는, 기꺼이 자기가 극복되기를 원하는 자는, 미래의 확실성 때문에 그렇게 하는 것이 아니다. 그것은 일종의 선택된 운명이다. 분명 나 자신이 스스로 몰락을 선택하는 것이지만, 자신의 몰락을 선택하는 나에게 그것은 피할 수 없는 운명과도 같다. 그러한 나에게는 자신의 몰락을 외면하는 것이 견딜 수 없는 수치이기 때문이다.

신을 믿고 숭배하는 자에게 니체의 초인 사상은 최악이다. 신의 존재를 부정할 뿐만 아니라 신을 숭배하는 행위가 얼마나 어리석고 해로운 행위인지 노골적으로 드러내기 때문이다. 게다가 니체가 부정한 신은 무엇보다도 우선 기독교의 하나님이다. 기독교인들에게 하나님은 지극히 사랑이 많고 정의로운 분이다. 그러니 하나님을 부정하는 니체는 하나님의 이름이 대변하는 사랑과 정의 역시 부정하는 것처럼 보인다. 그렇다면 니체는 결국 배덕자에 불과하지 않은가?

니체가 배덕자라는 주장은 우선 옳다. 니체는 기독교의 하나님을 부정하고, 더 나아가 하나님의 이름으로 정당화되는 사랑과 정의도 부정한다. 그러니 하나님의 사랑과 정의를 사랑하는 자의 관점에서 보면 니체는 분명 배덕자이다. 그러나 니체가 배덕자가 된 까닭은 어디까지나 하나님의 이름으로 정당화되는 사랑과 정의가 사랑과 정의로서 온당치 못하다는 생각 때문이다.

왜 그러한가? 하나님을 믿고 숭배하는 자는 자기를 동정하는 자이기 때문이다. 사랑이 많고 자비로운 신을 믿는 자는 신에게서 동정받기를 원하는 자이다. 동정받기를 원하는 자는 결코 자기가 극복되도록 하는 법이 없다. 어차피 동정에나 어울리는 존재로 자신을 이해하기에 그러한 자기가 극복될 리 없다고 보는 것이 그 하나의 이유이고, 동정에 어울리지 않는 자가 되려고 노력하는 것이 일종의 교만이라고 보는 것이 또 하나의 이유이다.

차라투스트라는 이렇게 말한다.

> "신은 하나의 억측일 뿐이다.
> 그렇기에 나는 너희의 억측이 너희의 창조적 의지를 앞지르지 않기를 바란다."

신을 믿는 것이 해롭다고 생각하지 않았다면 아마 니체는 신에 대해 별다른 관심을 보이지 않았을지도 모른다. 그러나 그가 생각하기에 신에 대한 믿음은 분명 인간에게 해롭다. 신에 대한 억측이 커지면 커질수록 창조적 의지를 발휘하기가 어렵게 된다. 신을 믿는 자에게는 신이 유일한 창조의 주체이기 때문이고, 또 인간이 할 일은 창조가 아니라 신의 의지에 복종하는 것이기 때문이다.

차라투스트라는 신의 존재는 본래 참을 수 없는 것이라고 밝힌다.

> "만약 신들이 존재한다면 어떻게 자신이 신이 아니라는 것을 참고 견딜 수 있을까?
>
> 그렇기에 신들은 존재하지 않는 것이다."

'신들'이라는 복수의 표현은 차라투스트라가 부정하는 것이 기독교의 하나님만이 아니라는 것을 알린다. 신은 인간보다 우월한 존재로서 상정된 존재이기에 신을 믿는 자는 자신의 열등함 또한 견뎌야 한다. 게다가 신의 우월함은 장차 극복될 수 있는 것으로 여겨지는 것도 아니다. 그러니 신을 믿는 자는 자신이 우월한 존재의 발아래 머물도록 운명지어져 있다고 믿는 자이기도 하다. 그렇다면 차라투스트라는 교만한 자인가? 물론 그렇다. 인간이란 신 앞에서 겸손해야 하는 존재라고 믿는 전통적 신앙의 관점에서 보면 차라투스트라는 최고도로 교만한 자이다.

그러나 사실 차라투스트라만큼 겸손한 자는 세상에 없다. 차라투스트라의 관점에서 보면 신을 믿는 자야말로 교만한 자이다. 물론 그 교만함은 자신이 진정으로 탁월한 자라는 자부심의 표현이 아니다. 그는 다만 "하나님은 하나님을 믿는 내 편"이라는 생각 때문에 교만할 뿐이다.

말하자면 그는 스스로는 힘이 없으면서도 힘 있는 자에게 빌붙어서 살고 있다는 것을 자랑스러워하는 자이기에 교만하다. 차라투스트라는 그런 식으로는 조금도 교만하지 않다. 그는 자신의 편을 들어 줄 어떤 강자도 전제하지 않는다. 신이든 아니면 왕이나 귀족 같은 사회적 특권층이든, 차라투스트라는 어떤 강자의 비위도 억지로 맞출 생각이 없다. 그런데 실은 이러한 자만이 그 누구의 진정한 친구일 수 있고, 애인일 수 있다. 사랑이란 강자 앞에서 비굴해지는 마음을 용납하지 않는 것이기 때문이다.

신이 하나의 억측에 불과하다는 차라투스트라의 말은 신에 대한 믿음이 사랑에 대한 왜곡된 이해로 이어진다는 것을 뜻하기도 한다.

> "신은 곧은 것을 모두 구부러지게 하고, 서 있는 것을 모두 비틀거리게 하는 사상이다. …
> 시간은 사라져야 하고, 덧없는 모든 것은 허상이어야 한다는 말인가? …
> 하나인 것, 완전한 것, 움직이지 않는 것, 충만한 것, 변하지 않는 것에 대한 모든 가르침—
> 나는 이것을 '사악하고 인간에게 적대적인 것'이라고 부른다."

차라투스트라의 말이 잘 납득되지 않으면 우선 다음과 같은 점에 대해 생각해 보자. 조금이라도 양식이 있는 사람은 길을 가다 한눈을 파느라 누군가와 부딪히게 되면 정중하게 사과하기 마련이다. 하지만 자신의 발걸음에 벌레가 한 마리 밟혀 죽는다고 벌레에게 특별히 미안한 감정을 느끼는 사람은 거의 없다. 자신의 부주의 때문에 한 생명이 사라져 버렸는데도 슬픔에 사로잡혀 통곡할 마음은 조금도 들지 않는다.

왜 그러한가? 나와 어깨를 부딪친 사람은 나 때문에 큰 손상을 입지는 않았다. 그저 한순간 조금 아프고 불쾌했을 뿐이다. 하지만 벌레는 나로 인해 아예 목숨을 잃어버렸다. 즉, 내가 행인에게 한 일은 내가 벌레에게 한 일과 비교할 수 없으리만치 사소하다. 그럼에도 나는 행인에게는 미안함을 느끼지만 벌레에게는 미안함을 느끼지 않는다. 심지어 벌레를 밟을 때의 꿈틀거리는 느낌이 불쾌해서 화가 나기까지 한다.

왜 이런 차이가 생기는 것일까? 그 이유는 간단하다. 벌레가 내게 하찮기 때문이다. 우리에게는 자신이 하찮아하는 자의 고통과 죽음에 둔감한 성향이 있다. 그 때문에 우리 자신의 행위로 인해 벌레가 큰 고통을 겪거나 심지어 죽어도 우리는 아무렇지도 않은 것이다.

전통적으로 기독교의 신은 하나인 존재, 완전한 존재, 영원불변한 존재, 아무 결핍도 모르는 충만한 존재 등으로 상정되어 왔다. 반면 인간은 다수이고, 불완전하며, 무상하고, 부족함이 많다. 한마디로, 초월자이자 절대자인 신과 비교하면 인간은 매우 사소한 존재이다. 그러니 신을 믿는 자는 바로 그 믿음으로 인해 인간을 사소하고 하찮은 존재로 여기게 될 수밖에 없다.

신에 대한 믿음은 얼마나 위험한가? 우리는 자신이 하찮아하는 자의 고통과 죽음에 둔감해지는 성향을 갖고 있지 않은가? 모든 인간을 하찮아하는 자는 모든 인간의 죽음마저도 하찮은 일에 불과하다고 여기는 자이다. 다만 그가 그러한 자신의 성향을 노골적으로 드러내지 못하는 까닭은 신이 인간을 사랑한다고 말해지기 때문이다. 결국, 신을 믿는 자의 모토는 다음과 같다.

나는 인간을 사랑한다.
신이 인간을 사랑하기 때문이다.
그러나 신이 인간을 사랑하지 않으면,
신이 인간의 절멸을 나에게 명령하면,
나는 기꺼이 그렇게 할 것이다.

아마 누군가는 신을 믿고 사랑하면서도 동시에 인간을 향한 진실하고도 절절한 사랑을 간직하려 애쓸 것이다. 그러나 역사를 돌아보라. 신의 이름으로 얼마나 많은 전쟁이 벌어졌으며, 또 얼마나 많은 학살이 정당화되었는가?

물론 그렇다고 해서 신을 믿는 자는 다 잔인하지만 신을 믿지 않는 자는 다 온화하고 착하다는 식으로 생각할 이유는 전혀 없다. 신을 믿지 않는 자 중에서도 교만한 자는 인간을 하찮게 여기기 마련이고, 인간을 하찮게 여기는 자는 무수히 많은 인간의 죽음 앞에서도 눈 하나 까딱하지 않는다.

게다가 신을 믿지 않으니 양심의 가책을 느낄 필요도 없다. 실제로 무신론자들 가운데서도 냉혹한 학살자가 적지 않은 것이다. 그러나 이러한 사실이 신에 대한 믿음의 역설을 무화하는 것은 아니다. 신을 믿는 자는 사랑과 정의를 믿는 자이기도 하다. 적어도 기독교처럼 소위 보편종교로 통하는 그러한 종교에서 신은 사랑과 정의의 진정한 담지자로 통한다. 그럼에도 신에 대한 믿음은 인간을 하찮은 존재로 여기게 하는 경향으로부터 자유롭지 못하다.

신이 정말로 있다면 인간은 정말로 하찮은 존재이다. 그러니 신을 믿는 자는 본질적으로 인간을 하찮은 자로 여기는 자이다. 신이라는 이름의 억측은 그 자체로 하나의 자가당착이기도 하다. 사랑과 정의는 오직 다수인 자, 무상한 자, 부족한 점이 많은 자만이 추구할 수 있는 어떤 것이다. 사랑이 그 자체로 내게서 일어나는 하나의 변화이기 때문이다.

사랑이 내게서 일어나는 변화가 아니라면, 사랑이 내 안에서 일어나 내가 지금보다 더욱 아름답고 선한 존재가 될 수 있다는 깨달음이 생기지 않으면, 나는 도무지 정의가 무엇인지 알 수 없다. 정의란 아직 온전히 정의롭지 못한 자만이 이해할 수 있고 또 추구할 수 있는 것이라는 뜻이다.

완전하고 영원불변하는 초월자인 신은 사랑과 정의가 무엇인지 알 수 없다. 오직 무상한 존재만이 갈구할 수 있고, 갈구하는 존재만이 사랑과 정의의 의미를 헤아릴 수 있다. 그러니 사랑과 정의를 자신의 별명으로 지니는 신이란 억측에 지나지 않거나 노골적으로 날조된 거짓에 불과한 셈이다.

차라투스트라에 따르면 어쩌면 초인이 될 수도 있었을 예수가 좌절한 까닭은 인간을 동정했기 때문이다. 인간을 동정하는 자는 인간을 부끄러운 존재로 여기는 자이다. 인간을 부끄러운 존재로 여기는 자는 인간이란 멸망당해 마땅한 존재라고 생각하는 자다. 인간이란 멸망당해 마땅한 존재라고 생각하는 자는 인간을 향한 자신의 사랑을 부끄럽게 느끼는 자다. 그는 사랑받기에 적합하지 않은 것을 사랑하고 있는 것이다.

솔직히 인간에 대한 이 모든 생각은 다 옳다. 인간의 역사를 돌아보라. 그리고 지금 현재 인간 세상에서 벌어지고 있는 여러 가지 범죄적인 일들에 관해 생각해 보라. 객관적인 지식을 추구하는 자, 냉정한 인식의 정신을 지닌 자는 인간 혐오자가 되기 쉽다. 차라투스트라 역시 이렇게 말한다.

"아, 친구들이여! 인식하는 자는 이렇게 말한다.

수치, 수치, 수치. 이것이 인간의 역사다!"

그러나 자신이 냉정하게 인식한 바에 따라 생각하고 행동하는 자는 인간으로서 고귀하지 못하다. 왜 그러한가? 그의 마음 안에 사랑과 배려심이 없기 때문이다. 사랑하는 자는 연인의 흠결에도 불구하고 연인을 부끄럽게 여기지 않는 법이다. 그는 다만 연인과 함께 기쁘고 즐겹게 시간을 보내는 가운데 연인 역시 사랑의 기쁨과 즐거움에 충실한 인간이 되도록 배려할 뿐이다. 그 까닭은 사랑의 기쁨과 즐거움에 충실한 인간만이 진정으로 회심할 수 있고, 자신의 흠결을 극복할 수 있음을 알기 때문이다.

그러니 누구든지 인간에 대한 자신의 냉정한 인식만을 절대시하며 인간의 수치심을 자극하려고 하는 자는 인류의 적인 셈이다. 이러한 자로 인해 인류의 회심은 불가능한 것이 되고, 수치스러운 역사가 이루어지게 한 인간의 흠결 역시 적어지기는커녕 도리어 더욱 많아지게 된다.

> "고귀한 자는 다른 사람이 수치심을 갖지 않도록 마음 쓰라고 자신에게 명령한다."

물론 차라투스트라의 이러한 주장에 따르면 인간을 동정하는 자는 고귀한 자가 못 된다. 동정이란 동정받는 사람이 수치심을 갖도록 하는 그 원인이기 때문이다. 최악의 인간 가운데 하나는 남을 동정하며 만족을 느끼는 자다. 이러한 자는 자기 안에 이타적인 사랑이 많다고 여기고 스스로 자신을 자랑스러워하지만 실은 인간으로서 염치가 없는 자에 불과하다.

> "진실로 나는 동정하면서 행복을 느끼는 자비로운 자들을 좋아하지 않는다. 그들에게는 너무도 수치심이 부족하다."

남을 동정하면서 행복을 느끼는 자의 마음속에는 사랑이 없다. 그는 실은 우월감을 느끼고 있는 것이며, 자신이 동정받을 만큼 비참한 처지에 빠져 있지 않다는 것을 다행스럽게 여기고 있는 것이다. 이러한 자의 자비를 통해 지금 비참한 자가 위안을 받을 수는 있다. 실제로 도움을 받게 되면 아무튼 상황이 조금 나아지는 것이다.

그러나 결국 동정하는 자가 베푸는 도움은 일종의 낙인이다. 도움을 주는 너는 나보다 우월한 자이고, 도움을 받는 나는 너보다 열등한 자라는 일종의 열패감이 마음에 깊은 상처를 남기게 된다. 어려운 상황에 처해 있을 때 친구가 자신을 동정하는 기색을 보이는 것이 참으로 싫은 이유가 바로 이것이다. 진실한 친구라면 도움을 주되 동정하지 않고 함께 아파할 뿐이다.

마찬가지로 진실한 이웃이라면 결코 동정하지 않는다. 그는 다만 도움을 주는 것을 당연한 의무로 여길 뿐이다. 누가 강요해서도 아니고 어떤 초월적인 규범이 강요해서도 아니다. 함께 나누는 아픔이, 평소 그와 함께 나눈 기쁨이, 서로 돕는 것을 당연한 것으로 여기게 만들 뿐이다.

한마디로, 참된 사랑은 언제나 고통의 경감과 기쁨을 추구한다. 반면 동정은 아파하는 자의 상처를 헤집고, 사랑하는 자만이 누릴 수 있는 순수한 기쁨을 훼방한다. 바로 그 때문에 차라투스트라는 인간의 수치스러운 역사를 인식하기만 할 뿐 인간이 기쁨을 추구하며 살 수 있도록 배려하지 못하는 자를 경계하는 것이다.

"이 세상에 존재하게 된 뒤로 인간은 즐기는 법을 너무나 몰랐다.

형제들이여, 오직 이것만이 우리의 원죄다!"

그런데, 여기서 한 가지 의문이 일어난다. 실은 차라투스트라야말
로 냉정하게 인식하는 자가 아닌가? 실은 니체야말로 자신의 저술을
통해 군중에 속하는 대다수의 인간이 얼마나 부끄러운 존재인지 낱낱
이 드러낸 자가 아닌가? 니체의 차라투스트라가 예수와 달리 동정심
을 멀리하는 자라는 것은 분명하다.

하지만 아무튼 차라투스트라는 인간을 부끄러운 존재로 여기지 않
는가? 그는 서슴없이 인간을 부끄러운 원숭이에 불과하다고 말하지
않는가? 그렇다면 그는 인간과 함께 놀 마음도 없고, 기쁨을 나누고
싶은 마음도 없는 셈이다. 그가 사랑해야 한다고 말한 먼 미래의 인간
은 아직 존재하지 않는다. 당연한 말이지만, 아직 존재하지 않는 인간
과는 함께 놀 수도 없고, 기쁨을 나눌 수도 없다.

그렇다면 차라투스트라는 자가당착적인 인간이 아닐까? 인간을 향
한 예수의 동정심에는 분명한 현실적 근거가 있다. 차라투스트라 역
시 인정했듯이 인간은 분명 부끄러운 존재이며, 그러한 존재이기에
동정이 어울린다. 게다가 차라투스트라의 관점에서 보면 거의 모든
인간은 끝물 인간에 속한다. 끝물 인간이 누구인가? 부끄러움을 모르
는 자다. 적당한 행복만 추구할 뿐, 적당한 행복의 성취에 방해가 되
는 것은 성스러운 것조차 증오하고, 도움이 되는 것이면 악마조차도
반길 인간이다. 그렇다면 차라투스트라는 인간에게 인간으로서 존재

함이 얼마나 부끄러운 일인지 끊임없이 일깨워야 하는 것 아닐까?

니체의 차라투스트라는 「빵과 포도주」의 시인인 횔덜린을 떠올리게 한다. 시인은 "친구여!" 하고 누군가에게 말을 걸지만 동시에 지금 자신에게는 친구도 하나 없다고 고백한다. 그 까닭은 그가 궁핍한 시대에 너무 늦게 왔기 때문이다. 그렇다면 친구도 하나 없는 시인이 부르는 친구는 과연 누구인가? 혹시 시인의 곁에 있는 친구가 아니라 존재하지도 않는 먼 미래의 친구가 아닐까?

차라투스트라 역시 종종 "친구여!" 하고 누군가에게 말을 걸지만, 차라투스트라의 친구가 누구인지는 분명하지 않다. 그는 군중에게서 환멸을 느낀 자이고, 그 때문에 소수의 탁월한 인간을 찾아내서 동반자로 삼으려 하지만, 누구도 차라투스트라와 어울릴 만큼 탁월하지 못하다. 그렇다면 차라투스트라의 친구 역시 실은 가상의 친구가 아닐까?

예수의 자가당착과 비극은 그가 부끄러운 인간을 동정하면서 동시에 사랑하려 했다는 점에 있다. 동정하면서 행복을 느끼는 소위 자비로운 속물이었다면 예수는 불행해지지 않았을 것이다. 인간을 동정하면서, 인간의 부끄러운 점을 냉정하게 인식하면서, 동시에 인간의 부끄러움의 정도에 비례하는 만큼의 자기만족을 느꼈을 것이다. 그러나 그는 인간을 동정했고, 인간이란 본래 사랑하기에 적합한 존재가 아니라는 것을 알면서도 사랑하려 안간힘을 썼다. 심지어 그는 인간을 위해 자신을 제물로 내어 주어야만 했다.

반면 차라투스트라의 자가당착과 비극은 그가 부끄러운 인간을 동정하지 않으면서 동시에 사랑하려 했다는 점에 있다. 동정하지 않으면서 경멸하기만 할 뿐 어떤 식으로든 사랑하려 애쓰지 않았다면 그는 지금의 인간이 아니라 먼 미래의 인간을 사랑해야 한다는 식의 말도 하지 않았을 것이다.

차라투스트라가 원하는 인간은 그 누구의 진실한 친구가 되는 데 적합한 인간이다. 어떠한 인간이 이러한 인간인가? 이웃의 흠결에도 불구하고 그를 부끄러워하지 않고, 다만 그와 함께 기쁘고 즐거운 시간을 보냄으로써, 그가 사랑의 기쁨과 즐거움에 걸맞은 아름다운 인간이 되도록 배려하는 인간이다. 불행하게도 차라투스트라의 시대에는, 아니, 차라투스트라에 대한 성찰에 매달리며 자신의 비극적인 최후를 예감하던 니체의 시대에는, 이러한 인간이 너무도 드물었다. 적어도 니체가 느끼기에는 그랬으리라.

그는 그 누구의 친구가 되는 데 적합한 인간을 창조하기 위해 가차없이 싸워야 했다. 적당한 행복과 이익만을 추구하는 끝물 인간에 맞서, 군중에 맞서, 거의 모든 인간에 맞서, 자신이 부단히 투쟁해야 함을 니체는 알고 있었다. 그런데 이러한 싸움이란 대체 얼마나 공허하게 느껴질 싸움인가? 진실한 친구가 되는 데 조금도 적합하지 않은 인간들과 싸우며 이러한 인간들의 변용과 자기 극복을 통해서만 가능해질 먼 미래의 진실한 친구를 사랑하는 일은? 마부에게 학대당하는 말의 목을 끌어안으며 "형제여!"라고 말하던 니체의 흐느낌은 그가 이러한 자가당착적인 투쟁의 결과로 이미 정신적인 십자가에 매달리게 되었다는 것을 알리는 증표이지 않을까?

오직 타인의 기쁨과 고통을 향해 열린 부드러운 감성의 소유자만이 그 누구의 친구일 수 있다. 그러나 이익과 편리함을 위해 삶을 학대하는 인간은 이러한 부드러운 감성을 영원히 상실해 버릴 위기에 처해 있는 존재이다. 이익과 편리함을 위해 삶을 유용성의 틀 안에 가두어 두는 시대는 그 누구의 진실한 친구도 될 수 없는 인간들이 지배하는 시대이다.

아마 니체의 십자가는 예수의 십자가보다 더욱 쓰라리고 고독한 것이었으리라. 예수에게는 아버지라고 부를 하나님이 있었지만, 니체는 철저하게 혼자였던 것이다. 그런데 어쩌면 니체의 시대는, 아니, 우리의 시대는— 철저하게 혼자가 될 것을 결의하며 진실한 친구가 될 그 누군가를 갈구하는 정신을 통해서만 구원받을 수 있는 것인지도 모른다.

아무튼 인간의 부끄러운 역사는 끝장나야 한다. 그것만은 분명하다. 그런데 그러려면 끝물 인간과의, 끝물 인간의 천민 도덕과의, 가차 없는 투쟁이 필요하다. 이러한 투쟁이 필요한 까닭은 무엇인가? 그것은 물론 부끄럽지 않은 인간의 역사를 위해서다. 부끄럽지 않은 인간의 역사는 어떻게 가능해지는가? 부끄럽지 않은 인간의 창조를 통해서다.

그러므로 니체의 자가당착과 비극은 회피할 수 없는 운명이었던 셈이다. 지금의 부끄러운 인간과 싸우지 않으면 먼 미래의 부끄럽지 않은 인간을, 아름답고 당당한 인간을, 창조할 수 없다. 그런데 그러려면 먼 미래의 아름답고 당당한 인간을, 그가 지금의 부끄러운 인간이 변용된 결과임을 받아들이면서, 사랑하려 애써야 한다. 실제로는 존재하지도 않는 먼 미래의 인간을 향해 "친구여!" 하고 부르면서, 이러한 부름이 지금 존재하는 부끄러운 인간의 귀에 들리도록 배려해야 한다.

〈1889년 그리스도〉를 그린 엔소르는 매우 주제넘은 인간이다. 적어도 기독교적 관점에서 보면 그렇다. 세상에 구세주의 얼굴을 자기의 얼굴로 그리는 자가 어떻게 있을 수 있을까? 초기 바로크의 대표적인 화가인 카라바조는 종종 디오니소스를 자신의 얼굴로 그려 넣었다. 자신을 신적인 존재로 묘사한 것이다.

그러나 카라바조의 행위는 그래도 이해할 만하다. 그는 자유분방하고 폭력적인 생활을 한 것으로 유명하다. 겨우 39년 사는 동안 일곱 번이나 감옥에 갇혔고, 탈옥도 여러 차례 감행했다. 심지어 그는 살인도 저질렀다. 내기를 하다 시비가 붙어 상대방을 칼로 찔러 죽인 것이다. 그러니 그가 자신에게서 디오니소스를 본 것은 어쩌면 당연한 일인지도 모른다.

이성적으로 냉정하게 통제할 수 없는 거대한 열정과 폭력적 에너지가 자기 안에서 분출하는 것을 느끼는 자라면 누구라도 자신이 반듯한 도덕의 신이 아니라 주신酒神을 닮았다고 느끼기 마련이다. 하지만 예수를 구세주로 섬기는 기독교의 관점에서 보면 우리 가운데 그 누구도 예수를 닮을 수 없다.

우리는 원죄로 인해 전적으로 타락한 채 태어났지만, 예수는 동정녀 마리아에게서 태어났다. 우리의 자유의지는 우리를 타락과 멸망으로 이끌 뿐이지만 예수는 하나님과 동급인 특별한 존재로 완전한 자유와 사랑의 표상이다. 우리는 누구나 적당한 행복만을 추구하는 끝물 인간의 속성을 다소간 가지고 있지만 예수는 인류의 구원을 위해 스스로 몰락을 선택한 자다. 그러니 자신을 예수와 닮은 자로 이해하는 자는 최악의 신성모독을 범하는 자다. 그는 교만한 자이며, 주제넘은 자이고, 영원한 지옥불의 고통을 당해도 좋을 죄인이다.

그러나 엔소르에 대한 이 모든 비판은 한 가지 중요한 점을 놓치고 있다. 엔소르는 무신론자였으며, 따라서 신도 구세주도 믿지 않았다. 그러니 자신을 예수로 그려 넣은 엔소르가 자신을 구세주와도 같이 특별하고 위대한 존재로 여겼노라고 생각할 이유는 없다.

표현주의와 초현실주의의 선구자로 통하는 엔소르의 회화에는 대개 명암의 깊이가 없다. 〈1889년 그리스도〉 역시 마찬가지이다. 명암의 깊이가 느껴지는 그림에서는 때로 어둠 속에 숨은 작은 형상이 매우 중요하고 의미심장한 느낌을 줄 수 있다. 결국, 신비로운 것은 밝히 드러난 것이 아니라 어둠 속에 감추어진 것이다. 그러니 신비스러운 것을 경외로운 존재로 묘사하려면 밝히 드러난 모든 것들이 어둠

속에 감추어진 작은 형상의 신비를 암시하는 보조적인 역할을 떠맡아야 한다.

그러나 명암의 깊이가 부재한 그림에서는 이러한 공식이 성립하기 어렵다. 모든 것은 밝히 드러나 있다. 모든 것이 밝히 드러난 곳에서는 크고 색상이 선명한 것, 이미지가 강렬해서 시선을 붙잡는 것 등은 중요하지만, 그렇지 않은 것은 중요하지 않다.

그런데 〈1889년 그리스도〉에서 주인공 예수는 작게 그려져 있다. 색상도 선명하지 못하고 이미지 또한 초라하기 그지없다. 얼굴을 둘러싼 칙칙한 노란색 원광이 아니라면 그가 특별한 존재라는 것을 알아차리기 어렵다. 오히려 가면을 쓴 것처럼 몰개성적인 군중이 예수보다 훨씬 더 특별해 보인다. 게다가 붉은 현수막에 적힌 "사회주의 만세"라는 문구는 사회주의의 정신이 예수의 사상을 압도하는 듯한 느낌마저 풍긴다.

결국, 예수는, 예수를 닮은 화가 엔소르는, 십자가에 달리기 위해, 압도되기 위해, 조롱거리가 되기 위해 1889년의 브뤼셀로 입성하는 셈이다. 그렇다면 엔소르는 교만하고 주제넘은 인간이 아니라 자조적인 인간이 아닐까? 그는 차라투스트라가 끝물 인간이라는 말로 묘사한 그러한 인간 군상에 맞서 자신이 한바탕 정신적 싸움을 벌여야 함을 알고 있다. 그러나 자신의 싸움에 승산이 없다는 것 또한 너무나도 잘 알고 있다. 누구든 끝물 인간에게 맞서려는 자는 끝물 인간에 의해 처형당할 운명을 맞이하게 된다.

끝물 인간인 군중은 어떻게 예수를 처형했는가? 도덕을 앞세워서 그렇게 했다. 그들은 예수가 창조해 낸 새로운 신앙과 사랑을 받아들일 준비가 되어 있지 않았다. 그 때문에 그들은 옛 신앙의 규범을 근거로 삼아 예수를 죄인으로 심판했다.

끝물 인간에게도 도덕심이 있는가? 물론 그렇다. 예술가는 늘 다소간 과장하는 법이다. 지금 당장 거리로 나가 군중의 얼굴을 살펴보라. 엔소르가 창조한 군중처럼 가면을 쓴 것 같은 얼굴, 싸늘하게 조롱하는 듯한 얼굴, 적당한 행복을 향한 집착에 눈이 멀어 약간은 광기가 어린 듯한 그런 얼굴은 좀처럼 발견되지 않는다. 대개는 누군가의 이웃의 얼굴이다. 대개는 누군가의 부모이거나 자식의 얼굴이다. 대개는 누군가의 친구의 얼굴이다. 대개는 다소간 쓸쓸해서 사랑과 우정을 나눌 그 누군가가 있으면 좋겠다고 푸념하는 듯한 얼굴이다.

그러나 그들의 얼굴이 그렇게 별다른 악의 없이 평범해 보이는 것은 적당한 행복만을 추구하는 그들의 삶이 추하고 보잘것없다는 것을 일깨워 주는 자가 아직 나타나지 않았기 때문이다. 예수 같은 자가 나타나면 그들은 분명 화를 내게 될 것이다. 그들은 분명 조롱하려 할 것이고, 분노와 증오, 조롱하고 싶은 열망 등이 뒤범벅이 되어 약간 광기가 어린 듯한 표정을 띨 것이다. 엔소르 그림의 군중처럼 말이다. 끝물 인간들의 분노와 증오, 조롱, 광기의 바탕에는 항상 도덕이 있다. 그 도덕의 모토는 다음과 같다.

적당한 행복의 실현을 훼방하는 모든 인간은 악인으로서 처벌받아야 한다.

그러니 차라투스트라가 다음과 같이 말하는 것도 무리는 아니다.

"나는 베푸는 자다. …

그러나 거지들은 완전히 쓸어버려라.

진실로 그들에게는 주어도 화가 나고 주지 않아도 화가 난다.

죄를 지은 자와 양심의 가책을 받는 자들 역시 쓸어버려라.

내 말을 믿으라, 친구들이여.

양심에 가책을 받으면 남을 물게 되는 법이다."

차라투스트라의 말은 얼마나 무자비한가! 사회정의의 관념에 입각
해서 보면 차라투스트라의 니체는 최악의 사상가처럼 보이기도 한다.
많은 사람이 벌이를 잃고 거지가 되게끔 하는 사회적 모순에 대해 왜
니체는 아무 말도 하지 않는가? 그는 정녕 귀족과 부자의 편에 선 위
선자에 불과한가? 그렇게 믿고 싶으면 그렇게 믿어도 상관없다. 솔직
히 말해, 니체의 사상에 경도된 자들은 귀족과 부자의 편에 선 위선자
가 될 위험으로부터 자유롭기 어렵다. 아마 니체조차도 이러한 위험
으로부터 완전히 자유롭지는 못했을 것이다.

자신이 위선자라는 사실을 조금도 자각하지 못한 채 매우 진지하
고 신실하게 도덕과 인격에 관해 논하는 사람들은 얼마든지 있다. 자
신이 정녕 고매한 인격자라고 믿으면서 자기 외의 다른 모든 사람을
하찮게 여기는 소인배가 성인군자처럼 숭배를 받는 일도 결코 드물지
않다. 이 얼마나 역겨운 세상인가! 자기 외의 모든 사람을 하찮게 여

기는 자는 잠재적·현실적 학살자에 지나지 않는다.

그런데도 노예근성에 사로잡힌 인간들은 자신을 멸시하는 자를, 자신의 잠재적·현실적 학살자를, 자신의 이웃을 노예로 삼으려는 자를— 기꺼이 숭배한다. 정치인이나 군인만이 인류의 잠재적·현실적 학살자라고 생각해서는 안 된다. 최악의 학살자는 항상 고매한 사상의 옷을 입고 있다. 최악의 학살자는 항상 시와 예술의 향기에 둘러싸여 있다. 사상가가, 시인이, 예술가가, 박애주의자가 최악의 학살을 예비하고 정당화하는 일은 늘 반복되어 왔다.

그러니 거지들을 향해, 군중을 향해, 가차 없이 경멸적인 말을 쏟아내는 니체가 최악의 학살자일 가능성으로부터 자유롭다고 믿을 이유는 없다. 니체는 위대한 철학을 내세우지만, 그 까닭은 인간이 왜 경멸당해 마땅한 존재인지 설명하기 위해서이다. 그러니 그의 사상을 접하게 되면 하찮은 존재에 불과한 인간을 학살하는 것이 왜 잘못인지 의문을 품게 되기 쉽다. 설령 니체 본인은 그렇지 않았다고 할지라도 니체의 숭배자가 그렇게 될 가능성은 엄존한다. 니체의 숭배자에 의해 니체의 사상이 학살을 정당화하는 데 사용될 수 있다는 뜻이다.

그런데 니체의 사상이 지니는 이러한 위험성에 대해 철저하게 생각하다 보면 니체의 사상이 부정할 수 없는 진실 하나를 담고 있다는 점을 깨닫게 된다. 그것은 진정으로 인류를 사랑하는 자는 천민 도덕에 맞서 싸워야 한다는 진실이다.

여기서 천민 도덕이란 사회적 계급으로서의 천민의 도덕이라는 뜻으로 한정되지 않는다. 차라투스트라와 달리 자신이 극복되기를 거부하는 모든 인간은 본질적으로 천민이다. 권력과 부에 집착하는 자는, 타인의 인정에 목말라 하는 자는, 가난과 고독을 두려워하는 자는, 모두 다 천민이다.

인간이 자신의 인위적 생활방식으로 인해 겪게 되는 모든 재앙의 근원은 바로 천민 도덕이다. 즉 천민 도덕은 늘 재앙을 부른다. 천민 도덕으로 인해 다른 인간보다 자기를 높이려는 경향이나 거꾸로 자기가 다른 인간보다 비천한 존재라고 여기고 세상을 향한 증오와 분노에 사로잡히게 되는 경향이 생겨난다. 두 가지 경향이 다 위험하다.

전자는 자기가 아닌 다른 인간을 하찮은 자로 전락시키려는 경향이고 후자는 자기보다 우월한 자를 기어이 자기처럼 비천한 자로 만들면 좋겠다는 악의의 경향이다. 두 가지 경향이 모두 극단적으로 되면 결국 학살에의 의지를 출현시키기 마련이다.

어떻게 사상가나 시인, 예술가 같은 인간이 최악의 학살자일 수 있는가? 모든 인간이 학살당해 마땅한 존재라는 생각이 들도록 함으로써이다. 자신이 고매한 사상가이기 때문에, 시인이기 때문에, 예술가이기 때문에, 다른 인간보다 우월하다고 생각하는 인간은 인간을 하찮은 존재로 만드는 위험한 인간이다.

인간을 하찮은 존재라고 생각하게 되면 인간을 학살하지 말아야 할 정당한 이유를 찾기 어렵게 된다. 다시 한번 강조하건대, 인간에게는 자신이 하찮아하는 자의 고통과 죽음에 둔감해지는 성향이 있는 것이다. 그렇다면 사상가나 시인, 예술가의 가면을 쓴 잠재적·현실적 학살자에 맞서 싸우기 위해 우리는 무엇을 어떻게 해야 할까? 두 가지가 필요하다.

첫째, 이러한 자의 위선을 가차 없이 폭로하는 것이다. 누구든 남들 위에 군림하려 하는 자는 자기 외의 모든 인간을 하찮아하는 자이고, 바로 그렇기에 인류의 고통과 죽음에 둔감한 자이다. 인류의 고통과 죽음에 둔감한 자는 본질적으로 폭군이고, 잠재적·현실적 학살자이다. 아무리 고상한 척하는 자라도 그가 남들 위에 군림하려 하면, 그가 자신이 남보다 우월하다는 것을 내세우면, 그가 학살자가 될 만큼 타락한 인간이라는 것을 가차 없이 폭로해야 한다.

둘째, 노예근성에 젖어 있는 모든 인간을 반드시 극복되어야 하는 존재로서 가차 없이 폭로해야 한다. 노예근성에 젖어 있는 자는 인간성을 하찮은 것으로 만드는 자이고, 그럼으로써 학살자에게 학살의 빌미를 제공하는 자이다. 그런 점에서 노예근성에 젖어 있는 모든 인간은 수동적인 방식으로 학살을 자행하는 셈이다. 직접 학살하지는 않지만 아무튼 그들은 학살이 일어나도록 조장한다.

이제 다시 차라투스트라의 말에 대해 생각해 보자. 왜 차라투스트라는 거지들을 쓸어버리라고 하는가? 차라투스트라에게 거지는 길거

리에서 동냥하는 자만을 뜻하지 않는다. 동정받으려 하는 모든 자가
다 거지이다. 자신이 동정받기에 적합하다고 여기는 자, 살기 위해,
구원받기 위해, 그 누군가의 동정이 필요하다고 여기는 자는 거지 외
에 다른 아무것도 아니다. 자신이 동정받기에 적합하다고 여기는 자
는 자신을 하찮게 여기는 자이고, 이러한 자가 많으면 많을수록 인류
전체가 동정받기에 적합한 하찮은 존재라고 믿게 될 가능성 또한 커
지게 된다. 그러니 동정을 추구하는 자는 수동적인 방식으로 학살을
자행하는 자이다. 자신을 하찮은 존재로 낮춤으로써 남들이 학살당할
가능성을 높이는 것이다.

그렇다면 죄를 지은 자와 양심에 가책을 받는 자들은 왜 쓸어버려
야 할까? 차라투스트라가 보기에는 죄를 지으면서도 아무 양심의 가
책도 느끼지 않는 흉악무도한 자가 바람직한 인간이란 말인가? 물론
그렇지 않다. 그러나 죄를 지은 자는, 그리고 그 때문에 양심의 가책
을 받게 된 자는, 이미 스스로 자신을 하찮은 존재로 만들어 버린 셈
이다.

진정으로 탁월한 인간은 설령 실수하고 남들에게 잘못을 범해도 즉
시 자신의 잘못을 인정하고 능동적으로 그 책임을 떠맡는 법이다. 양
심의 가책이란 대개 자신의 잘못을 인정할 용기가 부족한 자, 스스로
자기 행위의 결과에 대한 책임을 떠맡을 마음이 별로 없는 우유부단
한 자에게서 일어난다. 이러한 자는 양심의 가책을 이기기 위해 아직
죄를 범하지 않은 남들도 자신과 마찬가지의 인간이라는 식으로 생각
하는 경향에 빠지기 마련이다. 이러한 자에게서 나타나는 전형적인

사고방식은 다음과 같다.

'분명 나는 죄를 범했다. 그리고 그 때문에 양심의 가책도 느낀다. 그런데, 그것이면 족하지 않을까? 누구든 실수할 수 있다. 누구든 죄를 범할 수 있다. 그렇다면 죄를 범했다는 사실만으로 한 인간을 악인이라고 심판하는 것은 너무 지독한 일이다. 이 경우 모든 인간이 죄인이 되기 때문이다. 그러니 죄를 범한 뒤 양심의 가책을 느끼는 자는 죄를 사면받을 자격이 있는 착한 자라고 간주해야 한다. 즉 양심의 가책을 받지 않는 자만 악인으로 간주해야 한다.'

물론 이러한 사고방식은 암묵적으로 모든 인간은 양심의 가책에 시달리며 살 수밖에 없는 비루한 존재에 불과하다는 믿음을 전제한다. 양심의 가책에 자주 시달리는 자는 인간을 학살당해도 별로 억울할 것 없는 하찮은 존재로 만들어 버리기 쉽다. 자신의 잘못을 솔직하게 인정하지 못하는 우유부단함 때문에, 자꾸 자신을 합리화하려 하는 가운데, 자기도 모르게 학살을 정당화하는 위험한 사고에 빠지게 되는 것이다.

아마 바로 여기에 니체가 기독교를 비판하는 가장 중요한 이유가 있을 것이다. 기독교의 구원론에 따르면 모든 인간은 죄인일 수밖에 없고, 양심의 가책을 받아야 하며, 구원받기 위해 구세주를 필요로 한다. 그런데 이러한 사고방식은 인간이란 학살당해 마땅한 자라는 사고방식과 실질적으로 조금도 다르지 않다. 게다가 이러한 사고방식에 젖은 자는 그 자신이 잠재적·현실적 학살자이다. 이러한 자는 자신을 포함하는 모든 인간을 그들이 인간이라는 바로 그러한 이유만으로 경멸하는 자이기 때문이다.

결국, 차라투스트라의 투쟁은 두 가지로 구분되는 셈이다. 하나는 자신이 남보다 우월하다고 여기는 자에 대한 투쟁이다. 또 다른 하나는 자신이 남보다 열등하다고 여기는 자에 대한 투쟁이다.

주의할 점은, 차라투스트라는 실제로 대개의 인간보다 우월한 인간이 존재한다는 사실을 부정하지 않는다는 것이다. 사실 너무 당연한 일이 아닌가? 세상에는 분명 평범한 사람도 있고, 남들보다 못난 사람도 있으며, 잘난 사람도 있다. 차라투스트라의 투쟁은 우월한 자를 겨냥하는 것이 아니라 타인으로부터 우월한 자로 평가받기를 원하는 자를 겨냥하고 있다. 왜 이러한 소망이 생겨날까? 본질적으로 인간 됨됨이가 변변치 못하기 때문이다.

공자식으로 말하자면, 군자는 비할 데 없이 탁월한 인간이다. 그럼에도 그는 자신이 남들보다 우월하다고 여기고 싶어 하는 마음을 가지고 있지 않다. 이러한 마음은 변변치 못한 소인들이나 품는 것이다. 군자는 오직 인간의 삶을 증진하기 위해, 인간을 보다 아름답고 긍정할 만한 존재로 바꾸기 위해, 묵묵히 제 할 일을 해 나갈 뿐이다.

그렇다면 차라투스트라가 투쟁의 대상으로 삼는 두 가지 인간, 즉 자신이 남보다 우월하다고 여기는 자와 자신이 남보다 열등하다고 여기는 자는 한 가지 커다란 공통점을 지니는 셈이다. 둘 다 소인이다. 둘 다 대범하지 못하고 자잘한 생각에만 몰두한다. 둘 다 자기가 극복

되도록 하는 대신 변변치 못한 자기에만 집착한다. 바로 이러한 이유
로 차라투스트라는 다음과 같이 말한다.

"하지만 가장 나쁜 것은 자잘한 생각들이다.
자잘한 생각에 몰두하느니 차라리 악을 저질러 버리는 것이 더 낫다!"

자기에만 집착하는 자, 그렇기에 자잘한 생각에나 몰두하는 자들은
어떠한 자들인가? 자기 주위의 사람들을 끝없이 괴롭히는 자들이다.
간단히 말해, 자신이 남보다 우월하다고 여기는 자는 교만한 자이고,
자신이 남보다 열등하다고 여기는 자는 열등의식에 사로잡힌 자이다.

교만한 자는 주위의 사람들을 하찮게 여길 뿐 아니라 주위의 사람
들로부터 자신의 우월성을 인정받고 싶어 한다. 즉 그는 남들에게 자
신의 우월성을 인정받으려 남들이 자신보다 하찮다는 것을 끊임없이
드러내려 한다. 그럼으로써 그는 주위의 모든 사람 마음에 아픈 상처
를 남긴다. 반면 열등의식에 사로잡힌 사람은 주위의 모든 사람을 향
한 증오와 분노에 사로잡혀 있다. 자신으로 하여금 열등의식을 느끼
게 하는 모든 사람이 다 싫은 것이다. 결국, 그 역시 주위의 사람들에
게 자신이 그들을 사랑으로 받아들이지 않는다는 것을 분명히 함으로
써 아픈 마음의 상처를 남긴다.

지나치게 교만한 자나 지나치게 열등의식이 강한 자의 주위 사람
들은 날마다 지옥을 경험하며 살 수밖에 없다. 교만한 자와 열등의식
에 사로잡힌 자는 모두 남들 마음에 상처를 남길 뿐 아니라 그 상처를

끝없이 반복해서 헤집는다. 그들 인격의 추악함과 자잘함이 가차 없이 폭로되어야 하는 까닭이 바로 이것이다. 교만과 열등의식은 둘 다 삶을 억압하는 최악의 악덕인 것이다.

그렇다면 무엇을 어떻게 해야 할 것인가? 성인군자가 아닌 다음에야 누구나 다소간 자잘한 생각에 몰두하기 마련이다. 대개의 인간은 변변치 못한 소인들이고, 자기에 대한 집착을 버리지 못하며, 교만이나 열등의식을 완전히 떨쳐 버리지도 못한다. 인간은 누구나 다 고통받고 있지 않은가? 즐겁고 기쁜 생활을 하는 과정에서도 자기에 대한 집착으로 인해, 교만으로 인해, 열등의식으로 인해, 인간들은 서로에게 자기도 모르게 크나큰 아픔을 안겨 주기도 하지 않는가? 차라투스트라의 해법은 다음과 같다.

> "그러나 너에게 고통받는 친구가 있거든 너는 그의 고통이 쉴 수 있는 쉼터가 되도록 하라. 그러면서도 딱딱한 침대, 야전침대가 되도록 하라. 그렇게 해야만 너는 그에게 가장 필요한 자가 될 것이다."

고통받는 친구가 쉴 수 있는 쉼터가 되려면 우리 안에는 커다란 사랑이 있어야 한다. 그러나 동정심은 금물이다. 고통받는 친구가 우리 안의 커다란 사랑을 푹신한 침대처럼 느끼게 해서는 안 된다. 동정심에 마음이 젖으면 사람이 하찮아지기 때문이다. 오히려 친구는 자신이 우리 안의 사랑을 쉼터로써 필요로 한다는 사실을 견디기 힘들어해야 한다. 우리가 그를 향한 커다란 사랑을 품고 있지만, 그의 고통

제임스 앤소르, 〈가면에 둘러싸인 자화상〉, 1899, 개인도 미술관

을 빌미로 그를 하찮게 여기고 동정한다는 느낌이 들게 해서는 안 된다. 그 때문에 우리의 사랑은 고통받는 친구가 쉴 수 있는 쉼터이면서 동시에 그가 독립과 자유를 추구하게끔 요구하는 불편함 역시 지녀야 한다.

제임스 엔소르의 〈가면에 둘러싸인 자화상〉은 1899년에 그려졌다. 그해는 니체가 1889년 토리노에서 영원한 정신의 암흑 속에 빠져 버린 뒤 10년이 지난 해이기도 하고, 니체가 숨을 거두기 일 년 전이기도 하다. 〈1889년 그리스도〉에서 브뤼셀에 입성하던 예수의 얼굴은 이 그림에서도 보인다. 예수의 얼굴 역시 엔소르의 자화상이니 말이다. 그러니 그가 〈1889년 그리스도〉에서 암시했던 자신의 처형은 아직 일어나지 않은 셈이다.

왜 화가는 십자가에 달리지 않았는가? 2000여 년 전의 예수와 달리 그가 군중을 향해 나아갈 수 없었기 때문일 것이다. 아마 그는 차라투스트라처럼 군중을 멀리하고 또 멸시하는 자로 남았을 것이다. 군중 속에 있어도 그는 그저 물 위에 뜬 기름처럼 겉돌 뿐이다. 그의 얼굴은 약간 낙담한 듯이 보이기도 하고, 냉정해 보이기도 하며, 아무 생각 없이 멍하게 있는 것처럼 보이기도 한다.

그에게 군중은 본질적으로 가면을 쓴 자들이다. 가면이란 무엇인가? 우리가 얼굴에 쓰는 실제의 가면은 자신을 감추는 용도로 사용된다. 즉 가면은 가면일 뿐 내 얼굴이 아니다. 그러나 엔소르의 그림 속에서 군중의 얼굴에 쓰여 있는 가면은 그 자체로 군중의 얼굴이다. 화가의 눈으로 보면 군중이 평소 보이는 평범한 이웃의 얼굴이 실은 가면이다. 그들의 마음속에는 큰 사랑이 없다. 그들은 오직 자신들이 추구하는 적당한 행복에 방해가 되지 않는 한에서만 사랑한다.

서유럽 언어에서 개인이나 인격을 뜻하는 말은 라틴어 페르소나 persona로부터 왔다. 그런데 페르소나는 본래 고대 그리스의 연극배우들이 쓰던 가면을 뜻하는 말이었다. 어떤 의미에서 인격이란 사회 안에서 각자가 자기 얼굴 위에 쓴 가면과도 같다. 인격이라는 이름의 가면 속에는 무엇이 감추어져 있을까? 이 물음은 어떤 인간관을 가지고 있느냐에 따라 달리 대답된다.

예컨대 성선설을 믿는 사람에게 사회적 인격이란 진실하고 선한 인격의 왜곡된 표현에 지나지 않는다. 그러나 성악설의 관점에서 보면 인격이라는 이름의 가면 속에는 이기적이고 폭력적인 짐승이 숨겨져 있을 뿐이다. 얼핏 엔소르의 작품 세계는 성악설을 담고 있는 것처럼 보인다. 진실해 보이는 얼굴은 단 하나도 보이지 않는다. 그림 속 얼굴이 맨 얼굴이든 가면이든 예외가 없다.

심지어 엔소르 자신의 자화상마저 진실한 인격 같은 것은 조금도 내비치지 않는다. 〈1889년 그리스도〉에서 그가 자신의 얼굴로 그려 넣은 예수의 얼굴 역시 전혀 진실해 보이지 않는다. 그러나 문제가 그렇게 간단하지는 않다. 순수하게 이기적이고 폭력적인 짐승보다 양심의 가책을 느끼는 도덕적 인간이 자신이나 타인에 대해 악의를 품을 가능성이 훨씬 더 크기 때문이다.

순수하게 이기적이고 폭력적인 짐승은, 설령 교활하게 책략을 꾸민다고 하더라도, 최대한 상대를 제압하는 데만 집중할 뿐 별다른 악의를 품지 않는다. 그럴 까닭이 없기 때문이다. 어차피 그에게 세상은 힘의 논리에 의해 움직일 뿐이다. 그러니 각자는 최대한 능력을 발휘해서 승리를 쟁취하면 된다. 나도, 내 편을 드는 패거리도, 나와 맞서는 자도, 다 마찬가지이다. 그러니 따로 누구를 원망하거나 미워할 이유도 없다. 지면 패배자가 되는 것이고, 이기면 승리자가 되는 것뿐이다. 패배든 승리든 아무튼 한번 결정되고 나면 내 미래의 운명 역시 결정된다. 재기를 꿈꾼다고 하더라도 자신이 이미 패배했음을 받아들이는 경우에만 그 꿈을 이루어 나갈 수 있다. 즉, 순수하게 이기적이고 폭력적인 짐승은 그때마다 자신의 운명에 충실하게 사는 것 외에 다른 아무 방법도 알지 못한다. 패배를 당한 것이 화가 나면 자신이 패배를 당했다는 것을 우선 솔직하게 인정하고 미래를 예비해야 바람직한 결과를 산출해 낼 수 있다.

그러나 양심의 가책을 느끼는 자는 자신의 패배를 인정할 마음을 품기가 어렵다. 그는 자신에게 묻는다.

'왜 나는 패배했는가?'

이러한 물음에 대한 대답은 늘 똑같다.

'결국, 세상이 불공평해서다. 세상이 불공평하지 않으면 양심의 가책을 느낄 만큼 도덕적인 내가 패배할 리 없다.'

심지어 자신이 양심의 가책을 느끼게 된 원인마저 그는 불공평한 세상에 돌린다.

'어째서 세상은 이처럼 도덕적이고 선한 내가 자신의 양심을 속여야 할 상황에 내몰리도록 했는가?'

양심의 가책을 느끼는 자가 세상을 향한 자신의 원망을 해소하는 방법은 두 가지이다. 하나는 초월자인 신에게 매달리는 것이다. 그럼 그는 여러 가지를 얻을 수 있다. 우선 자신이 세상에서 패배한 자라는 사실에 집착하지 않아도 된다. 초월자인 신에 비하면 세상은 아무것도 아니기 때문이다.

또한 그는 자신보다 훨씬 더 훌륭한 인격을 가진 사람보다 자신이 도덕적으로 우위에 있음을 주장할 수 있다. 신의 완전성과 진실함에 비교하면 결국 모두가 죄인일 뿐이다. 그러니 훌륭한 자라도 신과 멀리 떨어져 있으면 죄인에 불과하고, 아무리 흠결이 많고 죄가 많아도 신과 가까우면 이미 신으로부터 자신의 흠결과 죄를 다 용서받았다.

그뿐인가? 그는 훌륭하지 못한 자신이 앞으로 지을 죄도 신으로부터 용서받게 될 것이라고 기대할 수 있고, 동시에 신과 가까운 자신을 적대시하는 모든 인간을 향한 자신의 증오를 절대화하고 합리화할 수 있다. 신과 가까운 나를 적대시하는 자는 결국 신을 적대시하는 자이다. 그러니 그들은 모두, 설령 세상의 눈으로 보면 성인군자에 속하는 자들이라고 하더라도, 다 용서받지 못할 죄인들이다.

그렇다면 자신을 승리자로 여기는 자의 경우는 어떠한가? 이러한 물음은 우문에 불과할 뿐이다. 양심의 가책을 느끼는 자 가운데 진정한 의미의 승리자가 있을 리는 만무하기 때문이다. 세상의 전부를 가졌어도 그는 기껏해야 패배자로서 자기가 꿈꾸던 복수에 성공했을 뿐이다. 그는 자신으로 하여금 양심의 가책을 느끼도록 한 것이 세상이라는 것을 잊을 수 없고, 그 때문에 모든 세상 사람들을 용서할 수도 없다.

양심의 가책이란 언제나 일종의 열패감이다. 세속적으로 성공하든 실패하든, 양심의 가책을 느끼는 자는 모두 열패감에 시달리는 자이고, 그런 한에서 인생의 패배자이다. 이러한 자는 순수하게 이기적이고 폭력적인 짐승조차 못 되는 자로서, 짐승이라면 상상도 하지 못할 악의와 잔인성을 자기 안에 감추고 있다. 불행하게도 인간의 역사는 이러한 자들이 결정적인 승리를 거둠으로써 무시무시한 학살이 자행되는 일들로 점철되어 왔다. 인생에서 패배한 자들이 권력을 잡고 도덕과 양심의 이름으로 무수한 인간을 학살하는 일이 거듭거듭 반복되었다.

2000년 전 예수를 십자가에 못 박은 군중은 이익만을 좇는 환전상의 마음을 가졌지만 동시에 매우 엄격한 도덕주의자들이었다. 양심의 가책이란 원래 이렇게 자가당착적인 방식으로 살아가는 자들에게서 특히 가혹하게 나타나는 법이다. 엄격한 도덕의 관점에서 보면 이익만을 추구하는 자신의 마음은 얼마나 추한가? 그러니 그들은 악착같이 신을 자신의 편으로 만들어야 했고, 자신들을 양심의 가책을 느껴야만 하는 인생의 패배자가 되게끔 만든 세상을 증오해야 했으며, 그러한 자신과 다른 모든 자를 학대해야 했다.

도덕적이지 않으면 도덕적이지 않다는 것 자체가 학대의 이유가 된다. 도덕적이지 않은 자는 양심의 가책을 받을 만큼 도덕적인 자신과 분명 다르기 때문이다. 도덕적으로 흠결이 없으면 흠결이 없다는 것 자체가 또한 학대의 이유가 된다. 흠결이 없는 자는 양심의 가책을 받을 만큼 흠결이 있는 자신과 분명 다르기 때문이다.

아무튼 신은 우리 편임에 틀림없으니 흠결이 없는 자도 우리보다 신으로부터 멀리 있는 자이고, 그런 한에서 이미 죄인이다. 그러니 흠결 없는 자 역시 우리처럼 자신이 양심의 가책을 느껴야 마땅한 죄인임을 고백하지 않으면 가차 없이 처형되어야 한다. 불행 중 다행인 것은 예수를 십자가에 못박아야 할 만큼 양심의 가책에 시달리던 군중은 당시 큰 권력을 갖고 있지 못했다. 그 때문에 그들은 예수 한 사람을 죽이는 것으로 만족하고 대량 학살은 자행하지 않았다.

1889년 및 1899년의 세계는 어떠했을까? 세기말을 향해 가던 유럽의 인간들은 2000년 전 예수를 십자가에 못 박은 군중보다 더 훌륭했을까? 니체와 엔소르의 눈에는 별로 그렇지 않았던 것 같다. 자본주의가 결정적으로 승리를 거둔 세상에서 군중이 원하는 것은 언제나 이익이었다. 그러나 자본주의는 약속에 의거해 움직이는 생산체제이기에 군중의 마음속에 강력한 도덕의식을 불어넣지 않으면 안 되었다. 특별한 사유가 없는 한 약속을 지키는 것이 마땅한 일이라고 생각하는 윤리적 개인의 창조야말로 자본주의의 성패를 결정할 문제였던 것이다. 그러니 자본주의는 사적인 이익을 맹목적으로 추구하는 자들을 엄격한 도덕적 양심의 소유자로 만들어야 할 자가당착적인 시도였던 셈이다.

수십만, 심지어 수백만의 인간이 학살당할 전쟁이라도 내가 산 주식의 값이 오를 수만 있으면 결로 개의치 않을 사람들이 사는 세상, 모두가 적당한 행복만을 가치판단의 기준으로 삼을 뿐 설령 수억의 인간이 극단적인 빈곤과 학대에 시달려도 별로 마음 쓰지 않을 사람들이 사는 세상— 바로 이러한 세상이 이전의 어떤 세상보다 더욱더 강한 정도로 개개인의 마음속에 윤리적 양심을 불어넣어야 했던 것이다.

그들은 모두 양심의 가책에 시달리는 자들이었다. 2000년 전 예수를 십자가에 못 박은 군중처럼 19세기와 20세기의 전환기를 살던 유럽의 군중 역시 환전상의 마음을 지니고 있으면서도 동시에 엄격한 양심을 추구해야 하는 자가당착적인 상황에 내몰리고 있었다. 불행하게도 2000년 전 예수를 십자가에 못 박은 군중과 달리 유럽의 군중은 세상에서 가장 강한 국가에 속한 자들이었다. 그 때문에 그들은 구세주 한 명만을 죽이는 것으로 만족할 수 없었다.

아마 〈1889년 그리스도〉의 예수가, 자신을 대중과 동떨어진 자라고 느꼈던 화가 엔소르가, 군중에 의해 육체적 박해를 당하지 않았던 이유 중의 하나가 이것이었는지도 모른다. 세상에 우리와 다른 자들이 얼마나 많은가? 세상에 우리보다 윤리적으로 열등하기 때문에, 혹은 반대로 우월하기 때문에, 학살되어야 할 자들이 얼마나 많은가? 그러니 적당한 행복의 지혜를 거부하는 얼간이 예술가 하나쯤은 무시해도 좋을 것이다. 게다가 누구도 그의 목소리에 귀를 기울이지 않는다.

우리 시대의 도덕은 계몽주의 시대가 낳은 이성적이고 보편타당한 도덕이 아닌가? 그러니 누구도 도덕적으로 자기만의 고유한 목소리를 높일 권리를 가지고 있지 않다. 군중이 알고 있는 도덕과 다른 도덕에 관해 말하는 자, 군중이 알고 있는 가치관과 다른 가치관에 말하는 자, 군중과 다른 방식으로 살고자 하는 자는 모두 도덕적으로 무가치한 자이거나 처형되어야 할 자에 지나지 않는다. 군중과 섞이기를 거부하는 예술가는 도덕적으로 무가치한 자이다. 그러니 그가 특별히 정치적 소란을 일으키지만 않으면 별로 신경쓸 이유도 없을 것이다.

유럽의 군중에 대한 이러한 언명들은 지나친 단순화의 오류를 범하고 있는가? 그럴지도 모른다. 찬찬히 살펴보면 당시 유럽인들 가운데서도 훌륭하고 탁월한 자들이 적지 않았다. 그러나 20세기의 역사를 돌아보면 세기의 전환기를 살던 유럽의 군중에 대한 이러한 언명들이 특별히 과장된 것이라고 말하기는 어려울 것 같다.

유럽 밖의 거의 모든 나라가 제국주의적 침략과 수탈에 시달렸고, 전 세계 곳곳에서 추악한 분쟁이 끊이지 않고 벌어졌으며, 심지어 이전에는 상상도 할 수 없으리만치 참혹하고 대규모인 전쟁도 여러 차례 발발했다. 그 근본 원인은 천민 중의 천민인 끝물 인간들의 도덕이

다. 환전상의 마음으로 도덕적 엄격주의자가 되기를 지향하는 현대인
의 자가당착이 우리 시대가 자아내는 추잡스러운 희비극의 원천이다.

물론 이제는 누구도 그 책임을 유럽인들에게만 돌릴 수 없게 되어
버렸다. 비유럽인들에게도 지난 세기의 과오를 바로 잡을 책임이 맡
겨져 있다. 온 세상이 다 자본주의 세상이기 때문이다. 비유럽인들 역
시 대개 차라투스트라가 멀리한 끝물 인간들이기 때문이다. 이제는
인류 모두가 지난 세기의 과오로부터 지혜를 얻고 세상을 보다 긍정
할 만한 것으로 바꾸어 나갈 책임을 면할 수 없게 된 것이다.

니체의 관점에서 보면 이러한 책임의 완수는 천민 도덕에 대한 단
호한 투쟁을 통해서만 이루어질 수 있다. 천민 도덕은 필연적으로 재
앙을 부를 수밖에 없기 때문이다.

제5장

타란툴라의 간계

자크 루이 다비드, 〈어린 조제프 바라의 죽음〉, 1794, 칼베 미술관

장 조제프 비어르츠, 〈어린 바라의 죽음〉, 1880, 오르세 미술관

　　니체는 배덕자인가? 그렇지 않다. 그는 다만 천민 도덕에 맞서 고차원적인 도덕을 세우기를 원할 뿐이다. 천민 도덕과 고차원적인 도덕을 가르는 기준은 무엇인가? 창조적이고 당당하고 자유롭게 살아갈 힘의 감소로 이어지는 것은 천민 도덕의 특성이고, 증가로 이어지는 것은 고차원적인 도덕의 특성이다.

　　그렇다면 그가 천민 도덕을 비판하는 것은 누구나 수용할 수 있는 보편타당한 도덕을 확립하려는 목적 때문인가? 고차원적인 도덕이란 응당 누구나 받아들일 수 있는 보편타당한 도덕이어야 하지 않겠는가? 니체의 도덕에서 보편타당이란 오직 한 가지 의미만을 지닐 뿐이다.

　　　　"항상 창조적이고 당당하고 자유롭게 살아갈 힘의 증가로 이어질 사유와
　　　　행동만을 하라!"

오직 이러한 도덕적 명령만이 보편타당하다. '도덕적 보편타당'에 대한 이 밖의 의미는 다 협잡과 기만이다. 보편타당한 도덕이 언제 어디서나 무조건 지켜야만 하는 형식적 규범들의 체계라는 의미를 지니는 한에서 니체는 보편타당한 도덕의 혐오자로 간주되어야 한다. 보편타당한 것으로 간주되는 형식적 규범들의 체계야말로 천민 도덕의 전형이기 때문이다.

자본주의의 발전은 계몽주의의 발전과 궤를 같이했다. 자본주의가 약속을 지킬 줄 아는 윤리적 개인의 창조를 요구하기 때문이다. 흔히 악의 없이 선량하기만 한 사람을 두고 '법 없이도 살 사람'이라고 말한다. 맞는 말이다. 참으로 선량한 사람은 규범적으로 사고할 까닭을 알지 못한다.

그에게는 악의가 없기 때문에 자신의 선한 천성이 시키는 대로 행동할 뿐 특별히 자신의 행동이 도덕적으로 정당한지 정당하지 못한지 따지지 않는다. 그러니 악의 없이 선량하기만 한 사람들의 공동체는 본래 규범을 거의 필요로 하지 않는다.

규범의 필요성은 악의를 품은 사람들이 많을수록, 그리고 그 악의의 정도가 심할수록 커진다. 서로 다툴 때 악의를 품은 사람들은 자신이 옳다고 생각하는 바를 절대화하려 한다. 자신이 옳다고 생각하는 바가 절대화되어야 자기는 무조건 옳고 상대는 무조건 틀렸다는 결론을 내릴 수 있기 때문이다.

그러니 보편타당한 도덕에의 열망이 강한 사회는 도덕적으로 훌륭한 사회이기는커녕 매우 타락한 사회이다. 소위 보편타당한 도덕이란 끝물 인간의 도덕이다. 환전상의 마음으로 엄격한 도덕주의자가 되기를 원하는 자가당착적인 인간들의 도덕이다.

자본주의와 계몽주의로 대변되는 근현대의 역사 속에서 끝없이 수탈과 전쟁, 대량의 감금과 학살이 반복해서 벌어지는 까닭이 바로 여기에 있다. 평소에는 물질적으로 풍요로우니 사람들 간의 분쟁이 격화되지 않도록 법이 잘 작동하면 대체로 삶이 만족스럽다. 대개의 사람은 법을 존중하려 애쓰면서 그러한 자신을 제법 도덕적인 존재라고 생각한다.

그러나 자신의 적당한 행복이 위협을 받으면, 적당히 행복한 삶을 영위하는 데 필요한 이익이 목전에 보이면, 인격이나 염치 따윈 구시대의 유물로 취급될 뿐이다. 대번 분쟁이 일어나고, 대번 사람들이 사나워진다. 모두가 냉소적이 되고, 대량 학살의 가능성조차 적당한 현실주의의 미명 아래 아무렇지도 않게 긍정된다.

힘 있는 나라에 살면 그래도 운이 좋은 편이다. 주위의 사람들이 학살당하는 것은 아니니 "세상이 원래 그래!"라고 말하면서 간단하게 양심의 가책을 뭉개 버릴 수 있다. 그저 자기 나라 안에서 분쟁이 격화되지 않게끔 조심하기만 하면 환전상의 마음으로 도덕적 엄격주의자인 양 행세하는 데 별 어려움이 없다. 그리고 자기 나라가 승리할 것이 분명한 전쟁, 큰 이익을 얻게 될 것이 분명한 침략을 감행하면 도덕 따윈 간단하게 외면해 버린다.

그러나 괴물이 아닌 다음에야 양심의 가책을 느끼지 않을 수는 없다. 환전상의 마음으로 살고 있기는 하지만 어쨌든 나는 도덕적 엄격주의자가 아닌가? 그래도 큰 상관은 없다. 아무리 심한 양심의 가책이라도 간단하게 억눌러 버릴 수 있는 신비로운 모토가 하나 있기 때문이다.

　　세상이 원래 그래!

　이 모토의 바탕에는 다음과 같은 자기합리화가 깔려 있다.

　　세상은 원래 맹목적인 힘의 논리에 의해 움직이는 거라고. 그러니 내가
　　이 정도의 양심의 가책을 느끼는 것만 하더라도 도덕적으로 매우 훌륭한
　　일임에 틀림없어. 하지만 양심의 가책 때문에 이익을 포기하는 일은 정말
　　바보스러워. 그런 자는 힘의 논리가 지배하는 세상에서 잘 적응할 수가
　　없거든.

　얼마나 기묘한 일인가? 도덕이란 원래 무가치한 것임을 거리낌 없이 긍정하면서도 동시에 양심의 가책을 느끼는 자신이 도덕적이라고 생각한다. 하기야 자신을 도덕적 존재로 여기는 자는 무자비하게 남들을 학살할 핑곗거리를 곧잘 찾아낸다. 적들이 얼마나 비도덕적인지 선전만 잘하면 환전상의 마음으로 도덕적 엄격주의를 추구하는 끝물 인간들은 크게 분노하면서 전쟁과 학살의 정당성을 기꺼이 받아들인다. 군중이라는 이름의 끝물 인간들은 자기기만에 능숙한 자들인 것이다.

우스운 것은 보편타당한 도덕의 미명 아래 참혹한 일들이 거듭해서 자행되어도 이러한 도덕관념에 대해 큰 문제의식을 느끼지 못하는 지성인들이 아직 너무도 많다는 사실이다. 특히 시대착오적인 계몽주의의 신봉자들이 그러하다. 이들은 이성의 이름으로 절대화된 계몽주의적 도덕 자체는 무죄라는 식의 생각을 떨쳐 내지 못한다. 도덕이 문제가 아니라 인간이 문제라는 식이다.

그들은 계몽주의적 도덕의 힘이 충분히 강하지 못했기 때문에, 혹은 적당히 현실과 타협하면서 왜곡되어 버렸기 때문에, 현대사회가 여러 비극적인 문제들을 안게 된 것이라고 믿는다. 이러한 관점에서 보면 보편타당한 도덕을 발견하고 또 확립하고자 하는 노력은 계속되어야 한다. 보편타당한 도덕에의 의지를 실현하는 것이야말로 세상을 덜 불행한 곳으로 만드는 유일무이한 길이다.

하지만 니체의 관점에서 보면 전혀 그렇지 않다. 실은 보편적 도덕의 이념 자체가 인간을 최고도로 잔혹한 짐승으로 만들어 버리는 그 근본 기제이다. 보편적 도덕의 이념에 사로잡힌 자는 모든 인간이 보편적 도덕의 이념에 걸맞은 존재일 수 없음을 언제나 이미 알고 있다. 부처 눈에는 부처만 보이고 도둑 눈에는 도둑만 보인다고 하지 않는가.

자신이 옳다고 믿는 바를 절대화해서 다른 사람들에게 강권해야 할 만큼 사욕이 큰 사람들이 모여 사는 곳에서나 엄격하고도 보편타당한 규범에의 열망이 생기기 마련이다. 즉 보편타당한 규범을 추구하는 자는 누구나 근원적으로 양심의 가책과 더불어 살아갈 수밖에 없는 자이다. 그는 자신을 비롯한 모든 인간을 학살당해 마땅한 죄인으로 낙인찍을 수밖에 없는 자이다. 보편적 도덕의 이념이 죄를 범할 가능성으로부터 자유로울 수 없는 모든 인간을 하찮고 추악한 존재로 만들어 버리기 때문이다.

아마 계몽주의적 도덕의 위선성을 직시하는 데 가장 방해가 되는 것은 계몽주의가 억압적 신분체제에 대한 구체적 투쟁과 함께 형성되고 또 발전했다는 역사적 사실일 것이다. 자유, 평등, 박애라는 프랑스 혁명의 모토는 정의가 지배하는 새로운 시대를 향해 나아가자는 힘찬 선언이 아니었던가?

모든 인간에게 자유롭게 살 권리, 평등하게 살 권리, 압제에 대한 두려움 없이 이웃을 친근한 형제처럼 기꺼워하며 살 권리가 주어져야 한다는 생각이야말로 계몽주의가 추구하던 보편타당한 도덕의 근본 바탕이 아닌가?

보편타당한 도덕의 이념을 부정하는 자는 압제자의 편에 서서 민중에 대한 억압을 정당화하는 자가 아닐까? 이러한 물음들은 모두 한 가지 결정적인 점을 놓치고 있다. 그것은 보편타당을 향한 의지는 만인을 지배하려는 권력욕의 표현 외에 다른 아무것도 아니라는 것이다.

자유, 평등, 박애는 본래 동일한 방식의 삶을 표현하는 상이한 말들일 뿐이다. 삶보다 상위의 것으로서 삶을 지배할 권리를 가지는 것은 아무것도 없다는 것을 아는 탁월한 인간만이 진정으로 자유로울 수 있고, 살면서 만나는 모든 이들을 자신의 친근한 친구로서, 근원적으로 평등한 존재로서 발견할 수 있다.

보편타당한 도덕이란, 이성의 이름으로 절대화된 규범의 체계인 한에서, 만인을 지배하고자 하는 의지의 표현 외에 다른 아무것도 아니다. 그러한 도덕에서 자유, 평등, 박애 같은 말들은 다 공허할 뿐이다. 아니 실은 이러한 말들 자체가 이미 최고도로 교묘하고 사악한 억압의 기제로 작용한다.

오직 환전상의 마음을 가진 자만이, 그 때문에 이익의 실현을 위해 남들과 자주 다투게 되는 자만이, 그래서 할 수만 있으면 남들을 확실하게 제압하기를 원하는 자만이— 절대적이고 보편타당한 규범의 체계를 확립할 열망을 지닐 수 있다.

이러한 자가 가장 싫어하는 것은 참으로 탁월해서 규범의 지배를 받을 필요가 없는 인간이다. 그러한 자는 사익에 구애받지 않기 때문에 자잘하게 마음 쓰지 않고, 자잘하게 마음 쓰지 않기 때문에 남들과 다투지 않으며, 남들과 다투지 않기 때문에 자신이 남보다 더 우월한지 열등한지 따지지도 않는다. 그는 다만 자유로울 뿐이고, 만나는 사람 모두를 평등한 친구처럼 대할 뿐이다.

이러한 자가 나타나면 소위 보편타당한 도덕을 추구하는 정신이 얼마나 추악하고 자잘한 정신인지 밝히 드러나게 된다. 그러니 이러한 자는 마땅히 십자가에 매달아야 한다. 그렇지 않으면 나의 위선이 발가벗겨지기 때문이다. 적당한 행복도 이익도 실현되지 않을 것이기 때문이다.

니체의 차라투스트라가 맞닥뜨리게 되는 최악의 세계는 보편타당한 도덕에의 열망에 사로잡힌 천민들이 압도적 다수인 세계이다. 보편타당한 도덕의 이념을 떠올릴 수 있고 또 이해할 수 있는 정신은 나름 풍요롭다. 적어도 이러한 정신은 목전의 이익에만 사로잡힌 빈곤한 정신과 구분된다. 차라투스트라는 다음과 같이 말한다.

> "나는 천민에게도 꽤 풍요로운 정신이 있음을 본다.
> 그때마다 나의 정신은 피곤함을 느꼈다."

보편타당한 도덕의 이념은 천민들에게 달콤한 위안이 된다. 모든 인간이 평등하다는 생각은, 그래서 평등의 이념에 어긋나게도 지배자의 위치에 서서 자신들을 지배하게 된 인간들은 모두 도덕적으로 죄를 범하는 것이라는 생각은, 분명 지배받는 천민들에게 위안이 되기 때문이다. 자신을 지배하는 인간이 탁월한지 탁월하지 않은지 따지는 것은 부차적이다. 또한 자신들이 사익을 떨쳐 낼 만큼 강하고 성숙한 정신을 지니지 못했기 때문에 지배받는 위치에 있어야 마땅하다는 것도 굳이 인정할 필요가 없다.

아무튼 중요한 것은 지배하는 자는 본질적으로 죄를 범하는 자이고, 지배받는 자에게 사과해야 하는 자라는 사실이다. 그러니 보편타당한 도덕에의 열망에 사로잡힌 천민들이 압도적으로 다수인 곳에서는 권력자들이 늘 천민들의 비위를 맞추려고 안간힘을 쓰게 된다.

"나는 지배자들이 지배라는 말을 어떻게 생각하는지 알게 된 후 그들과
등을 졌다.
그것은 권력을 잡으려고 천민을 상대로 벌이는 흥정과 거래일 뿐이었다."

프랑스 신고전주의 회화의 대표자는 자크 루이 다비드이다. 신고
전주의는 18세기 말부터 19세기 초 유럽에서 나타난 예술 양식을 일
컫는 말로, 프랑스가 그 중심지였다. 다비드는 계몽주의의 신봉자였
다. 다비드는 강경한 공화주의 혁명당원이기도 했다. 그는 특히 프랑
스 혁명의 주역 중 하나인 로베스피에르에게 협력했다.

다비드의 작품 중 〈어린 조제프 바라의 죽음〉(이하 〈바라의 죽음〉)이라
는 그림이 있다. 바라는 1793년부터 1796년까지 벌어진 방데 전쟁에
열세 살의 나이로 참전했다. 군인으로 직접 전투에 참가하기에는 너
무 어렸기 때문에 바라는 고수鼓手가 되었다.

방데 전쟁은 혁명 정부에 대항해서 프랑스 서부의 농민들이 봉기해
서 일어난 전쟁이었다. 직접적인 원인은 제1차 대프랑스 동맹으로 인
해 발발하게 된 대외 전쟁 때문에 내린 프랑스 정부가 내린 징집령이
었다. 30만에 달하는 징집 대상의 대부분은 농민들이었고, 이 때문에
농민들은 혁명 정부에 대한 큰 반감을 갖게 되었다. 북 치는 소년 바

라는 로베스피에르가 주도하던 혁명 정부의 편으로 참전했다.

바라가 죽고 난 뒤 드마르 장군은 한 편지에서 바라를 용감한 소년 이라고 칭송하면서 그가 반혁명 도적 떼에 포위된 상태에서 자신이 끌고 가던 두 마리의 말을 건네주느니 차라리 죽는 편을 택했다고 적 었다. 바라의 죽음은 로베스피에르에게 선전 선동을 위한 훌륭한 소 재가 되었다.

로베스피에르는 바라를 영웅으로 만들었고, 바라가 앙시앵레짐 ancien régime(구제도, 프랑스 혁명 이전의 체제)을 죽음으로 거부한 것이라고 의 미를 부여했다. 바라의 죽음에 관한 이야기는 하나의 전설이 되기 시 작했다. 바라가 "국왕 폐하 만세!"라고 외치라는 반혁명분자들의 요구 를 거부하고 "공화국 만세!" 하고 외친 뒤 살해당했다는 이야기가 퍼 져 나가기 시작했다. 물론 모두 날조된 이야기에 지나지 않았다. 실제 로 확인된 사실은 그가 말을 훔치려는 도적들에 의해 살해당했다는 것뿐이었다.

다비드의 〈바라의 죽음〉은 로베스피에르의 생각대로 바라를 혁명 의 영웅으로 만들려는 목적 때문에 그려진 그림이다. 다비드뿐 아니 라 여러 화가가 바라의 죽음을 그림으로 그렸다. 장 조제프 비어르츠 역시 그중 하나이다. 다비드의 그림에서 바라는 순진무구한 천사나 신의 어린 양을 연상시키는 이미지로 그려졌다. 반면 비어르츠의 그 림은 보다 극적이고 사실적이다. 날뛰는 말의 고삐를 단단히 움켜쥔 채 버티느라 뒤로 한껏 젖혀진 어린 바라의 몸을 도적들이 바야흐로 찌르려 하는 순간이 그려졌다.

방데 전쟁은 반혁명 세력의 반란으로 규정되어 왔다. 그리고 이러한 규정에는 로베스피에르가 이끌던 혁명 정부는 앙시앵레짐을 혁파하고 자유롭고 평등한 세상을 만드는 데 앞장선 반면 봉기한 농민들은 앙시앵레짐의 편에 서서 새로운 시대가 열리는 것을 방해한 악의 세력이라는 식의 생각이 암묵적으로 전제된다. 자코뱅이 이끌던 프랑스 혁명 정부가 공포정치를 자행했다는 역사적 사실을 떠올려 보면 이러한 전제가 과연 올바른 것인지 의문이 든다.

방데 전쟁에서 농민들은 패배했다. 프랑스 혁명 정부의 군대는 반란군뿐 아니라 수없이 많은 양민을 학살했다. 희생자 수의 추정치는 약 10만에서 45만에까지 이를 정도로 편차가 매우 큰 편이다. 연구자들은 대개 20만 안팎이 학살되었다고 주장한다. 당시 방데 인구가 80만 명 미만이었다는 점을 고려해 보면 전체 인구의 1/4이 학살당한 셈이다. 부녀자와 아동들, 심지어 아기들까지 대량으로 학살되었다.

학살이 흥분한 군대에 의해 우발적으로만 이루어진 것도 아니었다. 자유, 평등, 박애의 기치를 높이 든 혁명 정부는 반란 세력을 뿌리째 뽑기 위해 양민에 대한 학살을 명령했다. 양민에 대한 대량 학살은 반란군이 결정적 패배를 당한 뒤에도 거듭 자행되었다.

로베스피에르는 왜 북 치는 소년 바라를 혁명의 영웅으로 만들었을까? 물론 프랑스 국민이 혁명 정부의 편을 들도록 하기 위해서였다. 이러한 목적을 이루려면 두 가지가 필요했다. 우선 혁명 정부의 행위를 도덕적으로 정당화해야 했다. 사람들이 정부를 비판하지 않도록 하려면 학살이 불가피했음을 역설해야 했다는 뜻이다. 다음으로 반란자들을 도덕의 이름으로 심판해야 했다. 반란자들에 대한 학살의 정당화는 반란자들을 악의 세력으로 규정할 것을 요구하기 마련이다. 실제로 당시 프랑스 혁명 정부는 방데 전쟁의 반란군을 악마화하는 데 매우 적극적이었다.

당연한 말이지만 역사적 행위에 대한 도덕적 정당화는 오직 역사적 진실에 부합하는 경우에만 정당할 수 있다. 즉 혁명 정부의 행위에 대한 도덕적 정당화는 실제로 그 행위가 불가피했다는 것이 인정되는 경우에만, 그리고 반란자들이 실제로 악의 세력이었던 경우에만, 정당할 수 있다. 그런데 무언가 좀 이상하지 않은가? 어떻게 수십만에 달하는 농민들이 악의 세력으로 구분될 수 있었을까? 그들이 전통적으로 사탄을 숭배해 오기라도 했었다는 말인가?

자유, 평등, 박애라는 보편적 가치를 그들이 부정했다는 식으로 단정하는 것도 말이 되지 않는다. 순전히 이념 때문에 농민 봉기가 발생할 리 없다. 농민 봉기는 많은 농민이 생존을 위협받을 때에나 발생하는 법이다. 그러니 봉기한 농민들이 앙시앵레짐의 편이었다는 식의 단정은 이미 그 자체가 하나의 왜곡이다.

양민들이 삶을 지키기 위해 봉기할 수밖에 없었다는 사실을 은폐하고 전쟁의 본질을 순수하게 이데올로기적인 것으로 바꾸어 놓는 것― 이것이 프랑스 혁명 정부가 북 치는 소년 바라의 신화를 날조하며 시도한 것이었다. 농민 봉기의 근본 원인은 프랑스 혁명에 의해 열린 새로운 시대가 농민들의 삶을 보호하고 증진하는 방향이 아니라 도리어 억압하는 방향으로 움직인다는 점에 있었다.

겉으로는 자유와 평등을 내세웠지만 실제로는 거의 모든 정책이 새롭게 권력을 잡은 부르주아를 위한 것이었다. 귀족에 의한 수탈과 달리 부르주아에 의한 수탈은 본질적으로 비인격적이었다. 귀족과 농민 사이의 관계는 물론 불평등하다. 그러나 그것은 분명 인격적인 요소를 가지고 있었다.

귀족은 농민이 극단적인 빈곤에 시달리지 않도록 배려해야 한다. 귀족과 농민이 한 장소에서 거주하기 때문이다. 농민이 극단적인 빈곤에 시달리면 농지에서 일할 노동력이 감소하게 되어 손해이고, 심지어 농민 봉기가 일어나는 경우 죽임을 당할 수도 있다. 그러니 수탈하되 도를 넘지 말아야 하고, 군림하되 하층민을 사랑하는 시늉이라도 해야 한다.

하지만 부르주아와 농민의 관계는 성격이 완전히 다르다. 부르주아의 입장에서 보면 토지도 농민도 다 상품일 뿐이다. 필요하면 사거나 팔지만 불필요하면 토지와 농민의 운명이 어떻게 되든 아예 신경쓸 필요도 없다. 게다가 새롭게 땅을 차지한 부르주아들은 외지인인 경우가 많았다. 그들은 귀족들과 달리 농민 봉기의 직접적 희생양이 될 가능성이 별로 없는 편이었다.

그러니 부르주아의 수탈에 맞서려면 대규모의 봉기밖에 방법이 없었다. 압제적인 귀족의 경우 소수가 들고일어나도 귀족에게 충분히 위협적일 수 있다. 그러나 외지인인 부르주아는 다르다. 심지어 대규모 농민 봉기가 일어나도 정부군이 반란군을 제압할 수 있기만 하면 별로 문제될 것이 없었다.

역사가들은 전통적으로 방데 전쟁의 규모나 역사적 의의를 축소하고 폄하하는 경향을 보였다. 프랑스 혁명의 역사적 의의를 훼손하는 입장을 취하기가 곤란했기 때문이다. 그들에 따르면 —그들이 보통 반란이라고 불렀던— 방데 전쟁은 1794년 3월에서 12월까지 이어진 비교적 작은 내전에 불과했다.

이러한 평가가 틀렸다고 보기는 어렵다. 실제로 1794년 이후에 방데에서 벌어진 일련의 비극들은 교전에 의해서가 아니라 대개 공화국 군대가 양민들을 대상으로 수행한 대규모 학살에 의해 발생했기 때문이다. 문제는 전쟁 이후의 비극에 대해 냉정하고 올바른 평가를 내리기를 많은 역사학자가 주저한다는 것이다.

방데 전쟁에서 정부군은 양민들에 대한 일종의 제노사이드genocide (집단학살, 종족학살)를 자행한 것인가? 역사학자 중에는 그렇다고 주장하는 이도 있고 아니라고 반박하는 이도 있다. 이러한 논쟁은 참으로 이상하다. 80만 미만의 사람들이 살던 곳에서 20만 안팎의 사람들이 학살을 당한 것은 사실이다. 이러한 대규모의 학살이 제노사이드가 아니라는 주장은 두 가지 전제하에서만 정당할 수 있다.

첫째, 학살된 양민들은 대체로 혁명의 반대자들이었으며, 앙시앵레짐의 편이었다. 즉, 혁명군은 오직 혁명의 대의를 부정하고 시대를 과거로 되돌리려는 반동적 인간들만 죽였을 뿐이다. 둘째, 따라서 학살을 지시한 혁명 정부는 혁명의 대의에 충실했다. 즉 오히려 학살을 지시하지 않았더라면 혁명 정부는 혁명의 대의에 충실할 수 없었을 것이다. 그런데 두 가지 전제 모두 일종의 이데올로기적 낙인찍기에 불과하다.

학살당해 마땅한 세력으로 양민들을 규정함으로써 수많은 양민에 대한 학살을 정당화하려는 권력이야말로 최악의 압제적 권력 아닌가? 게다가 역사를 각각의 계급, 계층 간의 현실적 이해관계의 충돌의 관점에서 보지 않고 일방적으로 이념적 대의의 관점에서 보는 것은 그 자체가 하나의 역사 왜곡일 뿐이다. 권력자에 의해 수많은 양민이 학살당했는데, 권력자는 백이지만 양민들은 흑이라는 식으로 말하는 것이 어떻게 정당할 수 있을까?

그러나 어쨌든 역사에 대한 평가는 우선 역사학자들에게 맡겨 놓도록 하자. 이 책의 관심사는 역사적 진실을 파헤치는 것이 아니라 니체의 초인 사상을 해명하는 것이니 말이다. 니체는 평등의 이념에 대한 단호한 반대자였다. 그런 점에서 그는 결코 계몽주의의 예찬자는 아니었던 셈이다. 니체는 왜 차라투스트라의 입을 빌려 평등의 이념을 비판했을까? 그는 왜 계몽주의의 승리가 열어 낸 새로운 시대의 도덕을 받아들이기를 거부했을까? 다비드의 작품 〈바라의 죽음〉은 이러한 물음들을 풀어내는 데 매우 유용한 단서를 제공한다.

다비드의 〈바라의 죽음〉에서 주인공 바라는 벌거벗은 채 땅바닥에 쓰러져 있다. 바라는 순진무구한 어린아이처럼 보이기도 하고 천사처럼 보이기도 한다. 왜 바라는 어린아이나 천사의 이미지로 묘사되어야 했을까? 물론 그렇게 해야 바라의 희생이 돋보이고, 반란자들의 흉악함이 두드러지게 되기 때문이다. 그런데 바라는 왜 알몸이어야 했을까? 비어르츠의 그림에서 바라는 군복을 입고 있고, 반란군은 바라를 찌르려 하고 있다. 바라의 앳된 모습으로 인해 바라를 죽이려는 반란군의 흉악함이 이 그림에서도 강조되어 있기는 하다. 그러나 아무튼 바라는 옷을 입고 있다.

생각해 보면 너무 당연한 일이다. 반란군의 목적은 바라에게서 말을 빼앗는 것이다. 바라가 말을 지키려 안간힘을 쓰다 말고 스스로 옷을 벗었을 리는 만무하다. 그러니 바라가 알몸이라면 결국 반란군이 바라의 옷을 벗겼다는 결론이 나온다. 그런데 반란군 입장에서는 바라를 죽이고 나서 굳이 옷을 벗길 이유가 없다. 역사적 진실에 충실하려면 바라를 알몸으로 묘사해서는 안 된다. 그런데도 다비드는 바라를 알몸으로 묘사했다. 왜 그랬을까?

알몸인 바라의 이미지를 찬찬히 살펴보면 다비드의 의도가 무엇이었는지 대강 짐작이 된다. 죽임당했을 때 바라는 13세의 소년이었지만 다비드의 그림 속 이미지인 바라는 거의 소녀처럼 보인다. 그의 얼굴은 끔찍스러운 단말마의 고통을 당한 소년의 표정이 아니다. 그보다는 차라리 수치스러운 일을 당한 뒤 깊은 절망과 체념에 사로잡힌 소녀의 표정에 더 가깝다. 게다가 양 허벅지가 바짝 붙은 채 쓰러져 있어서 성기가 가려져 있다. 그 때문에 바라의 사타구니는 영락없이 소녀의 것으로 보인다. 다비드는 왜 그렇게 그렸을까? 바라를 죽인 뒤 성욕에 굶주린 반란군들이 시간屍姦이라도 자행한 것처럼 암시하고 싶었던 것일까?

다비드의 〈바라의 죽음〉은 소위 보편타당한 도덕이라는 것이 인간의 정신에 어떤 영향을 끼치는지 적나라하게 알려 준다. 자신이 추구하는 것이 보편타당한 도덕의 이름으로 정당화되고 또 절대화될 수 있는 것이라고 믿으면 자신에게 반대하는 모든 인간은 학살당해 마땅한 악인이 되어야만 한다.

실제 사건이 어땠는지는 고려할 필요가 없다. 봉기한 농민들이 최대한 살기를 원했다는 사실이나 그들이 봉기하도록 한 근본 원인이 비참한 가난과 절망이었다는 것 역시 무시해도 좋다. 유일하게 중요한 것은 자신의 의도를 최대한 정당화하고 관철시키는 것이다. 그렇다면 나의 반대자는 마땅히 악마가 되어야 한다. 그들은 악의를 품고 있는 자들이어야 하고, 추악한 욕망의 덩어리여야 하며, 죽임당해 마땅한 죄인이어야 한다. 그것이 로베스피에르의 생각이었고, 로베스피에르에게 협력한 다비드의 생각이었다.

그들의 인격은 훌륭했을까? 분명 그들의 인격에는 훌륭한 면도 있었을 것이다. 전해 오는 이야기에 따르면 그들은 나름대로 대의에 충실하려 애를 썼으며, 자신의 사욕만을 추구하지도 않았다. 하지만 아마 그들은 타란툴라의 독니에 깨물린 정신을 지니고 있었을 것이다. 자신이 복수심에 시달리게 되었다는 사실도 알지 못한 채 불타오르는 사명감으로 폭력과 학살을 정당화하는 그러한 정신 말이다.

니체에 따르면 평등에의 의지는 일종의 복수심이다. 이러한 생각은 민주주의 시대를 살고 있는 우리에게 받아들이기 매우 어렵다. 평등을 반대하는 자는 결국 역사의 반동에 불과하지 않을까? 신분제적 차별이 있었던 시대가 과연 민주주의 체제가 확립된 오늘날보다 더 좋았다는 뜻인가?

소수만이 자유롭게 살 권리를 갖고 있는 세상, 다수가 소수에게 예속된 채 노예처럼 사는 세상을 바꾸는 것이야말로 삶을 보존하고 또 증진하는 일이라고 볼 수 있지 않을까? 삶에의 의지를 그토록 강조하는 니체가 평등을 반대하는 까닭은 대체 무엇인가? 이러한 물음을 풀어내려면 우선 다음과 같은 점을 분명히 할 필요가 있다.

민주주의 사회에서도 사람들은 실제로 평등하지 않다. 잘난 사람도 있고, 못난 사람도 있으며, 지위가 높은 사람도, 낮은 사람도 있다. 그러니 민주주의 사회가 잘 굴러가게 하려면 인간 됨됨이가 매우 훌륭하면서도 교만한 마음을 품지 않고 오직 모든 사람이 잘살 수 있는 세상을 만드는 데만 전념하는 사람을 지도적 위치에 올려놓아야 한다. 즉, 민주주의 사회는, 다른 모든 종류의 사회와 마찬가지로, 사욕에 휘둘리지 않을 만큼 강하고 성숙한 정신의 소유자에 의해 통치되는 경우에만 잘될 수 있다.

평등이라는 이념 자체는 별로 중요하지 않다. 민주주의 사회에서 결정적인 것은 평범한 사람들이나 심지어 못난 사람들도 억압받지 않고 자유롭게 살 수 있느냐의 여부다. 그런데 이러한 의미로 자유롭고 평등한 사회를 만들려면 우리 가운데 가장 탁월한 자가 지배할 수 있도록 해야 한다. 그렇지 않으면 자유와 평등이란 다수의 인민에 대한 억압과 수탈을 가리는 이데올로기적 허명에 불과하다.

니체는 평등에의 의지를 탁월하지 못한 사람들에 의해 지배되는 세상을 만들어 나가려는 의지라고 본다. 바로 그 때문에 그는 평등에의 의지를 일종의 복수심이라고 보는 것이다. 차라투스트라의 입을 빌려 니체는 다음과 같이 말한다.

> "너희 평등을 설교하는 자들아.
> 영혼이 현기증에 시달리도록 하는 너희에게 비유를 하나 들려주마!
> 너희는 타란툴라이다. 몸을 숨긴 채 복수의 기회를 노리고 있다."

누가 평등을 설교하는 타란툴라인가? 이러한 자가 원하는 복수란 대체 무엇을 뜻하는가? 평등을 설교하는 자가 원하는 복수의 대상이 반드시 사회적으로 신분이 높은 자라고 생각할 이유는 없다. 타란툴라의 정신을 지닌 자는 적당한 행복과 사익만을 추구하는 끝물 인간으로서 자신과 다른 모든 인간을 향한 원한 감정에 시달리는 자이기 때문이다.

자기에 집착하지 않는 자, 자잘한 생각에 얽매이지 않는 자, 사익을 추구하지 않기 때문에 삶의 증진을 위해 기꺼이 지금의 자기가 극복되도록 내버려 두는 탁월한 자는 가장 우선적으로 증오와 분노의 대상이 된다. 이러한 자의 탁월함이야말로 적당한 행복과 사익만을 추구하는 나의 천박함을 가장 노골적으로 폭로하는 것이기 때문이다.

그런데 탁월한 자에 맞서 싸우려면 도덕을 내세우는 것이 가장 효과적이다. 내가 적당한 행복과 사익만을 추구한다는 점이 드러나면 곤란하다. 그러니 나는 도덕적 엄격주의자여야 한다. 도덕적 엄격주의자로서 나는 탁월한 자의 창의성과 자유로운 삶의 방식을 타락한 것으로서 낙인찍는다. 적당한 행복과 사익만을 추구하는 끝물 인간들 사이에 큰 다툼이 일어나지 않도록 고안된 이런저런 도덕규범의 체계를 절대적으로 보편타당한 규범으로 격상시킴으로써 끝물 인간들의 도덕규범에 제약받지 않고 자유롭게 생각하고 행동하는 탁월한 인간을 고발할 근거를 마련하는 것이다.

차라투스트라에 의하면 타란툴라의 정의는 다음과 같다.

> "세상이 우리의 복수심의 폭풍우로 가득 차는 것이야말로 우리에게는 정의다."

이러한 정의를 실현하기 위해 타란툴라의 정신을 가진 자들은 서로 다음과 같이 말한다.

> "우리와 같지 않은 모든 자에게 복수하고 모욕할 것이다. 그리고 평등에의 의지— 이것이 앞으로는 그 자체로 덕의 이름이 되어야 한다. 그렇기에 우리는 힘을 지닌 모든 것에 반대해 고함을 지를 것이다."

타란툴라의 정신이 특별한 것이라고 여길 필요는 없다. 우리는 모두 다소간 타란툴라의 독니에 깨물린 정신으로 살고 있다. 결국, 세상이란 상식의 독재가 횡행하는 곳이 아니던가! 우리네 평범한 사람들의 상식에 입각해서 보면 우리보다 저열한 인간들만 이상한 것이 아니다. 우리보다 탁월한 자들도, 우리와 달리 사심에 물들지 않은 순수한 정신을 지닌 자들도, 돈과 권력만 바라보지 않고 오직 삶을 아름답고 훌륭하게 만드는 데만 전념하는 자들도 이상하기는 마찬가지이다.

군중이 가장 큰 영향력을 행사하게 된 시대, 그래서 지배적 권력을 지닌 자들조차 군중의 눈치를 살펴야 하는 그러한 시대에는 오직 군중이 동의할 수 있는 것만이 정의로 통하기 마련이다. 우리 중 가장 탁월한 자의 사상조차도 군중의 상식으로부터 멀리 벗어나 있으면 가차 없이 비난의 대상이 된다. 오직 군중의 허영심에 적당히 아부할 줄 아는 자의 사상만이 군중으로부터 존경받는다. 군중은 탁월한 자를 존중하는 법을 잘 모른다. 실제로 군중이 존중하기를 원하는 것은 언제나 그들 자신이기 때문이다.

차라투스트라는 소수의 편에 서서 다수를 억압하고자 하는 자인가? 이러한 물음은 억압이 무엇을 의미하는지에 따라 다르게 답해질 수 있다. 다수의 뜻대로 하기를 거부하는 것이 곧바로 다수에 대한 억압이라고 이해하는 경우, 차라투스트라는 다수를 억압하고자 하는 자라고 볼 수 있다. 그러나 다수의 견해를 따르는 것이 삶에 대한 최악의 억압이 될 수 있다고 여기는 경우, 그리고 바로 이러한 이유로 다수의 삶을 위해서라도 다수의 견해를 따라서는 안 된다고 생각하는 경우, 차라투스트라는 다수를 억압하고자 하는 자가 아니라 도리어 긍정하고자 하는 자다.

차라투스트라가 다수의 인간을 향해 비판의 목소리를 높이는 것은 다수의 인간을 향한 원한 감정이나 복수심 때문이 아니다. 오히려 차라투스트라는 다수의 인간을, 더 나아가 전체로서의 인류를, 구원하고자 한다. 그런데 그러려면 타란툴라의 독니에 깨물린 정신이 단호히 부정되고 또 극복되어야 한다. 절대다수의 인간이 타란툴라의 독니에 깨물린 정신을 지니고 있기 때문이고, 또한 이러한 정신을 지닌 절대다수의 인간이 세상을 지배하도록 내버려 둘 경우, 피비린내 나는 학살의 비극만이 인류를 기다릴 것이기 때문이다.

"인간을 복수심으로부터 구원하는 것.
바로 이것이 나에게는 최고의 희망으로 나아가는 다리이며,
긴 폭풍우 뒤의 무지개이다."

프랑스 혁명의 모토인 자유, 평등, 박애에 관해 생각해 보자. 니체의 차라투스트라가 모든 인간이 진정으로 자유롭고 평등하며 또 박애의 정신이 넘쳐나는 삶을 사는 것을 반대한다고 생각해서는 안 된다. 이러한 삶은 최고도로 이상적인 삶이다. 누구도 억압받지 않고, 아무

도 다른 사람을 증오하지 않으며, 각자가 자신이 원하는 대로 생각하고 행동할 권리를 갖는 그러한 사회에서나 가능한 삶이다.

실제로 이러한 사회가 구현될 수만 있다면 도대체 무슨 이유로 반대하겠는가? 그러나 진심으로 자유, 평등, 박애의 정신을 외칠 수 있는 자는 어떠한 자인가? 사욕에 얽매이지 않을 만큼 탁월하고 관대한 정신의 소유자이다. 만약 사욕을 추구하는 자가 자유, 평등, 박애의 정신을 외치는 경우 우리는 그의 말을 신뢰할 수 없고 또 신뢰해서도 안 된다.

사욕을 추구하는 자는 자신의 행복을 남의 행복보다 더 중요하게 생각하는 자다. 사욕을 추구하는 자는 대의를 위해 사익을 포기할 만큼 충분히 성숙한 정신을 지니지 못한 자다. 이러한 자가 대의를 외치는 경우, 그의 실제 목적은 사익의 극대화이다. 사익을 추구하는 인간들은 서로 고만고만하면 서로에게 사회정의를 무너뜨리면 안 된다고 호소한다. 그렇지 않으면 경쟁이 격화되어서 모두가 피해를 보게 되기 때문이다. 그러나 자신이 압도적인 힘을 지니게 되면 더 이상 대의에 얽매일 필요가 없다. 그저 마음 내키는 대로 억누르고 착취하면 된다.

물론 똑똑한 자라면 이러한 상황에서도 대의에 호소하기를 그치지 않는다. 억압과 착취를 대의로 포장해서 정당화하지 않으면 억압당하는 자의 마음속에 억압하는 자를 향한 분노와 증오가 자라게 되기 때문이다. 억압당하는 자가 억압이 일어나도록 방조하는 사회의 법적·도덕적 규범이 대의에 충실한 정당한 규범이라고 스스로 믿게 하는 것이 가장 바람직하다. 그러면 억압당하는 자들은 자발적인 노예가 될 것이기 때문이다. 한마디로, 자유, 평등, 박애란, 그것을 외치는 자가 사욕을 추구하는 자로서 사회의 지배적인 위치를 점하고 있는 경우, 모든 인간을 자발적인 노예로 만들어 버리는 최악의 모토일 뿐이다.

사회의 모든 권력을 독점하고 있는 경우라도 사욕을 추구하는 자는 열등의식과 원한 감정, 복수심 등으로부터 자유로울 수 없다. 특히 그가 제법 고상한 척하며, 혹은 스스로 자신이 고상한 정신의 소유자라 믿으며, 자유, 평등, 박애를 외치는 경우에는 더욱더 그러하다. 진정으로 탁월해서 사욕에 얽매이지 않은 정신을 지닌 자는 그 존재만으로도 이러한 위선자에게 견디기 힘든 모욕이 되기 때문이다.

모든 권력이 다 나에게 있지만 그럼에도 본질적으로 나는 무기력한 존재이다. 왜 그러한가? 욕망에 얽매인 마음을 극복할 수 없기 때문이다. 게다가 사욕에 얽매이지 않을 만큼 탁월하고 맑은 정신의 소유자는 나에게 얼마나 위협적인가? 대중이 나와 그를 비교하며 나의 저열함에 눈뜨게 되는 경우 나는 웃음거리가 될 것이며, 결국 권좌로부터 쫓겨나게 될 것이다. 그러니 탁월한 자는, 그리고 탁월한 자의 탁월함을 간별해 낼 수 있을 만큼 명민한 정신을 지닌 모든 인간은, 다 가차 없이 처단해야 한다. 즉 나는 자유, 평등, 박애를 외치는 폭군이 되어야 하는 것이다.

"너희 평등을 설교하는 자들아.
무기력감에서 오는 폭군의 망상은 너희의 마음속으로부터 평등을 외친다.

너희의 가장 은밀한 폭군적 욕망이 덕을 가장하고 있는 것이다."

차라투스트라의 이 말 속에 계몽주의의 정신으로 무장한 근현대의 모든 비극이 담겨 있다. 아마 자유, 평등, 박애를 외친 자들 가운데에는 더러 진솔하고 순수한 정신의 소유자도 있었을 것이다. 그러나 신분제적 차별을 끝장내고 새롭게 권력을 장악한 부르주아들은 유사 이래로 가장 극렬하게 사익을 추구하는 자들이었다. 그런데도 그들은 줄기차게 자유, 평등, 박애를 부르짖었고, 보편타당한 도덕과 정의에 호소했다. 온 세상이 환전상의 마음으로 도덕적 엄격주의를 지향하는 자들의 손에 넘어가 버린 것이다.

불행하게도 오늘날의 시대는 특별히 소수의 부르주아만이 이러한 위선자라고 말할 수 없게 되어 버렸다. 실은 우리 모두가 환전상의 마음으로 도덕적 엄격주의를 지향하는 위선자들이다. 우리 모두의 마음속에 우리 자신의 위선성을 폭로할지도 모를 탁월한 정신을 향한 불안과 원한 감정이 독사처럼 똬리를 틀고 있는 것이다. 바로 그 때문이다. 니체의 차라투스트라를 사랑하지 못하는 자가 자신의 위선성에 눈 감은 자일 수밖에 없는 까닭은.

결국, 니체의 사상이 민주주의와 맞지 않는다고 여기고 불쾌해하는 자는 니체의 사상을 제대로 이해하지 못했거나 민주주의를 아름답게 완성시켜 나갈 꿈을 꾸지 않는 자이다. 실은 민주주의를 사랑하는 자일수록 차라투스트라의 외침에 귀를 기울여야 한다. 자신이 환전상의 마음을 지니고 있음을 솔직하게 인정하지 않으면 우리는 자신이 극복

자크 루이 다비드, 〈소크라테스의 죽음〉, 1787, 메트로폴리탄 미술관

되도록 할 결의를 품을 수 없고, 삶을 향한 사랑을 죽이는 맹목적 복수심으로부터 자유로워질 수도 없다. 진정 평등한 세상이 오기를 원하는가? 그렇다면 차라투스트라의 다음과 같은 외침에 뜨겁게 공명하지 않으면 안 된다.

"물론 인간은 평등해서는 안 된다!
그렇지 않으면 초인을 향한 나의 사랑은 대체 무엇이란 말인가?"

오직 초인을 향한 사랑을 통해서만 우리는 우리 시대의 비극을 끝장낼 수 있다. 지난 20세기는 얼마나 이상한 때였는가? 한편 세상은 이전과는 비교도 할 수 없이 풍요로워졌다. 그러나 이전의 인간들은 상상도 할 수 없는 대규모의 전쟁과 체계적 학살이 비일비재하기도 했다.

수십만 심지어 수백만의 인간이 굶어 죽는 일이 반복해서 일어났다. 거의 모든 사람이 입으로는 자유와 평등을 외치는 시대에 무시무시한 비극을 낳는 불평등이 끊임없이 재생산되고 또 확대된 것이다. 불행하게도 21세기 역시 이러한 모순과 역설로부터 자유롭지 않다. 환전상의 마음으로 도덕적 엄격주의를 지향하는 인간들이 아직 너무도 많은 까닭이다.

신고전주의를 대표하는 그림들 가운데 다비드의 〈소크라테스의 죽음〉이 있다. 소크라테스는 아테네의 젊은이를 타락시켰다는 누명을 뒤집어쓰고 엉터리 재판을 당한 끝에 사형선고를 받았다. 그는 죽음 대신 삶을 선택할 기회를 두 번 가졌다. 첫 번째 기회는 재판 과정에서 가졌다. 소크라테스의 법정 진술은 그가 자신의 사상을 스스로 철회하지 않으면 결국 사형을 당하리라는 것을 예감하고 있었다는 것을 드러낸다. 그러나 그는 자신의 사상을 철회하지 않았다. 두 번째 기회는 사형선고를 당한 뒤에 가졌다. 재판 결과에 격분한 동료들이 그를 탈출시키려고 했다. 하지만 소크라테스는 동료들의 제안을 거절했다. 그는 다음과 같이 말했다.

"평소 법의 도움을 받으며 살다가 상황이 자신에게 불리해졌다고 해서 법을 지키기를 거부하는 것은 의인이 취할 태도가 아니라네."

다비드의 그림 〈소크라테스의 죽음〉은 삶을 선택할 두 번의 기회를 포기하고 마침내 독배를 들게 된 소크라테스와 그 지인들을 묘사하고 있다. 동료들과 제자들은 슬픔에 잠겨 있지만 정작 소크라테스 자신은 태연자약하다. 그는 지인들에게 영혼불멸에 관한 이야기를 들려주었다. 그에게 죽음은 삶의 끝이 아니라 진정한 시작이었다. 육체의 감옥으로부터 영혼이 해방되기 때문이다.

이러한 신념에 따라 소크라테스는 죽음을 두려워하지 않았다. 그는 독배를 손에 든 순간에도 담담했다. 다비드의 그림에서 하늘을 손가락으로 가리키고 있는 소크라테스의 얼굴은 지상에서의 덧없는 삶에 마음 쓰지 말고 천상의 영원한 삶에 대해 묵상하라고 말해 주는 것만 같다. 그는 의술의 신 아스클레피오스에게 감사의 말을 남겼다. 비교적 평온한 죽음을 선사할 독약을 마시게 되었다는 것이 그 이유였다.

소크라테스의 죽음에 얽힌 이러한 이야기는 우리에게 무엇을 말해 주는가? 소크라테스의 담대함과 의로움이다. 소크라테스는 조금도 사욕에 얽매이지 않고 오직 진실과 정의만을 추구한 인간이었다. 계몽주의를 신봉했던 다비드가 〈소크라테스의 죽음〉을 그린 이유는 매우 분명하다. 소크라테스는 이성의 힘으로 죽음의 공포마저도 이겨 낸 인물이었다. 계몽주의의 이성 중심주의를 위해, 자신의 죽음을 담담하게 맞이한 소크라테스보다 더 모범적인 인물은 없는 것이다.

역사의 진보를 원하는 자에게 〈소크라테스의 죽음〉은 두 개의 날을 지닌 칼과도 같다. 한편으로 이 그림은 사람들에게 소크라테스적 정신의 아름다움을 알려 준다는 점에서 긍정적이다. 그림 속에 담겨 있는 소크라테스의 이야기를 알고 나면 누구라도 사욕에 얽매인 자기가 극복되어야 한다는 느낌을 받게 될 것이다. 사람들에게 사욕을 떨쳐 내고 오직 진실과 정의만을 추구하는 정신을 사모할 것을 요구한다는 점에서 〈소크라테스의 죽음〉은 분명 삶의 보존과 증진에 이바지할 수 있는 측면을 지니고 있다.

하지만 왕과 귀족들을 몰아내고 새로운 지배자가 될 꿈을 꾸는 자들이 타란툴라의 독니에 깨물린 정신을 지니고 있다는 점을 가린다는 점에서는 매우 기만적이기도 하다. 이 말은 모든 계몽주의 사상가들이 다 천박한 속물에 불과했다는 뜻이 아니다. 그러나 그들이 이성의 이름으로 절대화한 도덕이 환전상의 마음을 지닌 자들에게 매우 유용했다는 역사적 진실을 무시해서는 안 된다. 〈소크라테스의 죽음〉은 계몽주의라는 이름의 시대정신을 이상화함으로써 그것이 현실 세계에서 매우 폭압적일 수도 있다는 점을 교묘하게 가려 버렸다.

물론 환전상의 승리가 부정적이기만 했다고 생각할 필요는 없다. 환전상의 승리와 함께 오랫동안 인류를 짓눌러 오던 신분제가 무너졌고, 그 때문에 모든 사람이 적어도 법적으로는 평등하게 살 권리를 얻게 되었다. 그러나 환전상의 마음으로 도덕적 엄격주의를 추구하는 자가 승리를 거두는 곳에서는 크나큰 참극의 가능성이 언제나 이미 내재되어 있다는 것을 기억해 둘 필요가 있다. 다수가 빈곤해지고 심지어 학살당하는 곳에서도 분명 누군가는 자유와 평등의 이름으로 이러한 참극을 정당화할 것이다.

어떻게 이러한 일이 있을 수 있을까? 명백한 참극을 그럴듯한 이념을 내세워 합리화하는 자가 거리낌 없이 자신의 생각을 발설하는 일이? 물론 그의 생각에 동조할 자들이 적지 않기 때문이다. 적당한 행복만을 추구하는 자들, 자신의 이익 실현에 조금이라도 도움이 된다면 제아무리 끔찍한 재난이라도 쌍수로 환영할 자들이, 자기기만에 빠진 채, 스스로는 엄격한 도덕을 사랑하노라고 생각하기 때문이다.

제6장

/

영
원
회
귀

에드바르 뭉크, 〈절규〉, 1893, 오슬로 국립미술관

　삶이란 무엇인가? 이러한 물음은 곧잘 "삶의 목적이란 무엇인가?" 라는 물음과 혼동되고는 했다. 삶에 목적이 있다면 우리는 그 목적을 위해 살아야 한다. 즉 삶에 목적을 부여하는 것이 내가 어떻게 살아야 하는지 규정하는 결과로 이어지는 것이다. 소크라테스를 비롯한 고대 그리스의 철인들에게 삶의 목적은 정의를 추구하는 것, 진리를 알기 원하는 것, 자족적인 선을 이룸으로써 행복에 도달하는 것 등등으로 설명되었다. 니체의 관점에서 보면 이러한 설명은 모두 삶을 어떤 고정된 자아를 위한 것으로 오인함으로써 제기되는 것들에 불과하다.

　소크라테스의 경우는 어떠할까? 그는 진리와 정의를 위해 목숨까지 버렸다. 그러나 그것은 영혼에 대한 믿음 때문이었다. 이 지상에서의 삶을 부가적인 것으로 만들어 버리는 어떤 초월적인 것에 대한 믿음— 소크라테스로 하여금 목숨을 걸고 진리와 정의를 추구하도록 한 것은 바로 이러한 믿음이었다. 결국, 그것은 자기를 위한 배려의 한

형태이다.

무상한 경험적 자기 안에 영원불변하는 영혼이 그 본질로서 감추어져 있다고 전제한 뒤 자신의 영혼이 최대한 잘되도록 배려하는 것이 소크라테스에게는 현명한 삶의 방식이었다. 고대 그리스의 철인들에게 철학이 '지혜를 사랑함'이라는 의미를 지니는 것도 바로 이러한 이유 때문이었다. 지혜란 바람직한 삶을 살아가도록 하는 실천적 역량을 뜻하는 말이다. 어떠한 삶이 바람직한가? 자기가 잘되도록 하는 방향으로 꾸려 나가는 자의 삶이 바람직하다.

자기가 잘되도록 하려면 경험적 자아가 아니라 영원불변하는 영혼이 진정한 자아라는 것을 알아야 하고, 삶이란 순수한 영혼이 되고자 하는 목적을 향한 과정이라는 것을 받아들여야 한다. 고대 그리스 철학은 본질적으로 도덕적이다. 그러나 그 도덕은 자기를 배려하는 실천적 방법이라는 의미를 지닌다. 도덕적으로 올바른 행동은 지혜로운 생각과 앎의 부산물일 뿐이다.

욕망에 얽매인 자아는 경험적 자아이고, 경험적 자아의 한계를 벗어나려 애쓰지 않는 자는 어리석다. 자신의 영혼을 아름답게 가꾸는데 무관심한 자는 결국 영혼을 망칠 것이기 때문이다. 그러니 참으로 현명한 자는 자신이 정의롭게 살아가야 함을 언제나 이미 알고 있다. 오직 이러한 삶을 통해서만 순수하고 아름다운 영혼을 되찾을 수 있기 때문이다.

니체의 생각은 매우 다르다. 자기를 배려하려는 자가 추구하는 진리와 정의는 허위이거나 기껏해야 서툰 모조품에 불과하다. 오직 기꺼이 자기를 버리려 하는 자, 자기를 배려하는 방식으로 삶을 살아가는 자기가 기어이 극복되도록 하는 자만이 참으로 바람직하게 사는 자이다. 영원한 진리와 정의에 대해 말하는 자는 이미 삶의 진실로부터 멀어져 있다. 오직 이러한 망념으로부터 벗어난 자만이 참으로 영원한 삶의 진실을 발견할 수 있다. 그것은 삶이란 오직 몰락을 감행하는 것으로서만 참될 수 있다는 진실이다. 그런 점에서 삶은 오직 무상한 것으로서만 영원의 진실을 알릴 수 있는 셈이다. 몰락을 감행함은 자기 삶의 무상성을 수용하는 자에게만 가능한 것이기 때문이다. 차라투스트라는 말한다.

> "끝없이 자기를 아끼기만 하는 자는 그렇게 지나치게 아끼다 결국 병이 들고 만다. … 많은 것을 보려면 자기 자신을 놓아 버릴 줄 알아야 한다."

아름다운 영혼이 되고 싶은가? 그러면 자신을 밑바닥으로 몰락하게끔 놓아 버리라. 진리와 정의를 추구하고 싶은가? 그러면 오직 스스로 자신의 몰락을 선택한 자만이 참될 수 있음을 헤아리라. 불멸을 원하는가? 그러면 죽음을 두려워하지 않을 뿐 아니라 죽음을 삶의 한 정점으로 기꺼워하는 자만이 진정 불멸의 존재일 수 있음을 깨달으라.

차라투스트라는 자기 자신에게 준엄한 잠언으로 말을 걸며 스스로 다짐한다.

> "인식하는 자로서 눈에 보이는 것에 지나치게 집착하면 어떻게 모든 일

에서 겉으로 나타난 근거 이상의 것을 볼 수 있을 것인가!

그러나, 아, 차라투스트라여. 너는 모든 사물의 바닥과 그 배경을 보려 했

다. 그러니 너는 너 자신을 넘어서 올라가야 한다.

위로, 더 위로, 너의 별들이 너의 발아래에 놓일 때까지!

그렇다! 나 자신과 나의 별들마저도 저 아래로 내려다보는 것—

나는 그것을 나의 정상이라고 부른다. 그것은 나의 마지막 정상으로 나에

게 남겨진 것이다."

차라투스트라는 자기 자신을 발아래 아득한 곳에서 내려다보기를
원한다. 그러려면 우선 스스로 몰락을 선택해야만 한다. 스스로 몰락
을 선택하는 자만이 자신이 아닌 그 무엇을 향한 길 위에 머물 수 있
기 때문이다.

노르웨이의 화가 에드바르 뭉크는 〈절규〉로 유명하다. 오늘날 〈절
규〉는 곧잘 희화화되고는 한다. 예컨대 90년대를 풍미했던 공포 영화
《스크림》 연작의 가면 이미지는 뭉크가 〈절규〉에서 묘사한 무시무시
한 공포와 자신의 희생자에게 그러한 공포를 안겨 주며 희열을 느끼
는 살인마의 잔인성이 절묘하게 뒤섞여 있다.

삶이란 정말 얼마나 기이한 것인가? 살아 있는 자는 누구나 무시무
시한 공포에 시달릴 가능성으로부터 자유롭지 못하다. 그런데 바로

이러한 가능성이 우리 중 누군가에게는 극한의 희열을 느끼게 할 그 근거이기도 하다. 벌레처럼 연약하면서도 지옥의 고통조차 희열로 바꾸어 버릴 수 있는 잔인한 짐승— 어쩌면 이것이 인간의 근원적인 악인지도 모른다. 인간은 자신의 인간성을 스스로 파괴할 수 있다. 공포를 이겨 내기 위해, 혹은 잔인한 희열을 누리기 위해, 인간은 때로 자신의 연약한 인간성을 부숴 버린다. 무엇을 위해? 오직 자신의 즐거움에만 몰두하는 괴물이 되기 위해.

　타인을 괴롭히고 죽이며 희열을 느끼려면 고통과 죽음이 인간에게 매우 무섭고 피하고 싶은 것이라는 것을 잘 알고 있어야 한다. 지금 고통을 당하고 죽임을 당하는 자가 자신이 아니라는 것을 만족스러워하며, 자신이 피해자가 아니라 가해자라는 사실을 즐거워하며, 괴물은 스스로 강자가 되고자 한다. 물론 이러한 의지는 본래 아무 희망도 없는 것이고, 이루어질 수도 없는 것이다. 타인의 고통과 죽음을 통해 희열을 느낀다는 사실 자체가 자신의 약함을 반영하고 있다.

　괴물은 언제나 은밀한 열패감에 시달리는 존재이다. 그의 희열은 자신의 열패감을 승자의 만족감으로 바꾸고자 하는 절망적인 충동의 산물이다. 나는 언제나 약한 자로 남을 것이다. 나는 언제나 벌레처럼 연약할 것이다. 그렇지 않으면 나는 타인의 고통과 죽음으로부터 아무 희열도 느낄 수 없다. 그러니 희열을 느끼기 위해서라도 나는 약한 자로 남아야 한다.

　〈절규〉를 비롯한 뭉크의 그림들은 어떤 능동적 잔인성도 엿보이지 않는다. 살인자조차도 그의 그림 속에서는 경악하는 인간, 무시무시한 불안과 광기에 시달리는 약한 인간으로 묘사된다. 아마 그것은 그가 어린 시절 겪은 죽음의 비극 때문일 것이다. 뭉크의 어머니와 누나는 폐렴으로 죽었고, 나중에는 남동생도 똑같은 질병으로 죽었다. 또한 뭉크와 그의 누이동생은 정신병을 앓았다. 그가 목도한 죽음들은 가족에게서 일어난 비극적 사건이었다. 그는 스스로 큰 마음의 상처를 받았고, 누이동생 역시 자신과 마찬가지로 평생 극복할 수 없는 정신적 고통에 시달리고 있다는 것도 알고 있었다.

그는 차라투스트라처럼 스스로 몰락을 선택할 수 없었다. 그의 마음이 죽을 때까지 고통에 시달렸기 때문이다. 고통은 언제나 내가 고립된 자기로 여기 있다는 것을 일깨운다. 내가 느끼는 고통은 결국 나의 고통일 뿐 그 누구도 대신 경험할 수 없는 것이기 때문이다. 그러니 고통에 시달리는 마음은 그러한 자기를 그만 놓아 버리고 싶어도 좀처럼 그럴 수 없다. 고통이 끝없이 자기를, 자기가 혼자임을, 자기의 고통과 죽음을 알아줄 사람이 아무도 없음을, 자꾸만 일깨우기 때문이다. 그러나 뭉크는 괴물이 되기를 선택할 수도 없다. 가족에게 일어난 비극적 사건으로서 죽음들을 목격했기 때문이다.

죽음이 미운 자에게서 일어났더라면, 나와 아무 상관도 없는 자에게서 일어났더라면, 나로 하여금 분노하게 할 뿐 어떤 친밀한 감정도 느끼게 하지 않는 교만하고 무정한 자에게서 일어났더라면, 나는 죽음을 즐거운 것으로 받아들일 수도 있다. 그러나 나와 가까운 자에게서 일어난 죽음은 내게 불안과 좌절감을 불러일으킬 뿐이다.

나는 사랑하는 자 대신 죽을 수 없다. 죽음은 어머니에게, 누나에게, 동생에게 일어난 어떤 배타적 사건이다. 죽음은 죽는 자 외의 다른 모든 인간을 소외시키는 것이다. 또한 나는 그들에게 일어난 죽음의 사건을 비극적이고 불안한 사건으로 받아들이는 자신이 부끄럽다. 죽음을 부정적으로 받아들이는 나는 자신이 죽음의 가능성과 함께 여기 있다는 사실을 담담하게 받아들이지 못하는 약한 정신이기 때문이다. 그럼에도, 아으ㅡ, 나는 죽은 자들의 삶을, 죽음 앞에서 불안과 두려움, 슬픔 등을 느끼는 나의 삶을, 애틋한 사랑의 눈으로 바라볼 수밖에 없다.

결국, 내가 지금 이토록 괴로운 것은 죽은 자들의 삶을 이 모든 고통에도 불구하고 사랑하기 때문이다. 사랑하기 때문에 고통스럽고, 고통스럽기 때문에 또 사랑한다. 이 영원한 악순환 속에서 나의 정신은 음울한 분열을 거듭하고 있는 것이다.

어느 날 뭉크는 해 질 무렵 산책하다가 〈절규〉의 제작으로 이어질 단상 하나를 얻었다. 석양에 물들어 구름이 "피처럼 붉어지는" 것을 보며 뭉크는 "자연을 관통하는 무한한 절규"를 들었다. 연구자들에 따르면 뭉크가 산책을 한 곳은 크리스티아니아(오슬로)와 노드스트란 Nordstrand 사이의 동부 피오르 해안가였다. 크리스티아니아의 언덕 아래에는 정신병원이 있었다. 사람들의 증언에 따르면 정신병원에서 종종 여자의 비명 소리가 들리고는 했다.

비유적으로 말하자면, 뭉크가 바라보던 바다와 언덕 아래 정신병원은 차라투스트라가 그리로 가기로 결심한 몰락의 장소와도 같다. 차라투스트라는 몰락하는 자신을 받아들일 바다를 다음과 같이 묘사한다.

"들어라! 들어라! 나쁜 기억들 때문에 바다가 끙끙거리며 신음하고 있지 않은가! 아니면 좋지 못한 여러 기대 때문일까?

아, 너 어둠에 휩싸인 괴물아.

나는 너와 더불어 슬프고 너 때문에 나 자신을 원망한다.

아, 안타깝구나. 내 손이 충분히 강했다면!

참으로 기꺼이 너를 나쁜 꿈들로부터 구해 주고 싶구나!"

그러나 곧바로 차라투스트라는 바다를 위로하려는 자신을 비웃었다. 그는 자신에게 말했다.

"온갖 괴물을 너는 보듬어 주려고 했다.

따스한 숨결, 앞발에 난 약간의 부드러운 털.

그것만으로도 너는 주저하지 않고 그것을 사랑하고 유혹하려 했다.

사랑, 산 것이기만 하면 그 무엇이든 외면하지 않는 그러한 사랑은 가장 고독한 자에게는 위험천만한 일이다!

참으로 사랑에서 나의 어리석음과 겸양은 우습기만 하다."

아마 뭉크 역시 불안과 정신질환에 시달리며 자신을 향해 수도 없이 이렇게 외쳤으리라. 타인에게서 일어난 죽음과 고통이 불안과 두려움, 온갖 광기의 원인이 되지 않으려면 삶을 향한 사랑을, 고통받는 자를 향한 사랑을, 죽을 수밖에 없는 자, 이미 죽은 자를 향한 사랑을, 그만 거두어야 한다. 그러나 그는 그럴 수 없었다. 그 때문에 그는 죽는 날까지 행복과는 거리가 먼 삶을 살았다. 그는 결코 강해질 수 없었고, 온전히 삶을 긍정할 수도 없었다. 뭉크의 비극은 그가 그럼에도 불구하고 삶을 외면할 수 없었다는 것에 있었다.

차라투스트라는 어땠을까? 그 역시 스스로 자기처럼 고독한 자에게 위험하다고 말한 그러한 사랑을 쉽게 거둘 수 없었다. 결국, 우리가 사랑하는 자는 나의 친구요, 이웃이요, 가족이다. 그러니 사람을 향한 사랑 때문에 스스로 몰락을 선택한 차라투스트라가 어찌 자신에게 위험하다는 이유로 쉽게 사랑을 거둘 수 있을까? 물론 그럴 수 없다. 차라투스트라는 분노와 그리움 때문에 비통하게 울었다. 그 역시 어쩌면 뭉크처럼 자연을 관통하는 무한한 절규로 인해 광기의 절벽에 내몰릴 운명에 처해 있는지도 몰랐다.

무한한 절규— 그렇다. 무한한 절규, 뭉크의 절규는, 차라투스트라의 절규는, 단순히 그치지 않는 절규라고 말할 수 없는 그러한 절규이다. 그치지 않음이란 그침을 향한 희망과 기대를 담고 있는 표현이다. 오직 그쳐야 한다고 생각하는 자만이 그것이 그치지 않음을 발견할 수 있고, 또 그 때문에 절망할 수 있는 것이다. 그러나 무한한 절규 앞에서는 그저 그 절규를 삶과 존재의 근원적인 현상으로 받아들이는 것 외에 다른 아무 가능성도 주어지지 않는다.

무한한 절규는 태초로부터 영원까지 어떤 정해진 때도 없이 줄곧 울려 퍼지는 절규이다. 그렇다면 이러한 때, 뭉크와 차라투스트라처럼 무한한, 자연을 관통하는, 그래서 장차 그치리라는 희망조차 말소해 버리는, 그러한 절규를 듣게 되면, 사람은 무엇을 어떻게 해야 할까? 아마 두 가지 선택지가 주어질 것이다. 하나는 자신의 삶을 무한한 절규 속에서 매 순간 가리가리 찢겨 버리는 정신의 삶으로서 수용하는 일이다. 바로 이것이 뭉크가 선택한 것이었다. 또 하나는 무한한 절규를 무한히 절규하는 삶의 힘의 표현으로서 받아들이고 그 자체를 삶을 사랑하고 긍정할 이유로 해석하는 것이다. 바로 이것이 차라투스트라가 선택한 것이었다.

뭉크의 선택과 차라투스트라의 선택이 서로 다르다는 것은 뭉크와 차라투스트라가 각기 다른 정신의 소유자라는 것을 뜻하지 않는다. 오직 뭉크처럼 무한한 절규 속에서 매 순간 가리가리 찢겨 버리는 정신의 삶을 살아 본 자만이 차라투스트라의 선택을 할 수 있다. 오직 이러한 자만이 사랑으로 인해 비통해하고 또 분노해 본 자이기 때문이다.

〈절규〉의 제목은 부적절하다. 이 그림에서 가장 인상적인 것은 놀란 표정으로 크게 입을 벌리고 있는 인간의 얼굴이다. 그 얼굴은 영락없이 절규하는 표정이다. 그 때문에 〈절규〉라는 제목을 알고 그림을 보면 뭉크 자신이기도 한 그림 속의 인간이 절규하고 있다는 느낌을 받기 쉽다. 그러나 찬찬히 그림을 살펴보면 그는 다만 경악하고 있을 뿐 절규하고 있지 않다는 것을 확인할 수 있다. 우선 그가 두 손으로 귀를 막고 있는 것이 보인다. 자신이 직접 절규하고 있는 것이라면 그렇게 할 리 만무하다.

그렇다. 그는 절규하는 자가 아니라 경악하며 침묵하는 자다. 뭉크의 회상에 따르면 그가 들은 것은 자연을 관통하는 무한한 절규이다. 자연을 관통하는 무한한 절규를 할 수 있는 자는 누구일까? 분명 인간은 아니다. 인간은 그토록 위대하지 않다. 언젠가 죽을 수밖에 없는 존재인 인간의 절규가 어떻게 무한할 수 있겠는가?

그렇다면 신일까? 그럴 리도 없다. 무한자이자 절대자인 신이 무엇 때문에 절규하겠는가? 절규는 오직 상처받을 수 있는 자만이 할 수 있는 것이다. 그렇다면 뭉크는 대체 누구의 절규를 들은 것인가? 뭉크가 붙인 그림의 원제는 〈자연의 절규〉이다. '자연'이라는 말이 생략된 〈절규〉라는 제목은 뭉크의 의도를 왜곡해 버린다. 뭉크는 자신의 고통 때문에 절규하는 것이 아니었다. 그는 자연의 절규 때문에 경악하는 자였다.

그렇다. 뭉크는 온 자연이 내는 절규의 무한함을 체감해야 했다. '자연을 관통하는 무한한 절규'라는 뭉크의 회상은 자칫 자연이 어느 한순간 크게 절규했다는 식의 인상을 남기기 쉽다. 그러나 '자연을 관통하는 무한한 절규'는 자연의 한쪽 끝에서 다른 쪽으로 관통해 가는 절규로 오인되어서는 안 된다. 하나의 장소에서 다른 장소로 이동하는 모든 것은 이쪽과 저쪽을 나누도록 하는 것이고, 그것 자체와 다른 것을 분별하는 자에게나 발견되는 것이다. 그러한 것은 온전한 의미로 무한하지 않다.

무한이란 본래 어떤 경계 지음도 불가능하게 하는 것에게만 적용될 수 있는 말이기 때문이다. 자연의 무한한 절규란 온 자연의 절규로서만 가능하다. 자연의 절규는 도처에서 일어나고 있고, 관통이란 자신에게 전달되는 소리를 자신으로부터 먼 곳으로부터 들려 오는 것으로만 이해할 수 있는 인간에게나 유의미한 말일 뿐이다. 관통된 것은 자연이 아니라 자연과 유리된 자기로서 살고 있던 뭉크의 정신이었다. 그는 문득 자신이 무한한 고통에 시달리는 자연과 무한한 절규 속에서 하나가 되었다는 것을 발견하고 경악하게 된 것이다.

자연의 절규는 아무에게나 들리지 않는다. 경악하는 뭉크의 등 뒤로 두 사람이 앞만 보며 걷고 있는 것이 보인다. 그들은 그와 함께 산책하던 친구들이다. 틀림없이 그들의 귀에는 자연의 절규가 들리지 않고 있다. 그렇지 않다면 그들 역시 뭉크처럼 경악했을 것이다. 아니, 어쩌면 그들은 뭉크의 친구인 탓에 자기도 모르게 절규에 둔감해져 버렸는지도 모른다.

뭉크처럼 불행한 자, ―그 자신이 불행할 뿐만 아니라 사랑하는 가족 모두가 비참한 운명을 맞이했던― 그러한 자의 친구로 사는 것은 결코 쉽지 않다. 대체 어떻게 뭉크 같은 친구를 위로할 것인가? 그 혼자만 불행하다면, 그 혼자만 광기에 시달리고 있는 것이라면, 가족에게 의존하라고 권하면 된다. 세상을 너무 어둡게만 보지 말고 좀 밝게 살라고 충고하기도 쉽다. 그러나 뭉크 같은 친구에게는 밝고 행복해지라고 말하는 것조차 죄책감을 불러일으킨다. 사랑하는 사람들이 모두 불행한데 어떻게 혼자서만 행복할 수 있을까? 사랑하는 사람들이 모두, 살아서나 죽어서나, 온 자연의 힘으로 절규하고 있는데 어떻게 음울해지지 않을 수 있을까?

뭉크는 영락없이 차라투스트라가 만난 어느 양치기를 닮았다. 차라투스트라가 처음 보았을 때 양치기는 검고 육중한 뱀을 입에 물고 있었다. 아니, 물고 있는 것은 그가 아니라 도리어 뱀이었다. 아마 그는 자고 있었을 것이다. 잠이 들어 헤벌어진 입속으로 뱀이 들어가 목구멍 안쪽을 물어 버렸을 것이다. 그의 얼굴을 보고 나서 차라투스트라는 경악하며 자신에게 물었다.

"내 일찍이 한 인간의 얼굴에서 이처럼 엄청난 구역질과 창백한 공포를 본 적이 있었던가?"

온 자연의 무한한 절규를 듣고 나면 분명 엄청난 구역질과 창백한 공포가 우리를 찾아오리라. 본래 자신이 아닌 그 누군가와 하나가 되는 경험은 황홀경으로 이어지기 마련이다. 철학자들이나 신학자들, 명상가들 가운데는 온 자연과 하나가 되는 순간을 궁극의 황홀경으로 설명하는 이들이 많았다. 그러나 온 자연의 무한한 절규 속에서 자연과 하나가 되고 나면 자신 역시 그 무한한 절규의 원인인 무한한 고통과 공포, 그리고 불안과 고독에 이미 시달리고 있었음을 발견하게 된다.

만물이, 존재하는 모든 것이, 무한한 절규 안에서 하나가 될 만큼 고통스럽다. 대체 이보다 더 음울한 깨달음이 또 있을 수 있을까? 이러한 깨달음을 얻고 난 뒤에도 삶과 존재를 긍정할 수 있을까? 나의 삶 역시 무한히 절규하는 자연의 한 부분 아닌가?

디오니소스의 시종인 현자 실레노스가 자신을 사로잡은 미다스에게 들려준 이야기처럼 최선은 아예 태어나지 않는 것이고 차선은 하루빨리 죽어 버리는 것이라고 생각하지 않을 수 있을까? 20대 초반의 니체에게 큰 영향을 끼쳤던 쇼펜하우어는 이러한 생각을 좀처럼 떨쳐 버리지 못했다. 쇼펜하우어는 실레노스의 이야기 속에 삶과 존재의 심오한 비밀이 감추어져 있다고 생각했다.

어디 쇼펜하우어 한 사람뿐이겠는가? 뭉크처럼 마음이 가난하고 비통한 자는 쉽게 이러한 생각에 시달리기 마련이다. 차라투스트라가 만난 양치기의 목구멍 안쪽을 물고 있는 뱀의 정체가 바로 이러한 유혹이다. 이러한 유혹에 시달리는 것은 그 자체로 상상을 초월하는 비통과 절망의 원인이 된다. 자신의 삶뿐 아니라 사랑하는 자의 삶까지도 애초에 존재해서는 안 되는 것으로 인정할 수밖에 없는 자의 슬픔은 결코 위로될 수 없다. 이러한 자는 자신의 삶과 존재에 대해, 아니 온 자연의 존재에 대해, 견디기 힘든 구역질을 느낄 뿐이다.

결국, 실레노스의 주장처럼 태어나지 않는 것이, 완전한 비존재로 남는 것이, 최선이다. 그렇지 않을까? 뭉크와 같은 인간이 느끼는 공포와 경악은 특별한 대상을 향한 것이 아니다. 그는 자신이 존재한다는 사실 자체에 대해 공포를 느끼고 경악한다. 뱀처럼 지혜를 발휘할수록 공포와 경악은 커져만 간다. 이러한 자에게 지혜와 인식은 다만 크나큰 고통의 원인일 뿐이다. 내 안 깊숙한 곳으로 들어와 사정없이 삶을 향한 의지의 싹을 깨물어 버리는 흉측한 뱀일 뿐이다.

이러한 자 역시 구원받을 수 있을까? 차라투스트라의 지혜와 의지는 뭉크처럼 마음이 가난하고 비통한 자를 존재의 위기로부터 건져낼 수 있을 만큼 강할까? 이러한 물음에 대해서는 답이 정해져 있지 않다. 결국, 구원받아야 할 자가 자신의 구원을 향한 방향으로 발걸음을 옮기지 않으면 그는 영원히 자신의 삶과 존재 자체에 대해 견디기 힘든 구역질을 느끼는 자로 남을 것이다. 그러나 유혹이란 언제나 저항하는 자를 향하는 것이기 마련이다. 삶을 부정하라고 유혹하는 음성에 공포를 느끼고 경악하는 자는 삶을 긍정하고자 하는 무조건적인 의지와 소망을 온몸으로 지키려고 하는 자이기도 하다.

실레노스의 관점에서 보면 이러한 시도는 최악의 선택이다. 왜 고통스러운 삶을 지금 당장 끝장내지 않는가? 안간힘을 써 본들 뭉크처럼 마음이 가난하고 비통한 자는 죽을 때까지 경악스러울 만큼 무시무시한 고통으로부터 벗어나기 어렵다. 설령 고통으로부터의 해방이 가능하다고 하더라도 덧없는 인생을 생각하면 그 해방은 분명 너무 늦은 시기에 올 것이다. 죽기 직전까지 오랫동안 고통받다가 짧은 한순간 고통 없는 삶을 누려 본들 무슨 소용이 있을까?

냉정한 지혜와 인식의 눈으로 보면 실레노스의 생각에는 틀림이 없

다. 진실로, 기어이 삶을 사랑하고 긍정하고자 하는 의지 때문에 마음
이 가난하고 비통한 자는 죽는 날까지 괴롭다. 의지가 약한 자에게는
훨씬 강도가 약한 고통이 찾아온다. 삶을 긍정하고자 하는 강한 의지
가 없는 자는 어느 한순간 그만 체념해 버리고 목숨을 끊어 버리든지
아니면 최대한 고통을 망각하려 한다. 그러니 삶을 향한 의지란 고통
의 경감을 위해서는 언제나 사악한 것이다. 무시무시한 고통에도 불
구하고 기어이 삶을 긍정하고자 하는 자는 죽는 날까지 보통 사람이
라면 상상도 할 수 없는 고통을 감당해 내야 한다. 즉 이러한 자는 그
저 어리석을 뿐이다.

　그런데 바로 여기에 차라투스트라의 특별한 점이 있다. 차라투스
트라의 관점에서 보면 고통이 두려워 지레 삶을 포기해 버리려는 자
는 그저 약한 자일 뿐이다. 이러한 자에게 지혜란 무익한 사치일 뿐이
다. 약한 자, 불행한 자를 향해 차라투스트라는 곧잘 악담을 퍼부어댄
다. 그런데 차라투스트라의 악담은 불행 자체를 향해 있는 것이 아니
라 자기 연민을 향해 있다. 자신의 불행으로 인해 자기 연민에 빠진
자들, 동정을 바라는 자들은 아무 희망이 없다.

　그들은 고통과 싸워 이겨 내는 대신 고통을 잊으려고 자기 연민이
라는 이름의 아편을 선택한 자이다. 고통 때문에 불행한 것이 아니라
실은 자기 연민 때문에 불행한 것이다. 자기 연민에 사로잡히지 않을
만큼 강한 자는 최대한 의지를 발휘해 싸우려 할 뿐, 고통을 핑계로
삼아 자신의 삶과 존재를 스스로 포기하고 부정하려고 하지 않는다.
그러니 실레노스의 냉정한 지혜와 인식이란 자기 연민에 사로잡힌 약

한 정신이 자신의 삶과 존재를 향해 퍼부어대는 조롱일 뿐이다.

지혜란 무엇인가? 우리는 왜 지혜를 필요로 하는가? 실레노스는, 니체 이전의 철학자들은, 고통을 감소시키기 위해서, 행복해지기 위해서 우리는 지혜를 필요로 한다고 말한다. 니체의 차라투스트라는 생각이 근본적으로 다르다. 지혜는 오직 삶을 지금보다 더 강하고 의연한 것으로 만들어 나갈 힘과 의지를 지닌 자에게만 허용된다. 이러한 자 외에 다른 인간들이 떠벌거리는 지혜란 자신의 삶과 존재를 향한 조롱과 비난일 뿐이다. 그 때문에 고통에 시달리는 자는, 마음이 가난하고 비통한 자는, 최대한 용기를 발휘하려 애써야 한다. 오직 이것만이 삶을 향한 사랑과 긍정의 정신을 보존하고 또 증진할 수 있는 유일무이한 길이다. 차라투스트라는 말한다.

> "용기는 심연 앞에서의 현기증도 살해한다.
> 인간이 서 있는 곳 중에서 심연이 아닌 곳이 어디 있으랴!
> 보는 것 자체가 심연을 들여다보는 것 외에 다른 아무것도 아니지 않은가?
> 용기는 최고의 살해자이다. 용기는 동정도 살해한다.
> 동정이야말로 가장 깊은 심연이지만, 삶을 깊이 통찰하는 인간은 고통도 그만큼 깊이 통찰한다.
> 그러나 용기는, 공격하는 용기는 최고의 살해자이다.
> 이 용기는 죽음조차 살해한다.
> 용기가 '그것이 삶이었던가? 좋다! 그럼 다시 한번!'이라고 말하기 때문이다."

한마디로 참된 용기를 지닌 자는 극악의 고통과 불행 속에서도 기어이 삶을 긍정한다. 행복한 삶이어서가 아니라 그저 삶이어서 삶을 긍정한다.

인간을 향한 사랑 때문에 스스로 몰락할 것을 결심한 차라투스트라가 산에서 내려온 지 아직 얼마 되지 않았을 때였다. 그는 읽기와 쓰기에 대해서 다음과 같이 말했다.

"나는 모든 글 가운데에서 오직 피로 쓴 것만을 사랑한다.
피로 써라. 그러면 너는 피가 곧 정신임을 알게 될 것이다."

아마 차라투스트라의 이 말 때문이었을까? 문학과 철학에 관심이 많았던 뭉크는 니체의 저술을 읽으며 그 사상에 크게 매료되었다. 1906년 그가 그린 니체의 초상화는 그가 니체의 사상에서 무엇을 보고 또 기대했는지 알려 주는 듯하다. 니체는 다리 위에 서서 언덕 아래를 내려다보고 있다. 표정은 엄숙하고 진지하면서도 어딘가 근심이 어려 있다. 그는 왜 언덕 아래를 내려다보고 있을까? 아마 두 가지 이유 때문일 것이다.

우선 그는 뭉크가 그랬던 것처럼 온 자연이 내지르는 무한한 절규를 들었을 것이다. 그 또한 경악했을까? 그랬을 수도 있고 그러지 않

에드바르 뭉크, 〈니체의 초상〉, 1906, 티엘스카 갤러리

았을 수도 있다. 중요한 것은 그가 자연의 절규를 외면하지 않았다는 사실이다. 설령 경악했다고 하더라도 뭉크의 그림 속 니체는 이미 경악의 순간을 극복했다. 그는 최대한 직시하려는 자다. 그는 최대한 인식하려는 자다. 무엇을? 자연이 피로 쓴 글을 인식하려 한다. 자연의 무한한 절규를 들으며 그 절규 안에서 자연과 불현듯 하나가 되어 버린 정신이 피를 토하듯 그린 그림을 직시하려 한다.

피로 쓴 글만을 사랑하는 자가 원하는 것은 무엇일까? 삶이다. 삶을 기어이 사랑하고 긍정하려는 강한 의지를 지닌 자가 아니면 피로 쓴 글만을 사랑할 수 없다. 흔히 니체의 철학은 관점주의라는 말로 설명되고는 한다. 그리고 관점주의는 보통 절대적 진리에 대한 부정이자 비판으로 소개된다. 무엇이 진리인지는 관점에 따라 달라진다는 식이다. 딱히 틀렸다고 말하기는 어렵지만 오해의 소지가 많은 주장이다.

이런 주장을 듣고 있노라면 니체의 철학이 일종의 상대주의라는 느낌마저 든다. 그러나 니체의 관점주의는 "오직 삶을 보존하고 더 나아가 증진하는 방향으로만 사고하고 행동하라!"라는 절대적 명령에 입각한 사상이다. 즉 그것은 상대주의적이기는커녕 도리어 절대주의적이다. 니체가 절대적 진리라는 관념을 비판한 가장 근본적인 까닭은 전통적으로 진리가 삶을 향한 관심과 의지를 최대한 배제하는 자에게만 허락되는 것으로 오인되어 왔기 때문이다. 니체의 시각으로 보면 실은 그 반대이다. 진리는 오직 삶을 긍정하고 또 사랑하려는 강한 의지를 지닌 자에게만 허락된다. 진리라는 이름으로 통용되는 그 밖의 모든 말은 쓰잘데기없는 잡설일 뿐이다.

진리란 관점에 따라 달라지는 것이라는 식의 생각은 우리에게 종종 큰 위안이 된다. 특히 뭉크처럼 평생을 거의 극단적이라고 할 수 있는 고통과 광기에 시달린 사람에게는 더욱더 그렇다. 얼마나 자주 우리는 자신의 비겁을 이런 식의 말로 위안하려 하는가? 우리는 너무도 쉽게 자기기만에 빠진다. 용기 있게 자신이 옳다고 여기는 바를 실천하지 못하고서는 절대적인 것은 아무것도 없으니 큰 잘못이 아니라고 되뇐다.

니체의 관점주의를 이런 식으로 오인하는 자는 용기에 관한 차라투스트라의 성찰이 진리의 절대성을 부정하려는 난쟁이와의 사상적 투쟁 속에서 수행된 것이라는 것을 알아 둘 필요가 있다. 차라투스트라는 난쟁이를 '중력의 영'이라고 부른다. 그가 다음과 같이 주장하기 때문이다.

> "아, 차라투스트라여, 그대 지혜의 돌이여,
> 그대 투석기로 던져진 돌이여, 그대 별을 부수는 자여!
> 그대는 자신을 지나치게 높이 던져 올렸다.
> 그러나 모든 던져진 돌은 추락하기 마련이다!"

왜 차라투스트라는 자기 자신을 최고도로 높이 던져 올려야 했는가? 삶을 위한 최상의 진리를 추구했기 때문이다. 삶의, 삶에 의한, 삶을 위한 최상의 진리— 차라투스트라가 추구한 것은 이것 하나였으며, 이러한 진리를 위한 차라투스트라의 투쟁에는 결코 양보가 없다. 바로 이러한 진리가 차라투스트라에게는 절대적인 진리이기 때문이다. 삶을 위한 절대적 진리의 이념을 부정하는 자는 차라투스트라가 아니라 오히려 난쟁이이다. 난쟁이는 다음과 같이 말한다.

"모든 곧은 것이 우리를 속인다. 모든 진리는 굽어 있다.
시간 자체도 하나의 둥근 고리이다."

난쟁이의 말을 들은 차라투스트라는 화를 내며 말한다.

"너 중력의 영아! 그렇게 쉽게 생각하지 말아라!
그렇게 하면 나는 네가 쭈그려 앉아 있는 곳에 너를, 절름발이를, 그대로 쭈그려 앉아 있게 내버려 둘 것이다.
실은 내가 너를 이 높은 곳으로 데려오지 않았느냐?"

난쟁이는 모든 것을 보다 낮은 곳으로 끌어내리는 중력의 영이다. 즉 그는 차라투스트라의 안티이다. 그런 그를 왜 차라투스트라는 높은 곳으로 데려왔을까? 난쟁이 역시 삶의 한 현상이기 때문이다. 삶은 삶에 대한 비판을, 삶이 추락할 수 있다는 것에 대한 가혹한 경고와 비판을, 필요로 한다. 즉 난쟁이 역시 삶의 보존과 증진에 기여할 수 있다. 그런 난쟁이에게 차라투스트라가 화를 내는 까닭은 난쟁이의 경고와 비판은 삶을 더욱 높은 곳으로 고양시키는 데 기여하는 한에서만 정당할 수 있기 때문이다.

뭉크는 왜 니체의 사상에 열광했을까? 두 가지로 설명될 수 있다. 하나는 뭉크 자신이 타협을 거부하는 정신의 소유자였기 때문이다. 그토록 마음이 가난하고 비통했음에도 불구하고 뭉크는 모든 진리가 굽어 있다는 난쟁이의 말에서 위안을 찾으려 들지 않았다. 그런 위안이라도 받으려 했다면 아마 그의 고통과 광기는 훨씬 덜했으리라. 또 하나는 뭉크가 니체의 사상에서 자신과 마찬가지로 타협을 거부하는 정신을 보았기 때문이다.

진리는 절대적이다. 그 까닭은 진리란 오직 삶의 관점을 표현하는 것으로서만 가능하기 때문이다. "너 자신의 생각과 행위가 언제나 삶을 보존하고 또 증진하도록 하는 방향으로만 일어나도록 애쓰라!"라는 도덕적 명령은 차라투스트라가 추구하는 고차원적인 도덕의 절대적 근거이다. 그것은 무조건적인 정언명령이며 모든 종류의 상대주의적 타협을 거부한다. 오직 이 점을 알고 있는 자만이 왜 니체가 전통철학적 진리의 이념을 그토록 혹독하게 비판했는지 이해할 수 있다.

삶의, 삶에 의한, 오직 삶을 위한 절대적 진리를 니체는 영원회귀라는 말로 표현한다. 영원회귀의 의미를 잘 이해하려면 영원회귀에 대한 차라투스트라의 깨달음이 모든 진리가 굽어 있다고 주장하는 난쟁이와의 사상적 투쟁 뒤에 일어났다는 것을 먼저 알아야 한다. 영원회귀에 대한 차라투스트라의 깨달음은 순간과 영원의 관계에 대한 철학적 상념과 더불어 시작한다.

"보라, 이 순간을! 이 순간이라는 성문 입구로부터 긴 영원의 오솔길 하나가 저 뒤안으로 펼쳐져 있다.

우리 뒤에 영원이 하나 놓여 있는 것이다.

만물 중에서 달릴 수 있는 것이라면 이미 언젠가 이 오솔길을 달렸음이 분명하지 않을까?

만물 중에서 일어날 수 있는 일은 이미 언젠가 일어났고 수행되었고 달려가며 지나가 버렸음이 분명하지 않을까?

…

만물은 그런 식으로 굳게 연결되어 있지 않을까?

이 순간이 다가올 모든 미래의 일들을 자신에게로 끌어오도록?

그래서 이 순간은 자신마저도 끌어오고 있지 않은가?

왜냐하면 만물 중에서 달릴 수 있는 것은 이 바깥으로 통하는 긴 오솔길을 언젠가 한 번은 분명히 달릴 것이기 때문이다!

달빛 속에 느릿느릿 기어가는 이 거미, 이 달빛 자체, 그리고 영원한 사물들에 관해 함께 속삭이며 성문 입구에 있는 나와 그대, 우리는 모두 이미 분명히 존재하지 않았던가?

그리고 되돌아와 우리 앞에 있는 또 다른 골목길, 그 길고도 무서운 골목길을 달려가야 하지 않는가.

그런 식으로 우리는 영원히 되돌아올 수밖에 없지 않을까?"

차라투스트라의 이야기는 불교의 윤회설을 연상케 한다. 지금 이 순간 살아 있는 모든 것은 결코 일회적으로 한 번 살다 끝장나는 것이 아니다. 그것은 이미 그렇게 한 번 존재한 적이 있다. 지금 이 순간으로 이어져 온 과거가 반복을 허용할 수밖에 없게끔 영원하기 때문이다. 그렇다면 지금 이 순간 살아 있는 모든 것은 장차 또 그렇게 존재하게 될 것임이 분명하다. 지금 이 순간 앞으로도 영원의 시간이 펼쳐져 있기 때문이다.

논리적으로만 보면 차라투스트라의 이러한 성찰은 시비 걸기 딱 좋다. 옛적부터 철학자들은 종종 시간이 영원한지 영원하지 않은지 논쟁을 벌이고는 했다. 상식적으로 생각해 보면 시간은 무조건 영원해야 할 것 같다. 시간이 어느 한 시점에서 시작한 것이라면 과거는 무한정 거슬러 올라갈 수 없는 것이 되고 만다. 그런데 이 경우 시간은 어떤 이전을 허용하지 않는 절대적 출발점을 지닌다는 결론이 나온다. 그런데 어느 한 시점이란 분명 이전과 이후, 과거와 미래의 분기점으로서만 가능한 것이 아닌가?

하지만 시간이 시작도 끝도 없이 영원한 것이라고 말해도 난점은 생긴다. 우리 모두는 분명 지금 이 순간 여기에 있다. 그런데 시간이 영원하다면 과거 또한 무한정 멀리까지 거슬러 갈 것이다. 하지만 무한정 먼 과거로부터는 결코 지금 이 순간까지 올 수 없다. 무한이란 결코 끝나지 않을 길이를 지닌 것이기 때문이다. 그러니 지금 이 순간이 존재한다는 사실 자체가 시간이란 결코 영원할 수 없음을 알려준다.

이런 문제에 관해 논쟁을 벌이기 시작하면 아마 끝도 없이 복잡한 주장들과 맞닥뜨리게 될 것이다. 한 가지 분명한 것은 니체의 영원회귀 사상을 논리적으로 합리화하려고 시도하는 자는 니체를 조금도 이해하지 못하는 자라는 사실이다. 중요한 것은 영원회귀 사상 속에 담겨 있는 차라투스트라의 결의이다.

시간은 과연 차라투스트라의 주장대로 영원한가? 알 게 무언가? 이런 문제와 씨름하기 좋아하는 사람이라면 자신의 논리가 이끌어 가는 대로 최대한 치밀하게 생각해서 이런저런 결론을 내리려 할 것이다. 이러한 시도 또한 나쁘지만은 않다. 이러한 시도를 통해 명민하게 추론할 수 있는 능력이 커지기 때문이다.

만약 시간이 영원하다면 존재하는 모든 것은 무한히 반복해서 다시 세상에 출현할 운명을 안고 있다고 여겨야 할까? 알 게 무언가? 현대의 물리학자들 가운데서는 무한히 많은 우주에 대해 말하면서, 만약 우주가 무한히 많다면, 우리 우주와 똑같은 다른 우주도 있어야 한다는 식으로 말하는 이도 있다. 그렇게 믿고 싶다면 그렇게 믿어도 좋다.

물론 논리적으로 보면 우주가 무한히 많은 경우 똑같은 존재가 반복되어야 한다는 식의 주장은 별로 자명하지 않다. 반복되는 것은 이미 유한하기 때문이다. 예컨대 수는 무한히 커진다. 그중 똑같은 수는 하나도 없다. 그러나 수를 끝없이 세는데 똑같은 수가 거듭거듭 되풀이된다면 실은 유한한 개수의 수가 무한정 반복해서 세질 뿐이다. 만약 하나의 우주 안에 들어 있는 원소들의 총량이 유한하기 때문에 우주의 수가 무한한 경우 똑같은 존재가 반복되어야 한다고 주장하는 사람이 있으면 그는 동일성의 망념, 영원불변하는 실체적 사물성의 망념에 사로잡힌 멍청이일 뿐이다.

아무튼 이런 문제에 관심이 있는 사람은 각자 알아서 이렇게든 저렇게든 최대한 치밀하고 정교하게 생각해 보라. 결론이 나지 않으면 좀 어떤가? 생각하는 과정에서 삶과 존재의 신비가 일깨워지고, 삶과 존재의 신비를 섬세하게 생각할 역량이 생길 수만 있다면 어떤 결론을 내리든 상관없이 삶을 위해 좋은 일이다.

영원회귀 사상 속에 담겨 있는 차라투스트라의 결의를 이해하려면 과연 그것이 나 자신을 위해 어떤 의미를 지니는지 먼저 생각해 보아야 한다. 나는 나 자신의 삶을 똑같이 반복하기를 원하는가? 누군가 "그래, 나의 삶은 정말 좋았어. 난 대체로 행복한 삶을 살았다구! 그러니 난 나의 삶을 기꺼이 또 한 번 살고 싶어!"라고 말하는 경우를 생각해 보자.

이러한 자는 자신이 적당한 행복만을 추구하는 끝물 인간이라는 것을 드러낼 뿐이다. 끝물 인간은 영원회귀 사상을 이해할 힘도 없고,

설령 이해한다고 하더라도 진실로 긍정할 마음도 없다. 그는 삶을 사랑하는 자가 아니라 삶으로부터 단물만 빨아먹으려고 하는 기생충일 뿐이다. 행복한 삶이라면 무한 반복해도 좋지만, 그렇지 않다면 싫다는 식이다.

자신이 행복한 자가 아니라 뭉크처럼 가난하고 비통한 마음을 지닌 자라고 생각해 보자. 이 경우 영원회귀 사상은 얼마나 무시무시한가? 이 모든 고통을 또다시 겪어야만 한다는 것인가? 그것도 몇 번이고 되풀이해서? 사랑하는 어머니의 죽음을, 누이의 죽음을, 누이동생과 자신의 광기를, 절망을, 죽음보다 깊은 고독을, 매 순간 가슴을 짓눌러 오는 불안을, 아으, 이 모든 참혹한 느낌들을, 또다시?

차라투스트라의 영원회귀 사상은 단호히 "그렇다!"라고 말한다. 그렇다. 나는 기꺼이 이 모든 고통을 또다시 겪어야만 한다. 삶의 보존과 증진을 위해, 사랑을 위해, 용기를 위해, 스스로 초인의 길로 들어서기 위해, 나는 삶이 주는 고통마저도 긍정하는 법을 배워야만 한다.

이 얼마나 잔인한 생각인가! 악마가 있다면 차라투스트라를 붙잡아다가 끝없이 무참하게 고문을 가하며 반복해서 물으리라.

"어리석은 차라투스트라여!

너는 진정 이 모든 고통을 또다시 겪기를 원하는가?

끝없이 고문당하길 원하는가?

영원한 지옥의 고통을 견디며 악마의 조롱거리가 되고 싶은가?"

악마의 생각에도 분명 일리가 있다. 영원히 고통당할 운명에 처해 있는 자는 차라리 존재하지 않는 것이 더 나으리라. 차라투스트라의 영원회귀 사상은 고통당하며 사는 자에 대한 모독이요, 조롱이 아닐까? 그러나 차라투스트라의 영원회귀 사상은, 인간을 향한 차라투스트라 자신의 숱한 조롱과 비난에도 불구하고, 자신을 강하고 고귀한 존재로 끌어올릴 수 있는 인간의 힘에 대한 긍정에 토대를 두고 있다. 영원회귀에 관한 상념에 사로잡히기 전 난쟁이와 사상투쟁을 벌이던 차라투스트라는 불현듯 인간에 대해 다음과 같이 말한다.

> "인간은 가장 용감한 동물이다.
> 그 때문에 인간은 모든 짐승을 뛰어넘었다.
> 승리의 음악을 울리면서 인간은 모든 고통을 뛰어넘었다.
> 인간의 고통은 더없이 깊은 고통이었음에도."

차라투스트라처럼 탁월한 정신의 소유자에게도 영원회귀 사상은 분명 잔인하고 무시무시하다. 그런데 그 안에는 우리 같은 보통 사람도 이해할 수 있는 삶의 진실이 하나 담겨 있다. 참으로 사랑하는 자는 사랑이 안겨 주는 고통마저도 기어이 사랑하고 긍정하는 법이라는 진실이다. 애인이든 자식이든, 자신에게 지극히 사랑하는 자가 하나 있다고 상상해 보라. 불행하게도 나의 사랑하는 자는 오랜 질병에 시달리다 죽어 가고 있다. 그는 큰 고통을 견뎌 내야 해야 했으며, 그런 그를 바라보면서 나 또한 큰 고통을 견디고 있다.

에드바르 뭉크, 〈골고다〉, 1900, 뭉크 미술관

이 경우 나는 그의 삶과 존재를 부정해야 하는가? 나는 그와 운명 공동체가 된 나 자신의 삶과 존재를 부정해야 하는가? 물론 그럴 수 없다. 그를 진정 사랑하면, 그리고 그가 스스로 죽음을 원하는 것이 아니면, 나는 내 손으로 그를 죽일 수 없다. 왜? 나의 진실한 사랑이 내 안에서 그의 삶과 존재를, 그를 향한 사랑으로 인해 고통당하는 나 자신의 삶과 존재를, 기어이 긍정하고자 하는 결연한 의지를 일깨우기 때문이다. 실은 나의 격렬한 고통 자체가 내가 언제나 이미 이러한 결연한 의지에 의거해 살아왔음을 증거한다. 이러한 결연한 의지가 없었다면 나는 격렬하게 고통받지 않았을 것이기 때문이다.

보다 더 간단하고 분명한 예를 하나 들어보자. 두 종류의 부모가 있다. 하나는 고통스러워하는 자식을 안쓰러워하며 스스로 큰 고통에 시달리게 된 부모이다. 또 다른 하나는 자식을 사랑하는 마음이 조금도 없고 오직 적당한 행복과 즐거움만 좇기 때문에 자식이 고통스러워하든 말든 상관하지 않는 부모이다.

어떤 부모이고 싶은가? 만약 자신이 부모라면 어떤 부모로서 자식을 대하고 싶은가? 행복하고 기쁘게 사는 것이 삶의 궁극적 목적이라면 분명 두 번째 종류의 부모가 첫 번째 종류의 부모보다 바람직하게 사는 것이다. 우리가 자신의 행복만을 추구하는 존재라면 자식을 향한 사랑 때문에 고통받게 되는 것보다 차라리 아무 사랑도 없어 자식의 고통조차 아무렇지도 않게 넘길 수 있는 편이 더 좋다.

그런데, 정말 실제로도 그렇다고 믿고 있는가? 그렇다면 당신은 끝물 중의 끝물이다. 다행스럽게도 우리 중 다수는 두 번째 종류의 부모가 되기를 원하지 않는다. 우리는 자식이야 굶어 죽든 말든 게임이나 하며 시시덕거리는 인간이 되고 싶지 않다. 우리는 차라리 고통받는 부모가, 자식을 향한 사랑을 끝내 거두지 못하는 그런 부모가 되기를 원한다.

병약하면 어떻고 장애가 있으면 또 어떠한가? 아무튼 우리는 기어이 자식의 삶과 존재를 아름답고 사랑스러운 것으로 긍정하는 법을 배워야 한다. 그렇다면 우리 중 다수의 마음속에는 이미 차라투스트라의 결의가 미약하게나마 감추어져 있는 셈이다. 어쩌면 우리는 자기도 모르는 사이 마음 깊은 곳에서 이렇게 되뇌고 있는지도 모른다.

"그렇다. 진실로! 이 모든 고통을 또다시!"

뭉크가 1900년에 그린 〈골고다〉의 주인공은 십자가에 달린 예수이다. 그런데 예수의 표정이 좀 이상하다. 고통스러워하는 표정도 아니고, 자신을 저주하는 어리석은 인간들을 용서해 달라고 신에게 기도를 올리는 무한한 사랑의 표정도 아니다. 그렇다고 몹시 억울해하며 "왜 나를 버리시나이까?" 하고 신에게 항의하는 표정도 아니다. 예수는 다만 어처구니없어하고 있을 뿐이다. 십자가 앞의 군중 가운데는 더러 예수의 운명을 슬퍼하는 자도 있는 것 같다. 그러나 뭉크가 강조한 것은 예수의 비참한 운명에서 잔인한 희열을 느끼고 냉소하는 인간의 표정이다.

그러한 자를 보며 예수는 경악하지도 않는다. 경악이란 놀랍고 엄청난 것을 목도할 때 일어나는 감정이다. 예수는 아마 자신의 십자가 운명에 무슨 의미가 있을까, 의심하게 된 것 같다. 내가 이러한 인간들을 위해 십자가에 달려야 했던가? 대체 인간이란 신의 사랑을 받기에 적합한 존재인가? 왜 나는 저들을 동정하기보다 차라리 가혹하게 비판하지 않았던가? 왜 나는 저들의 죄를 대신 짊어지기보다 차라리 엄격하게 책임을 묻지 않았을까? 죄를 범할 만큼 약하고 이기적인 인간들은 보다 고차원적인 존재가 출현할 수 있게끔 마땅히 극복되어야 하지 않는가? 왜 나는 인간들에게 행복에 집착하기보다 스스로 자신의 몰락을 선택하는 법을 배워야 한다고 일깨워 주지 않았나?

뭉크의 〈골고다〉가 암시하는 이 모든 물음은 그가 차라투스트라의 사상을 매우 적확하게 이해하고 있었음을 드러낸다. 1900년은 니체가 장장 11년 동안 이어진 정신의 암흑기를 넘어 마침내 죽음을 맞이한 해이다. 아마 뭉크는 니체의 혼이라도 만나 묻고 싶었으리라.

"이제는 죽은 혼이 된 니체여, 말해 보라. 당신은 지금도 말할 수 있나?
'이 모든 고통을 또다시!'라고?"

뭉크의 물음은 대답을 필요로 하지 않았다. 그가 그린 예수가 군중을 바라보는 표정이 그렇다는 것을 아주 분명하게 알려 준다. 그림을 그리며 뭉크는 자신에게 다짐했을 것이다.

"나는 적당한 행복만을 추구하는 끝물 인간이 되느니 예수처럼 십자가의 죽음을 맞이하는 편을 택할 테야.

그러나 할 수만 있다면 나는 차라투스트라가, 차라투스트라의 초인이, 되고 싶다.

죽는 날까지 하늘을 우러르며 이렇게 외치리라.

'이 모든 고통을 또다시!'

설령 니체처럼 길고도 긴 광기의 어둠이 내 삶을 덮칠지라도 나는 끝없이 외치리라.

'이 모든 고통을 또다시! 이 모든 고통을 또다시!…'"

제7장

/

기쁨과 긍정의 정신

헨리 퓨젤리, 〈악몽〉, 1781, 디트로이트 미술관

　니체의 사상을 그 이전의 서양 사상과 구분하는 것은 무엇일까? 그
것은 삶과 존재에 대한 절대적인 긍정과 사랑이다. 자신에게 주어진
삶을 그 자체로서 긍정하고 사랑하는 자는 스스로 온전한 기쁨과 긍
정의 정신이 되기 위해 힘쓰기 마련이다. 그는 피안의 세계로 도피하
지 않는다. 피안의 세계에 대한 믿음에서 위안을 얻으려 하는 자는 자
신에게 주어진 이 현세에서의 삶에서 패배자로 남을 뿐이다. 결국, 현
세에서의 고통을 잊기 위한 방편으로 피안의 세계를 추구하는 것이기
때문이다.

　차라투스트라는 고통을 위한 고통을 추구하지 않는다. 차라투스트
라에게 고통은 기어이 극복되어야 하는 것 외에 다른 것이 아니다. 고
통을 피하지 않고 극복하려 분투하는 과정에서 삶을 보존하고 증진할
우리의 역량이 커진다. 참으로 삶을 긍정하는 자는 삶의 보존과 증진
을 위해 사납게 싸울 줄 알아야 한다. 말하자면 차라투스트라의 초인

은 스스로 자신의 몰락을 선택하는 어린 양이어야 하고, 동시에 자신의 선택이 삶의 보존과 증진에 실제적으로 이바지할 수 있게끔 삶을 억압하는 모든 경향에 단호하게 맞서 싸우는 사자가 되어야 한다. 삶과 존재를 순연하게 긍정하는 어린아이의 정신이 사자의 정신을 요구한다는 차라투스트라의 선언이 의미하는 바가 바로 이것이다.

뱀에게 목구멍 안쪽을 물린 채 극심한 구역질과 창백한 공포의 표정으로 어쩔 줄 몰라 하는 양치기에게 차라투스트라는 사납게 외친다.

"대가리를 물어라! 물어뜯어 버려라!"

차라투스트라의 고함을 들은 양치기는 정말 뱀 대가리를 덥썩 물어뜯어 버렸다. 양치기는 뱀 대가리를 멀리 뱉어 버린 뒤 벌떡 일어났다. 그는 환하게 웃고 있었다. 그런 양치기를 차라투스트라는 초인으로 묘사한다.

"이제 그는 양치기도 아니고 인간도 아니다.
그는 변화한 자, 빛에 둘러싸인 자로서 웃고 있었다.
지금까지 이 땅에서 그와 같이 웃었던 자는 아무도 없었다.
아, 형제들이여.
나는 인간의 웃음이 아닌 웃음소리를 들었다.
그리고 이제 갈증이, 결코 잠들지 않는 동경이 나를 갉아먹는다.

240

이러한 웃음을 향한 나의 동경이 나를 갉아먹는다.

아, 이제 삶을 어떻게 견딜 것인가!

그리고 지금 죽어야 한다는 것도 어떻게 견딜 것인가!"

차라투스트라의 초인은 인간을 지배하는 초월자가 아니다. 초인은 오직 변화한 인간, 스스로, 능동적으로, 사납게, 자신에게 굴욕과 고통을 안겨 주는 모든 것과 싸우며 기어이 이겨 냄으로써 평균적인 인간 이상의 존재가 된 그러한 인간을 뜻한다. 물론 니체의 어법에 따르면, 그를 인간이라고 부르는 것은 적절하지 않다. 인간의 한계를 초극한 존재자이기 때문이다.

화가 헨리 퓨젤리는 영국 낭만주의 운동에서 가장 중요한 인물들 가운데 하나이다. 그는 본래 스위스 태생이었다. 하지만 화가로 활동하는 동안에는 대부분 영국에서 살았다. 퓨젤리의 아버지 역시 화가였다. 하지만 그는 아들이 성직자가 되기를 원했다. 실제로 퓨젤리는 1761년에 성직자가 되었다. 하지만 그는 당시 교계에서 받아들이기 힘든 자신의 소신을 거리낌 없이 밝힌 탓에 결국 조국을 떠날 수밖에 없었다. 1765년 런던으로 간 퓨젤리는 화가이자 미학자인 조슈아 레이놀즈의 권유로 화가가 될 것을 결심한다.

퓨젤리의 출세작이자 대표작은 〈악몽〉(1781)이다. 〈악몽〉은 낭만주의 미술의 발전에 지대한 공헌을 한 작품으로 평가받는다. 여러 가지 이유가 있겠지만 그중 가장 중요한 것은 이 그림에 얽힌 배경 이야기가 없다는 점이었다. 〈악몽〉은 매우 극적이고 그로테스크한 분위기의 그림이다. 전통적으로 이러한 그림은 거의 예외 없이 그리스 신화나 성경, 유명한 문학 작품, 전설, 전쟁이나 역병 같은 거대한 역사적 사건 등을 묘사하기 마련이었다. 그림의 역할이 감상자로 하여금 전통과 역사를 반추하도록 하는 것에 있었던 것이다.

그러나 아무 배경 이야기도 가지고 있지 않았던 〈악몽〉을 보며 사람들은 과거를 돌아볼 필요가 없었다. 〈악몽〉의 이미지와 분위기는 순수하게 현재적이었다. 〈악몽〉을 감상하면서 사람들은 이미 이루어진 전통과 역사로 환원될 수 없는 삶과 존재의 불가사의한 힘에 눈뜨게 되었다. 〈악몽〉을 보고 있노라면 순수하게 악마적인 힘이 결정적인 승리를 거두어 버린 것 같은 느낌이 강하게 든다. 악마가 승리를 거두었다면 인간은 세상이 선한 신의 의지에 따라 순리대로 움직여 나가리라는 기대를 품을 수 없다. 인간은 스스로 선택해야 한다. 악마적인 힘에 굴종할 것인가, 아니면 그 힘에 맞서 싸우며 다시 밝고 아름다운 세상을 만들어 나갈 것인가 결정해야 한다.

〈악몽〉에 대해서는 꽤나 다양한 해석들이 있다. 어느 것이 맞는지는 아무도 알 수 없다. 퓨젤리 역시 그림을 그린 자신의 의도가 무엇인지 명확하게 설명한 적이 없다. 그러니 전통적인 해석학의 관점을 받아들여 저자 내지 작가의 의도를 파악하는 것이 작품에 대한 올바른 이해를 위해 결정적이라고 전제해도 별 소용이 없다. 누구도 〈악몽〉에 대해 남들보다 올바른 해석을 내릴 수 없다. 우리는 기껏해야 이렇게 저렇게 그럴듯한 해석만 할 수 있을 뿐이다. 그러니 남들 눈치 보지 말고 우리도 그냥 우리끼리 그럴듯한 해석을 내려 보자.

우선 눈에 뜨이는 것은 잠든 여인과 그녀의 배 위에 올라앉은 몽마 夢魔 인큐버스, 그리고 붉은 장막 사이로 대가리를 들이밀고 있는 말이 다. 인큐버스는 중세 유럽의 전설에 나오는 남성 몽마이다. 성적 쾌락 을 얻으려고 잠들어 있는 여성을 덮치는 존재로 알려져 있다. 인큐버 스와 쌍을 이루는 여성 몽마는 서큐버스라고 불린다. 밤에 남자가 잠 에 빠지면 덮쳐서 성적인 관계를 맺고 정력을 소진시키는 몽마이다. 서큐버스와의 성관계는 남자에게 꿈속에서 일어난 사건으로 기억된 다. 남자의 몽정은 서큐버스와의 성관계 때문이라고 믿어졌다.

서큐버스는 매우 추한 얼굴을 가지고 있지만 남자의 꿈속에서는 도 저히 거부할 수 없으리만치 아름다운 여성의 모습으로 나타난다. 즉 서큐버스는 추한 존재임에도 불구하고 남자에게 아름다움과 성적 쾌 락을 선사하는 몽마이다. 하지만 인큐버스는 다르다. 인큐버스가 올 라탄 여자는 대개 가슴에서 심한 압박감을 느끼며 괴로워한다. 그렇 다고 인큐버스가 여자에게 고통만 안겨 주는 것은 아니다. 고통과 함 께 여자는 은밀한 쾌락을 느끼기도 한다.

〈악몽〉에 인큐버스가 등장하기 때문에 많은 사람은 이 그림이 여성 의 은밀한 성적 욕망을 암시한다는 식의 해석을 하고는 했다. 매우 설 득력 있는 해석이다. 그렇지 않으면 인큐버스가 여자 가슴 위에 올라 앉아 있을 이유가 어디에 있을까? 그렇다면 우선 다음과 같은 점에 대해 생각해 보자. 추하기는 인큐버스나 서큐버스나 마찬가지이다. 그런데도 서큐버스는 남자에게 아름다움과 성적 쾌락을 선사하지만 인큐버스는 여자에게 주로 고통을 선사한다.

서큐버스가 남자에게 주는 쾌락과 달리 인큐버스가 여자에게 주는 쾌락은 반드시 크나큰 고통을 수반한다. 그 이유는 무엇일까? 언뜻 여자가 남자에 비해 자신의 성적 욕망에 솔직하지 못하기 때문이라는 생각이 들기 쉽다. 물론 이러한 생각은 모든 남자와 여자에게 천편일률적으로 적용할 수 없다.

세상에는 자신의 성적 욕망에 솔직하지 못한 남자도 있고, 보통 남자보다 자신의 성적 욕망에 더 솔직한 여자도 있다. 그러나 대체로 남자는 솔직하고 여자는 그렇지 못하다고 전제해 보자. 특히 퓨젤리가 주로 활동했던 18세기나 19세기만 하더라도 여자들 대다수는 자신의 성적 욕망을 솔직하게 드러내기가 어려웠을 것이다.

그렇다면 왜 여자는 대체로 자신의 성적 욕망에 솔직하지 못할까? 남자와 여자 사이의 생물학적 차이가 그 원인이라는 대답도 아마 가능할 것이다. 실제로 남자가 자신의 성적 욕망에 더 솔직할 수 있게끔 하는 생물학적 요인이 있을지도 모른다. 그럼에도 생물학적 차이만으로는 충분한 설명이 되지 못한다. 여자로서 자신의 성적 욕망에 솔직할 수 있는 정도가 시대와 장소에 따라 다르기 때문이다.

드물긴 하지만 분명 여자들이 자신의 성적 욕망에 매우 솔직한 시대와 장소도 있었다. 그렇다면 대다수의 여자가 남자에 비해 자신의 성적 욕망에 솔직할 수 없는 그러한 사회에서는 여자로 하여금 스스로 자신의 성적 욕망을 억제하도록 몰아세우는 전통이나 규범 등이 있기 마련이라고 보아야 할 것이다. 남자의 성적 욕망에는 관대하면서 여자의 성적 욕망에는 엄격한 사회에서 여자는 자기 안에서 일어나는 성적 욕망을 고통스럽게 맞이할 수밖에 없다. 욕망을 억압해야 하기 때문이다. 충족되지 못하는 욕망은 대개 고통의 원인이 되는 법이다. 그러니 여자의 성적 욕망에 엄격한 사회에서 여자는 남자에 비해 더욱 고통스럽게 살도록 강요되는 셈이다.

〈악몽〉에 등장하는 여인은 여자들이 처한 상황을 상징적으로 대변한다. 남자들과 달리 여자들은 자신의 성욕을 충족시키기도 어렵고 성욕에 솔직해지기도 어렵다. 심지어 여자들이 자신의 성욕에 매우 솔직한 그런 사회에서도 여자들은 남자들과 달리 고통에 대한 예감 없이 성욕을 충족시키기 어렵다. 혹시라도 임신하게 되면 낙태하거나 출산해야 한다. 어느 쪽을 선택하든 육체적·정신적 고통을 피할 수 없다. 게다가 여전히 대다수 사회에서 여자들은 사회생활하기가 남자들보다 더 어렵다. 그 때문에 여자들은 대개 나이가 들수록 동년배의 남자들에 비해 자신의 성욕을 충족시킬 기회를 점점 더 적게 가지게 된다.

〈악몽〉의 여인을 보라. 그녀의 피부는 창백하고, 머리와 두 팔은 바닥 쪽으로 축 늘어져 있다. 상반신 역시 전체적으로 비스듬히 바닥 쪽으로 기울어져 있다. 영락없는 시체의 모습이다. 단말마의 고통과 분간할 수 없는 쾌락— 그것이 여자의 성적 욕망에 엄격한 사회에서 여자가 맞이할 수 있는 성적 쾌락의 전부이다. 끔찍스러운 고통의 예감

없이 여자가 순수하게 성적 쾌락만을 느낄 수 있는 경우는 두 가지뿐이다. 어리석고 둔감하거나, 정숙한 여인으로서 임신할 우려가 없는 시기에 남편과 성행위를 하거나.

전자는 후에 고통이 찾아올 것을 알아차리지 못하는 경우이다. 후자는 사회가 요구하는 대로 고분고분하게 살아가는 경우이다. 물론이 경우에도 여자가 고통과 굴욕으로부터 자유로울지는 전적으로 남자에게 달렸다. 운 좋게도 남자가 착하고 성실하면 나름 행복하게 살 수 있다. 그러나 그렇지 않으면 고통과 굴욕 없이 단 하루도 보내기 어렵다.

인큐버스와 서큐버스는 성적 욕망이 죄악시되어 온 서양의 전통을 반영할 것이다. 도덕과 종교의 눈으로 보면 성욕은 추하고, 성욕에 시달리는 자신도 추하다. 도덕과 종교로 인해 성욕을 억눌러야 하는 인간에게는 자신의 성욕이 인큐버스나 서큐버스처럼 낯설고 추한 존재로 타자화되어야 하는 것이다.

그러나 건강한 몸을 지닌 자는 누구나 성욕을 느끼기 마련이다. 모든 욕망과 마찬가지로 성욕 또한 넘치는 활력의 표현인 것이다. 그러나 도덕적 양심과 신앙을 지닌 사람들은 자신의 삶이 지닌 건강한 활력의 표현으로 성욕을 받아들이기 어렵다. 성욕은 괴물처럼 추하고 징그러운 것이어야 한다. 할 수만 있다면 무의식의 심연 속으로 깊이 깊이 가라앉혀야 한다.

하지만 남자들은 모두 알고 있다. 사회적으로는 추악한 것으로 통용되는 성욕 역시 충족되면 자신에게 쾌락과 기쁨을 선사한다는 것을.

그 때문에 남자를 덮치는 서큐버스는 추악한 존재임에도 불구하고 막상 남자들의 꿈속에 등장할 때는 매우 아름답다. 또한 서큐버스와의 성관계 또한 별다른 고통을 수반하는 일 없이 큰 쾌락을 선사한다.

물론 여자들 또한 알고 있다. 성욕이 충족되면 쾌락과 기쁨이 찾아온다는 것을. 본능이 자연스럽게 알려 주는 것을 여자라고 해서 어찌 모르겠는가? 하지만 여자들은 남자들과 달리 자기 안에 성욕이 자라나고 있다는 사실이 알려지면 수치를 당하게 될 것이라는 것 또한 자각하고 있다. 음험하고 야비한 남자들이 얼마나 많은가? 함께 성관계를 즐기고 나서 여자를 전리품이라도 되는 양 무시하는 남자들이 적지 않다는 것을 생각해 보면 좀처럼 자신의 성욕에 솔직하게 반응하기가 어렵다.

그러나 어쩌랴. 욕망은 본래 욕망을 충족하려는 무조건적인 의지를 수반하기 마련이다. 그 때문에 아무리 무의식의 심연 속으로 가라앉히려 해도 성욕은 어떤 식으로든 기어이 충족되고야 만다. 불행하게도 여자에게는 자신의 욕망이 충족되는 그 순간이 커다란 고통과 굴욕의 순간이 되고 만다. 자신이 정복할 여자의 배 위에 앉아 있는 인큐버스의 표정을 보라. 얼마나 심술궂고 의기양양해 보이는가? 여자를 바라보는 말의 희번득거리는 눈과 입을 보라. 조롱과 사악한 만족감이 느껴질 뿐 친절한 마음이나 연민은 조금도 느껴지지 않는다.

어차피 충족될 수밖에 없는 성욕이 실제로 충족되려면 여자는 철저하게 수동적으로 되는 수밖에 없다. 능동적으로 성욕을 추구하는 모습을 보이면 남들로부터 받게 될 조롱과 수치감이 배가될 것이므로.

바로 그렇기에 성욕이 충족되는 순간의 여성은 시체와 같아야 한다. 시체와 같은 상태가 되는 것만이, 그로써 자신이 쾌락보다 고통을 훨씬 더 많이 겪었다는 것을 증명하는 것만이, 타락한 여자로 비난받지 않을 유일무이한 길이다.

〈악몽〉의 여자는 뱀에게 목구멍 안쪽을 물린 차라투스트라의 양치기와 닮았다. 건강한 활력의 표현인 자신의 성욕으로 인해 끝없이 조롱과 박해의 대상이 될 운명에 내몰리게 되었고, 시체처럼 수동적인 존재가 되도록 강요되었다. 이 얼마나 기가 막힌 일인가? 건강하기 때문에 도리어 창백한 공포의 얼굴로 살아가게 되다니. 그녀에게 들려줄 말은 단 하나다.

> "대가리를 잘라 버려! 너에게 크나큰 굴욕과 고통을 안겨 주는 모든 것들을 철저하게 부숴 버려!"

"대가리를 물어라! 물어뜯어 버려라!"라는 차라투스트라의 말을 듣고 양치기는 실제로 뱀의 대가리를 물어뜯어 버린 뒤 벌떡 일어났다. 이미 고통을 잊은 그의 얼굴에는 환한 기쁨의 웃음이 어려 있었다. 자신에게 굴욕과 고통의 원인이 되는 것을 극복할 수 있는 건강한 삶의 힘을 바로 자신에게서 발견했기 때문이었다. 그가 초인이 되도록 한 것은 자신의 힘이었다. 그 힘을 발휘함으로써 그는 순수한 기쁨을 느낄 수 있었다. 이미 초인이 된 자만이 그러한 기쁨을 느낄 수 있다. 순수한 기쁨이야말로 초인의 표지인 것이다.

〈악몽〉의 여자 역시, 자신의 욕망에 충실하지 못하도록 강요받는 모든 여자 역시, 그렇게 해야 한다. 기억하라. 차라투스트라가 말하는 몰락은 고통과 굴욕을 위한 것이 아니다. 그것은 도리어 순수한 기쁨을 위한 것이다. 자신의 몰락을 두려워하지 않는 자만이, 스스로, 능동적으로, 자신의 몰락을 선택할 수 있는 자만이 — 현실의 모순이 자신에게 안겨 주는 굴욕과 고통을 이겨 내고 순수한 기쁨과 긍정의 정신으로 부활할 수 있다. 초인이란 오직 이러한 과정의 산물일 뿐이다.

여자의 시선으로 니체의 저술을 읽는 것은 결코 쉬운 일이 아니다. 남성 중심적이고 여자들에 대해 모멸적인 느낌을 주는 구절들이 종종 나오기 때문이다. 차라투스트라만 하더라도 오늘날의 여성주의적 시각으로는 도저히 용납할 수 없는 여성관을 가지고 있다.

차라투스트라에 따르면 남자는 전투를 위해, 여자는 전사의 휴식을 위해 교육받아야 하고, 그 밖의 일은 다 어리석다. 또한 여자는 복종을 통해서 자신의 마음이 격렬하게 요동치는 얕은 물과도 같다는 것을 발견해야만 한다. 반면 남자의 마음은 깊다. 격렬하게 요동치지도 않고 동굴 깊은 곳에서 씩씩하게 한 방향으로 큰 소리를 내며 흘러가는 격류와도 같다.

여자로서 니체를 비판하고 싶거든 얼마든지 그렇게 해도 좋다. 절대적인 것은 아무것도 없다. 니체의 초인 사상조차 삶을 꾸려 나갈 우리 역량의 함양으로 이어지지 않는다는 판단이 들면 가차 없이 비판받아야 한다. 그러나 여자에 대한 니체의 이야기가 거슬리거든 우선 니체로 하여금 여자에 대해 그러한 이야기를 하도록 만든 현실적 원인은 없는지 꼼꼼하게 살펴볼 일이다.

민주주의에 대한 니체의 혹독한 비판 때문에 니체를 경원시하는 자는 민주주의가 무엇인지 거의 아무것도 이해하지 못하는 자다. 기독교에 대한 니체의 가차 없는 공격 때문에 니체를 혐오스러워하는 자는 기독교를 망칠 뿐이다. 이러한 자들이 옹호하는 민주주의와 기독교란 겉보기로만 그럴듯할 뿐 삶의 보존과 증진을 위해서는 아무짝에도 쓸모없는 오물 덩어리에 불과할 뿐이다.

마찬가지로 여자에 대한 니체의 진술들 때문에 니체의 사상을 거부하기로 마음먹은 사람은 여성해방을 위해 진정 무엇을 해야 하는지 이해하고 있는 사람일 수 없다. 중요한 것은 삶을 꾸려 나갈 우리의 역량을 보존하고 더 나아가 증진하도록 하는 데 방해가 되는 모든 경향에 맞서 싸우라는 니체의 권유를 받아들이는 일이다. 양치기처럼 실존적 고통에 시달리는 여자를 만나게 되면 니체의 차라투스트라는 조금도 주저하지 않고 외칠 것이다.

"대가리를 잘라 버려! 너에게 크나큰 굴욕과 고통을 안겨 주는 모든 것들을 철저하게 부숴 버려!"

　차라투스트라는 소위 겸양의 덕을 싫어한다. 차라투스트라에 따르면 대개 끝물 인간들인 군중은 이미 왜소할 뿐 아니라 심지어 시간이 흐를수록 점점 더 왜소해지기까지 하고 있다. 그 까닭은 그들이 알고 있는 행복과 덕에 대한 가르침 때문이다. 차라투스트라는 결코 덕을 부정적으로 보지 않는다. 그러나 진정으로 덕이 있는 자는 어떠한 인간인가? 삶을 힘차게 긍정하는 자이다. 자신의 삶을, 이웃을 삶을, 힘차게 긍정하면서, 모든 인간이 당당하게 삶을 살아가게 되도록 배려하는 자다.

　군중이 겸양의 덕에 젖어 들고 다른 사람에게도 겸양의 덕을 바라는 것은 그들이 안일하기 때문이다. 군중은 자신의 삶을 왜소하게 하는 경향에 맞서 힘차게 싸울 결의가 별로 없다. 그들은 그저 주어진 상황 속에서 자신에게 허락되는 적당한 행복에 집착할 뿐이다. 겸양의 덕이란 적당한 행복에 집착하는 자의 안일함을 그럴듯하게 포장하는 미사여구일 뿐이다. 차라투스트라는 말한다.

　　"작은 행복을 겸손하게 끌어안는 것,
　　군중은 이것을 순종이라고 부른다!
　　그러면서 그들은 어느 틈엔가 또 다른 작은 행복을 곁눈질한다. 겸손하게.

사실 그들이 한결같이 원하는 것은 단 하나이다.

그들은 그 누구에게서도 고통받지 않기를 바란다.

그래서 그들은 솔선수범해서 모든 인간에게 친절하다.

하지만 이것은 비겁함이다.

그것이 이미 세상에서는 덕이라고 불리고 있기는 해도 말이다."

바로 여기에서 왜 니체의 차라투스트라가 기독교의 신을 받아들이기를 거부하는지 명확하게 드러난다. 유럽의 플라톤화한 기독교에서 신은 사람들에게 무조건적인 복종과 겸양의 덕을 강요하는 존재이다. 복종을 요구하는 신, 인간에게 겸양의 덕을 강요하는 신은 결코 자신을 세상을 위한 어린 양으로서 내어 주는 신, 스스로 자신의 몰락을 선택한 신일 수 없다.

니체는 우리 모두에게 무조건적인 복종과 겸양의 덕을 강요하는 신의 이념을 버리라고 요구한다. 이러한 신을 믿는 자는 아무리 경건한 신앙심을 내세워도 실은 적당한 현세적 행복에 맹목적으로 집착하는 자에 지나지 않는다. 이러한 인간은 거듭날 수 없다. 스스로 자신이 진정으로 경건한 신앙인이라고 생각하는 경우, 이러한 인간은 다만 자기기만에 빠져 있을 뿐이다.

참으로 덕을 사랑하는 자는 과감하게 자신의 몰락을 선택해야 한다. 무엇을 위해? 우리 모두로 하여금 기쁘고 당당한 삶을 살지 못하게 하는 모든 억압적 경향에 맞서 싸우기 위해. 복종과 겸양의 덕을 선택하는 자는 일상의 안위를 위해 주어진 현실과 적당히 타협하는 자일 뿐 결코 참된 덕을 지닌 자일 수 없다. 덕이란 오직 스스로 자신의 몰락을 선택할 만큼 용기 있는 자만이 가질 수 있는 것이기 때문이다.

메리 울스턴크래프트는 18세기 후반의 작가이자 시민운동가였다. 오늘날 여성주의 운동의 선구자로 통하는 그녀는 헨리 퓨젤리를 사랑한 여자 중 하나였다. 그녀의 애절한 구애를 퓨젤리는 끝내 거절했다. 그녀가 사랑을 고백했을 때 퓨젤리는 유부남이었다. 그러니 그가 그녀의 구애를 거절한 것이 도덕적으로 문제라고 보기는 어렵다. 하지만 나중에 그녀와의 일을 회상하며 퓨젤리는 다음과 같이 말했다. "나는 똑똑한 여자가 싫어. 그들은 골치덩어리일 뿐이지."

왜 똑똑한 여자가 싫은가? 물론 적당히 복종할 줄 모르고 언제나 옳고 그름을 따지려 하기 때문이다. 사실 여자가 똑똑하다는 것 자체는 문제가 아니다. 권위적인 남자에게 중요한 것은 여자가 똑똑하냐 똑똑하지 않냐가 아니라 소위 겸양의 덕을 갖추고서 남자에게 양보하고 복종할 줄 아느냐 모르느냐이다. 똑똑한 여자가 싫다고 남자가 말할 때의 똑똑함이란 여자가 이렇게 저렇게 따질 때 왜 여자의 말이 틀렸는지 잘 설명할 수 없음을 표현할 뿐이다.

그러니 똑똑한 여자가 싫다고 말하는 남자는 적어도 여자와의 관계에서는 겸양의 덕과 거리가 먼 셈이다. 자기 자신은 겸손하지 않으면서 여자에게는 겸손해지라고 윽박지르기를 좋아하는 남자는 복종적인 여자 외에 다른 어떤 여자도 원하지 않는다. 겸양의 덕이란 남에게 겸양의 덕을 지니라고 강요하는 오만한 자 앞에서 굴종함 외에 다른 아무것도 아니다.

사실 남녀 관계에서뿐이랴! 오만하고 권위적인 상사일수록 자신보다 서열이 낮은 직원에게 복종과 겸양을 강요하기 마련이다. 자식을 인격적으로 존중할 줄 모르는 부모일수록 자식에게 복종과 겸양을 강요하기 마련이며, 국민 무서운 줄 모르는 권력자일수록 국민에게 복종과 겸양을 강요하기 마련이다. 만나는 모든 사람을 다정한 친구처럼 여기려 애쓰는 사람은 남들에게 복종과 겸양을 강요할 이유를 가지고 있지 않다. 친구끼리는 활기차게 이야기를 나누고 함께 힘차게 놀 뿐이다. 서로가 서로를 친근한 우정의 마음으로 바라보는 그러한 관계에서 복종과 겸양을 강조할 이유가 대체 어디 있겠는가? 그러니 겸양의 덕이란 부당한 권력과 권위에 맞서 싸울 줄 모르는 비겁한 정신의 소산일 뿐이다.

니체의 차라투스트라가 거부하는 신은 인간에게 복종과 겸양을 강요하는 신이다. 차라투스트라에 따르면 이러한 신은 사실 교활한 악마일 뿐이다.

> "내가 '애타게 호소하고 즐거이 합장하며 숭배하는 너희 마음속 그 모든 비겁한 악마들을 저주하라!' 하고 외치면, 군중은 아우성친다.
> '차라투스트라는 신을 부정하는구나'라고."

왜 차라투스트라는 군중을 향해 그들이 신이라고 믿고 섬기는 신이 실은 복종과 겸양을 강요하는 악마라는 것을 일깨우려 하는가? 자신보다 한없이 열등한 군중을 기어이 자신과 대등한 자로 만들기 위해서이다.

"나는 신을 부정하는 차라투스트라다.
나는 어디에서 나와 대등한 자를 찾을 수 있을까?
스스로 자신의 의지를 펼쳐 내고 어떤 순종도 거부하는 자는 모두 나와 대등한 자이다."

차라투스트라의 이 말은 군중을 향한 차라투스트라의 가차 없는 비판과 경멸이 실은 군중을 향한 최상의 사랑의 표현이라는 것을 잘 드러낸다. 군중은 대개 끝물 인간들이다. 그들은 자신이 지금 누리고 있는 적당한 행복을 지키기 위해 기꺼이 복종하려 하는 비겁한 정신의 소유자이다. 그들은 자신만의 고유한 의지와 욕망을 가지고 있지 못한 자이다. 왜 그러한가? 적당한 행복을 지키기 위해 기꺼이 복종하려 하기 때문이다. 자신만의 고유한 의지와 욕망을 최대한 발휘하고 충족시키려 하기보다 도리어 억누르며 우리에 갇힌 배부른 돼지가 되는 것에 만족하려 한다. 그 때문에 군중을 향해 차라투스트라는 금욕하는 자가 되기보다 진정으로 의욕하는 자가 되라고 권면한다.

물론 군중은 적당한 행복을 누리는 데 필요한 소소한 욕망에 휘둘리는 자들이다. 그러니 끝물 인간 이상의 존재가 되기 위해서는 이러한 소소한 욕망을 극복하는 법을 배워야 한다. 그러나 차라투스트라는 욕망을 아예 금기시하거나 심지어 죄악시하면서 욕망을 극복하라고 권하지 않는다. 인간은 욕망을 지닌 존재이고, 욕망이 충족되어야 쾌락과 즐거움이 찾아오며, 참된 우정의 관계란 서로가 서로에게 최대한 많은 욕망이 충족되도록 도움으로써 모두 함께 흥겨운 잔치처럼 삶을 살아가도록 배려하는 관계이다.

기억하는가? 끝물 인간들은 자신의 적당한 행복을 지키는 데 필요한 정도로만 이웃을 사랑한다. 하지만 자신의 적당한 행복에만 집착하는 자는 본질적으로 비겁하고 이기적인 자이다. 이러한 자는 진정으로 이웃 사랑의 덕을 지닌 자일 수 없다. 욕망은 욕망으로만 이겨낼 수 있다. 충족되지 않은 욕망은 꺼지지 않는 불길처럼 가슴 가장 깊은 곳에서 끝없이 고통을 야기할 것이기 때문이다.

그렇다면 어떤 욕망을 어떤 욕망으로 이겨 내야 하는가? 소소한 욕망, 적당한 행복을 지키기 위해 기꺼이 복종하려 하는 비겁한 정신의 만족을 위한 욕망을 커다란 욕망, 남들 눈치 보지 않고 강하고 의연하게 살아가려는 용감한 정신의 만족을 위한 욕망으로 이겨 내야 한다. 오직 이러한 자만이 참된 이웃 사랑의 덕을 함양할 수 있다. 비굴하고 열등의식에 젖어 있는 자와 함께 노는 것은 얼마나 재미없고 맥 빠지는 일인가. 하지만 용감하고 복종을 강요하는 자를 비웃을 수 있는 자신감 넘치는 자와 함께 노는 것은 진정 재미있고 흥이 나는 일이다. 차라투스트라의 관점에서 보면 진정한 의미의 이웃 사랑은 이웃이 복종을 거부하는 용감한 정신의 소유자가 되게끔 배려하는 마음을 통해서만 가능해진다.

"아, 너희는 다음과 같은 나의 말을 알아들어야 한다.

너희가 의욕하는 바를 언제든 행하라.

하지만 그보다 먼저 의욕할 수 있는 자가 되어라!

너희의 이웃을 언제나 자신처럼 사랑하라.

하지만 우선 자기 자신을 사랑하는 자가 되어라!

커다란 사랑으로 사랑하며, 커다란 경멸로 사랑하라!"

퓨젤리는 메리 울스턴크래프트가 똑똑해서 질색이었다. 퓨젤리가 훌륭한 화가라는 것은 의심의 여지가 없다. 그러나 동시에 그가 여자에 대한 동시대의 편견을 극복하지 못한 자였다는 것 또한 의심의 여지가 없는 것 같다. 적어도 여자와의 관계 속에서 퓨젤리는 끝물 인간에 지나지 않았다. 어쩌면 그에게도 진심으로 사랑하는 애인이 있었을지 모른다. 그러나 결코 환상을 품어서는 안 된다. '나는 똑똑한 여자가 질색이야'라는 생각을 버리지 못하는 남자는 자신에게 기꺼이 복종하는 여자만 사랑할 수 있을 뿐이다.

이러한 남자는 여자를 정복해 자신의 사랑스러운 종으로 삼아 버리든가 아니면 거꾸로 거부할 수 없는 매력을 지닌 여자에게 정복당해 비굴한 종이 되든가 둘 중 하나이다. 자기보다 약한 자에게 복종을 강요하는 자는 자기보다 강한 자 앞에서 비굴해지기 마련이고, 기꺼이 그의 종이 되려고 하기 마련이다. 자신이 애착하는 적당한 행복을 지키기 위해, 달콤한 쾌락을 위해, 이러한 자는 타인과 진정한 우정의 관계, 진정한 이웃 사랑의 관계를 맺기를 거부하는 것이다.

오해는 하지 말자. 퓨젤리가 특별히 나쁜 남자였다는 증거는 아무 것도 없다. 아마 보통 사람의 마음으로 냉정하게 판단해 보면 유부남 인 퓨젤리에게 구애한 울스턴크래프트가 더 나쁘고, 심지어 더 비루 해 보이기까지 할 것이다. 그리고 이러한 판단이 잘못된 것이라고 말 할 정당한 근거 또한 아무것도 없다. 하지만 중요한 것은 퓨젤리와 울 스턴크래프트 사이에 일어난 일을 통해 우리 안에 있는 끝물 인간 본 성을 발견하는 일이다.

입으로 자유와 평등을 외치기는 쉽다. 그러나 우리 중 타인을 진정 한 친구로, 애인으로, 이웃으로 사랑할 용기를 지닌 자가 대체 얼마나 있을까? 혹시 아직도 남자들 대다수의 가슴속에는 자신이 사랑하는 여자를 괴롭히다 결국 창백한 시체로 만들어 버리려는 인큐버스가 숨 어 있는 것이 아닐까? 혹시 아직도 여자들 대다수의 가슴속에는 지금 당장 누리는 적당한 행복을 지키려 연인의 가슴속에 숨은 인큐버스를 외면하는 공포와 불안이 감추어져 있는 것이 아닐까?

차라투스트라는 우리에게 말한다.

"커다란 사랑으로 사랑하며, 커다란 경멸로 사랑하라!"

누구를? 자기 자신을. 차라투스트라는 진정 자신을 사랑하려 하거 든 자신을 크고 가혹하게 경멸하는 법을 배워야 한다고 알려 준다. 우리는 어떤 자신을 크고 가혹하게 경멸해야 하는가? 남자이거든 자신의 가슴속에 자신이 사랑하는 여자를 괴롭히다 결국 창백한 시체로 만들어 버리려는 인큐버스가 숨어 있음을 발견하고 경악해야 한다. 여자에게 권위적인 남자라면 마땅히 자신이 인큐버스의 은신처로 존재함을 크고 가혹하게 경멸해야 한다는 뜻이다. 여자이거든 자신의 가슴속에 자신을 창백한 시체처럼 만들어 버리는 공포와 불안이 감추어져 있음을, 연인이 인큐버스의 은신처로 존재함을 직시하지 않으려는 비겁한 정신으로 자신이 존재함을, 크고 가혹하게 경멸해야 한다.

물론 모든 남자는 다 사디스트이고 모든 여자는 다 마조히스트라는 식으로 생각할 이유는 조금도 없다. 반대의 경우도 얼마든지 있다. 중요한 것은 지배욕에 사로잡힌 자는 지배욕을 떨쳐 내야 하고 복종을 감내할 만큼 비겁한 자는 자신의 비겁을 떨쳐 내야 한다는 것을 이해하는 일이다.

차라투스트라와 같은 방식으로 이웃 사랑을 실천하는 자만이 참된 지배자일 수 있다. 탁월한 지배자는 자신의 지배를 받는 모든 자가 자신처럼 탁월한 자가 되도록 배려하기 마련이다. 그 누구도 타인의 지배를 받을 필요가 없는 세상을 만들어 나가는 것이야말로 참된 지배자의 역능이라는 뜻이다.

비단 남녀 관계에서뿐이랴! 자신의 행복을 지키려 그저 적당히만 이웃을 사랑하는 우리 모두의 가슴속에는 서로에게 복종과 겸양의 덕을 강요하려는 이기심과 비겁이 감춰져 있다. 먼저 자신의 허물을 직시하고, 이러한 허물을 벗어 버리지 못하는 자신을 크고 가혹하게 경

리처드 로스웰, 〈메리 셸리〉, 1840, 영국 런던 국립초상화미술관

멸해야 한다. 이러한 경멸 속에서 지금까지의 자기가 극복되도록 한
자만이 아직 끝물 인간으로 남아 있는 이웃들을 크고 가혹하게 경멸
할 자격을 갖는다. 마치 차라투스트라처럼 말이다.

그러나 기억하라. 군중을 향한 차라투스트라의 경멸은 군중을 향한
참된 사랑의 표현임을. 이웃의 삶을 보존하고 더 나아가 증진하기 위
해 용감하게 투쟁할 결의를 품은 자만이 참으로 이웃을 사랑하는 자
일 수 있고, 끝물 인간 본성을 버리지 못하는 이웃들을 크고 가혹하게
경멸할 자격 또한 가질 수 있다.

퓨젤리에게 거절당한 울스턴크래프트는 후에 영국의 정치 평론가
이자 소설가인 윌리엄 고드윈과 결혼한다. 하지만 결혼 생활은 오래
가지 않았다. 그녀는 아기를 출산하다 그만 산욕열로 죽어 버렸다. 태
어나자마자 어머니를 잃은 불행한 아기는 딸이었다. 그녀는 훗날 작
가가 된다. 『프랑켄슈타인』을 써서 불멸의 이름을 남긴 메리 셸리가
바로 울스턴크래프트의 딸이었다.

흥미롭게도 어머니와 마찬가지로 메리 역시 유부남과 사랑에 빠졌
다. 영국을 대표하는 낭만주의 시인 가운데 하나인 퍼시 비시 셸리였
다. 그는 메리의 아버지인 고드윈의 정치적 추종자였다. 울스턴크래
프트의 사랑은 거절당했지만 메리의 사랑은 그렇지 않았다. 메리와 셸
리는 서로 사랑했다. 셸리의 첫 번째 부인은 해리엇 웨스트브룩이었

다. 그녀는 1811년 열여섯의 나이로 셸리와 결혼했다. 메리와 셸리가
서로 사랑하게 된 것은 1814년이었다. 당시 메리는 17세였다. 해리엇
은 남편과의 애정이 파탄해 버리자 이를 비관해서 자살한다. 1816년
의 일이었다. 메리와 셸리가 결혼한 것은 그 이듬해인 1817년이었다.

메리 셸리는 부도덕한 여자로 지탄받아야 하는가? 아마 이러한 물
음은 각자의 관점에 따라 다르게 답해질 것이다. 결혼을 신성한 약속
이라고 보면 기혼자로 하여금 자신의 가정을 깨 버리게 하는 것은 용
납될 수 없는 일이다. 그러나 시쳇말로 사랑에는 국경이 없다고 보는
사람의 생각은 다를 수 있다. 진정한 사랑을 찾기 위해서라면 못 할
일이 없다고, 사랑 때문에 때로 가정을 깨야 할 때도 있는 법이라고
주장할 것이다.

그렇다면 질문을 좀 바꾸어 보자. 연인의 변심은 분명 매우 화가 나
는 일이다. 그러나 연인의 변심으로 인해 헤어 나오지 못할 만큼 깊은
절망에 빠지는 것은 참으로 굴욕적인 일이다. 왜 사랑에 배신당한 사
람은 종종 자살을 감행하려 할 정도로 깊은 절망에 빠지게 되는 것일
까? 사랑으로 인해 굴욕을 당한 사람이 복수할 마음조차 품지 못하고
스스로 삶을 포기하게 되는 일은 어떻게 가능할까?

언뜻 떠오르는 모범 답안은 '너무도 사랑했기 때문에'이다. 물론 너
무도 사랑했기 때문에 배신감이나 상실감을 견디지 못하고 깊은 절망

에 빠지는 일은 있을 수 있다. 그런데 한 인간을 '너무도 사랑하는 일'이 어떻게 가능할 수 있을까? 자신의 사랑이 이루어지지 않으면 차라리 죽음을 택하겠노라고 생각할 만큼 그 누군가를 열렬하게 사랑하는 일이?

이러한 물음에도 정해진 답은 없다. 분명 너무도 순수하게 사랑하기 때문에 절망에 빠지는 사람도 있다. 아름다운 영혼의 소유자가 자신의 순수한 인간성에 걸맞은 사랑을 감행하는 것이 걷잡을 수 없는 비극의 원인이 될 때도 있는 것이다. 그러나 사랑이 끝장나서 자신의 미래가 암울해지게 되었다고 생각하고 절망에 빠지는 경우도 있다. 여기에도 여러 가지 이유가 있을 수 있다.

물려받은 재산도 없고 스스로 돈을 벌 방도도 모르면 유능한 연인의 변심이 상상조차 하기 싫을 만큼 두려울 것이다. 예컨대 여자에게 사회생활을 할 기회가 좀처럼 주어지지 않는 사회에서, 남편에게 버림받는 것은 자기 재산이 없는 여자에게 사형선고나 마찬가지이기 쉽다. 혹은 사랑에 실패한 자신을 바라보는 사회적 시선이 무서워서 앞날이 암울할 수도 있다.

옛날에는 사람은 성인이 되면 마땅히 결혼해야 하고 또 결혼하고 나면 죽을 때까지 이혼하지 말아야 한다는 식의 도덕관념을 지닌 사람이 대부분의 나라에서 압도적 다수였다. 오늘날에도 이런 사람은 적지 않다. 결혼에 대한 엄격한 도덕관념이 지배적인 곳에서는 이혼 경력이 일종의 낙인이기 마련이다. 자기 잘못 때문에 이혼한 것인지 아닌지는 별로 중요하지 않다. 아무튼 이혼하고 나면 남들 앞에 당당하게 나설 수 없게 된다.

　자신에 대해 끝없이 뒷담화를 하고 은근히 비난하는 눈길을 곧잘 보내는 사람들에게 둘러싸여 있는 것은 얼마나 피곤하고 짜증나는 일인가? 차라리 노골적으로 싫은 티를 내면 한바탕 싸움이라도 하겠지만 침묵으로 자신을 경원시하는 불특정한 다수와는 묵묵히 소외감을 견디는 것밖에 다른 도리가 없다. 남들의 시선을 무시할 수 있을 만큼 대담하지 못한 사람에게는 다수로부터 멸시되고 소외된다는 느낌이 죽기보다 더 싫은 법이다. 결혼에 대한 엄격한 도덕관념 때문에 기쁨을 선사해야 할 사랑이 오히려 두려움을 강렬하게 일깨우는 결과가 생길 수 있는 것이다.

　불행하게도 사람들이 흔히 순수하고 열렬한 것이라고 여기는 남녀 간의 사랑이란 대개 이러한 사회적 요인들 때문에 생겨나는 굴욕의 현상에 지나지 않는다. 사람의 마음이 얼마나 변덕스러운가? 연인을 향한 뜨거운 열정을 일생 동안 유지할 수 있는 사람은 별로 없다. 열정은 빨리 식기 마련이고, 한번 열정이 식고 나면 서로 데면데면해져 버리거나 서로를 다정한 친구처럼 배려하게 되거나 하는 법이다.

　이러한 상태에서는 연인의 변심이 그 자체만으로 큰 절망의 원인이 될 리 없다. 도리어 연인에게 배신당하고 나면 현실적으로 견디기 힘든 고난이 나를 기다리게 될 것이라는 예감이 절망의 원인인 경우가 대부분이다. 또한 이러한 예감은, 의식적으로든 무의식적으로든, 열렬히 자신의 사랑에 집착하게 하는 원인이기도 하다.

　물론 꼭 그러한 것은 아니다. 누군가는 분명 너무나도 순수한 사랑 때문에 상처를 입기도 한다. 특히 사랑을 처음 경험해 본 어린 사람의 경우에는 그 확률이 높다. 그러나 환상에 빠져서는 안 된다. 사랑에 빠진 자도 분명 헤쳐 나가야 할 현실을 가지고 있다. 사랑이 이루어지지 않는 경우 도저히 현실을 헤쳐 나갈 수 없게 되리라 예감하게 되면 열렬히, 절망적으로, 사랑을 기어이 이루려는 성향이 자기도 모르게 생겨나는 법이다. 한마디로, 대개의 사람에게 열렬한 사랑이란 실은 자신이 굴욕적인 처지에 빠져들고 있음을 알리는 그 표지이다.

　사랑하라. 그러나 사랑이 이루어지지 못할까, 지나치게 염려하지는 말라. 혹시 사랑으로 인해 크나큰 걱정과 불안이 자신을 찾아오거든 한바탕 큰 싸움을 벌일 준비를 하라. 삶이란 본래 굴욕당하지 않을 권리와 함께 주어지는 것이다. 그러니 모든 살아 있는 자는 최선을 다해 자신의 삶에 굴욕을 안겨 주는 경향과 싸워야 한다.
　사랑이 사람들에게 기쁨보다 두려움을 더 안겨 주는 사회는 권력이 은밀하고도 음험한 방식으로 사람들을 억압하는 사회이다. 사랑의 실패가 헤어 나올 길 없는 절망의 늪 속으로 자신을 몰아넣는다고 느끼면 우선 약한 자신을 가혹하게 경멸해야 한다. 진실하고 아름다운 사랑은 늘 우리를 강해지게 하는 법이다. 우리를 약해지게 하고, 병들게 하고, 자살하도록 몰아세우는 사랑은 그저 병적 집착과 애상일 뿐이다.

병적인 사랑은 대개 두 가지 요인이 함께 작용하면서 만들어진다. 하나는 억압적인 권력이다. 또 다른 하나는 사랑하는 자의 심약함이다. 삶을 보존하고 증진하는 데는 둘 다 나쁘다. 억압적인 권력은 반드시 허물어져야 하고 심약한 자기는 반드시 초극되어야 한다. 참으로 아름답고 긍정할 만한 사랑은 삶에 적대적인 모든 경향에 맞서 단호히 싸울 결의를 품은 자에게만 허용되는 법이다.

울스턴크래프트는 유부남인 퓨젤리를 사랑하게 된 후 자신과 퓨젤리, 퓨젤리의 아내 셋이서 일종의 플라토닉 러브 관계를 이루어 나가자고 제안했다. 물론 퓨젤리의 아내는 경악했다. 퓨젤리 역시 울스턴크래프트의 제안이 못마땅했다. 그리고 보면 왜 퓨젤리가 울스턴크래프트와의 관계를 회상하며 똑똑한 여자는 질색이라고 말했는지 이해가 갈 듯하다.

유부남을 사랑하게 된 후 배타적인 사랑을 고집하기보다 플라토닉 러브의 관계를 꿈꾼 울스턴크래프트는 분명 전통과 관습에 고분고분 따르는 스타일은 아니었다. 그녀는 현실 세계를 자신의 이상에 맞게 바꾸어 나갈 준비가 되어 있었다. 또한 연인에게 자신이 그렇다는 것을 알릴 만큼 솔직하고 대담했다. 하지만 퓨젤리의 관점에서 보면 울스턴크래프트의 제안은 그녀와의 사랑을 위해 희생을 감내하라는 요구와 다를 바 없었다.

셋이서 함께 플라토닉 러브의 관계를 만들어 나가자고 제안하다니, 얼마나 엉뚱하기 짝이 없는 일인가. 차라리 자기만 사랑해 달라고 눈물로 애원하거나 떼를 쓰는 것이 훨씬 더 자연스러운 일이리라. 아내와 이혼하고 다른 여자와 결혼하면 입방정 떨기 좋아하는 사람들에게 분명 가십거리가 될 것이다. 하지만 신중하게 처신하면 크나큰 증오와 경멸의 대상이 되지는 않을 것이다. 이와 달리 세 사람의 남녀가 나누는 사랑은 엄청난 추문을 불러일으키기 쉽다. 사회적 통념상 남녀 간의 사랑이란 한 명의 남자와 한 명의 여자 사이에 맺어진 배타적인 관계 외에 다른 아무것도 아니기 때문이다.

퓨젤리는 바보가 아니었다. "우리 셋은 플라토닉 러브를 하고 있다오!"라고 말해 본들 가십거리에 목마른 대중이 믿어 줄 리 만무하지 않은가? 또한 그는 사회적 매장을 각오할 만큼 울스턴크래프트를 사랑하지도 않았다. 아마 그는 마음속으로 이렇게 되뇌었을 것이다.

'천연덕스럽게 자신과 함께 사회적으로 매장될 각오를 해 달라고 주문하다니, 똑똑한 여자란 얼마나 위험하고 도발적인 존재인가 말이다! 아니, 똑똑한 여자란 실은 얼마나 어리석은 존재인가? 진정으로 현명한 여자라면 설령 이상적인 생각이 떠올라도 전통과 관습에 순응하는 편을 택할 것이다. 이상을 추구하기보다는 묵묵히 남자의 사랑만을 바라보며 사는 여자가 행복해지기 쉽다. 그러니 진정으로 똑똑하거든 남자의 비위를 맞추어 주는 법을 배워야 한다. 설령 남자에게 복종할 마음이 없더라도 복종하며 사는 시늉이라도 해야 한다.'

울스턴크래프트는 프랑스 혁명의 지지자였다. 그녀는 프랑스 혁명을 잘못된 인습과 전통에 대한 이성의 승리로 받아들였다. 그녀에게는 역사의 진보를 이룰 이성의 힘에 대한 신뢰가 있었다. 전통적인 결혼 제도에 구애받지 말고 세 명의 남녀가 플라토닉 러브를 나누는 것도 나쁘지 않다는 그녀의 생각은 여성해방을 이룰 이성의 힘에 대한 믿음의 표현이기도 했다. 하지만 그녀의 딸인 메리 셸리는 이성에 대해 낙관적이지만은 않았다. 아마 그 때문이었을 것이다. 그녀는 어머니와 달리 이성적이고 플라토닉한 사랑의 관계를 꿈꾸지 않았다.

퍼시 비시 셸리의 낭만주의적 시 정신에 따르면 삶이란 본래 이성적 질서의 한계를 무한히 넘어서는 것이다. 때로 맹목적이고도 광폭한 열정이 우리를 지배하기 마련이고, 그럼 우린 파멸조차 기꺼이 감수할 준비를 해야 한다. 진정한 위험은 이러한 삶의 진실을 인정하지 않고 모든 것을 이성적으로 통제하려고 할 때 우리를 찾아온다.

열정의 힘에 자신을 내맡길 줄 아는 지혜를 기르는 것— 우리에게 필요한 것은 메마른 이성이 아니라 바로 이러한 결단이다. 몰락을 두려워하기보다 순간의 열정과 사랑을 기꺼워하는 법을 배워야 한다. 설령 그 순간의 열정과 사랑이 도덕의 눈으로 보면 용납할 수 없는 결과를 가져온다고 할지라도 말이다.

잘 알려져 있듯이, 메리 셸리의 소설 『프랑켄슈타인』은 괴물 인간에 관한 이야기이다. 보통 프랑켄슈타인은 이 괴물 인간의 이름으로 통한다. 하지만 그렇지 않다. 프랑켄슈타인은 괴물 인간의 이름이 아니라 괴물 인간을 창조한 자의 이름이다. 죽은 지 얼마 되지 않은 시체를 번개의 전기력을 이용해 되살린 박사의 이름이 바로 프랑켄슈타인이다. 『프랑켄슈타인』의 부제는 '현대의modern 프로메테우스'이다. 프로메테우스가 누구인가? 그리스 신화에서 프로메테우스는 멸망할 위기에 처한 인간을 구원한 신이다.

인간이 멸망할 위기에 몰린 것은 프로메테우스의 형제이기도 한 어리석은 신 에피메테우스의 실수 때문이었다. 살아남는 데 필요한 선물을 다른 동물들에게 다 나누어 주는 바람에 인간은 하나도 받지 못했다. 그러자 신들의 계율을 어기고 프로메테우스는 인간에게 불을 가져다주었다. 계몽주의에서 프로메테우스의 불은 이성의 상징이다. 인간으로 하여금 무지의 어둠을 이겨 내고 만물의 영장으로 우뚝 서도록 하는 이성이 아니었다면 인간은 분명 이미 오래전에 멸망해 버렸으리라.

프로메테우스가 인간에게 선사한 이성의 불은 인간을 불행으로부터 건져 냈는가? 분명 그렇다. 이성이 없었다면 멸망할 수밖에 없었던 인간은 이성 덕분에 만물의 영장으로 우뚝 설 수 있었다. 하지만 인간에게 이성은 두 개의 날을 지닌 칼과도 같다. 잘 쓰면 복이 된다. 하지만 잘 쓰지 못하면 크나큰 화가 될 수도 있다. 사람들이 알고 있는 프로메테우스 신화는 신들의 계율을 어긴 프로메테우스에게 제우스가 잔인한 벌을 주는 이야기와 함께 끝난다.

프로메테우스는 코카서스산의 절벽에 쇠사슬로 묶였다. 날마다 독수리가 날아와서 꼼짝도 못하는 프로메테우스의 간을 쪼아 먹었다. 인간이라면 독수리에게 간을 쪼아 먹히자마자 죽을 테지만 불사의 신인 프로메테우스의 몸에서는 밤마다 새로운 간이 생겨났다. 프로메테우스는 3000년 동안이나 매일 독수리에게 간을 쪼아 먹히는 고통을 당해야만 했다. 마침내 헤라클레스가 독수리를 화살로 쏘아 죽이고 나서야 그는 끔찍스러운 운명으로부터 벗어날 수 있었다.

프로메테우스와 얽힌 이런 이야기들은 최고의 신인 제우스가 인간을 별로 사랑하지 않는 잔인한 신이라는 느낌을 주기 쉽다. 하지만 플라톤의 『국가론』에는 제우스가 인간을 구원하는 이야기가 나온다. 이성의 힘으로 만물의 영장이 된 인간들은 서로 무자비한 투쟁을 벌이기 시작했다. 인간들이 결국 멸망하게 되리라고 생각한 제우스는 인간을 구원하려고 인간에게 또 다른 선물을 주었다. 그것은 정의를 사랑하는 마음이었다. 제우스가 선물한 정의를 사랑하는 마음 덕분에 인간은 서로 죽고 죽이는 증오와 살육의 악순환으로부터 벗어날 희망을 품을 수 있게 되었다.

왜 이성은 인간에게 끔찍스러운 재난의 원인이 되기도 하는가? 전통 철학적으로 말하자면 인간이 신과 달리 유한하고 결함이 많은 존재이기 때문이다. 기독교의 하나님과도 같은 절대자이자 무한자인 신은 완전하고 지극히 선하기만 한 존재이니 자신에게나 자신의 피조물에게나 일부러 악을 행할 리 없다. 하지만 인간은 유한하고 결함이 많은 존재이기 때문에 악한 방식으로 이성을 쓸 가능성으로부터 자유롭기 어렵다.

보는 관점에 따라『프랑켄슈타인』은 계몽주의적 인간에 대한 비판으로 읽힐 수도 있고 신에 의한 창조라는 기독교적 관념에 대한 비판으로 읽힐 수도 있다. 프랑켄슈타인 박사는 과학적 이성의 힘으로 죽음을 극복할 수 있다고 여겼고, 실제로 그렇게 했다. 그는 죽은 자를 되살려 새로운 삶을 살게 했다. 하지만 삶이란 본래 창발적인 것이다. 생명이 없는 물리적 사물들과 달리 살아 있는 것은 모두 의지를 지니고 있고, 의지를 지닌 모든 것은 물리적 사물들과 달리 자신을 위해 의지를 발휘하는 것이기 때문이다.

심지어 프랑켄슈타인이 창조한 괴물은 인간처럼 생각하고 말하는 능력도 지니고 있었다. 인간처럼 생각하고 말하는 능력을 지니는 존재는 정해진 법도에 따라서만 살도록 운명 지어지지 않는다. 생각하고 말하는 능력이란 법도를 거스를 수 있는 자에게만 주어지는 법이기 때문이다. 그러니 프랑켄슈타인의 창조는 분명 이성적 예측과 통제의 한계를 근원적으로 넘어서는 것이었다. 죽은 자를 되살려 새로운 괴물 인간을 창조하려면 분명 과학적 이성이 필요하다. 그러나 한번 괴물 인간이 창조되고 나면 그가 어떠한 방식으로 삶을 살아가게 될지 결코 확실하게 예측할 수 없다.

과연 괴물 인간은 프랑켄슈타인이 전혀 예측하지 못했던 방식으로 자신의 운명을 만들어 가기 시작했다. 그는 자신을 추악하고 혐오스러운 존재로 만든 자신의 창조자 프랑켄슈타인을 증오하게 되었다. 그는 우선 프랑켄슈타인의 동생을 죽인다. 그 뒤 자신의 동반자가 될 여자 괴물을 만들어 내라고 요구해서 프랑켄슈타인의 약속을 받아 낸다. 하지만 약속은 지켜지지 않았고, 그 때문에 격분한 괴물 인간은 프랑켄슈타인의 신부를 죽인다. 자신의 피조물로부터 받은 고통과 굴욕을 앙갚음하려고 프랑켄슈타인은 괴물을 쫓기 시작한다. 그러나 북극까지 간 그는 복수는커녕 그 자신이 배 안에서 비참하게 죽고 만다. 자신의 창조자인 프랑켄슈타인이 죽었다는 것을 확인한 괴물 인간은 자신의 몸을 스스로 불사르겠노라는 말을 남기고 나서 어디론가 사라져 간다.

『프랑켄슈타인』은 우리에게 무엇을 암시하는가? 우선 인간은 신이 아니라는 진실이다. 전지전능한 신은 자신의 피조물에 의해 죽임당하지 않는다. 신은 자신의 피조물보다 무한히 우월한 것이다. 그러나 인간은 그렇지 않다. 설령 인간의 이성이 죽음마저 극복할 힘을 인간에게 부여한다고 해도 그러한 힘의 사용이 반드시 인간을 강하게 하는 방향으로 작용하리라는 법은 없다. 이신론으로 기울었던 많은 계몽주의자들이 생각했던 것처럼 이성이 곧 신이라면 이성의 산물은 언제나 유한한 인간을 초월하는 것으로서 존재하게 되는 셈이다.

인간이 이성적으로 만들어 내는 것은 무엇이든 인간보다 근원적으로 강한 것으로서 인간에게 파멸적인 결과를 가져올 가능성을 자기 안에 가지고 있다는 뜻이다. 어쩌면 제우스가 이성의 불을 인간에게 가져다주는 것을 금기시한 이유가 바로 이것이었는지도 모른다. 이성이 알려 주는 모든 것은 결국 힘이다. 그러나 그 힘은 계몽주의자들이 생각했던 것과 달리, 혹은 그 이상으로, 인간에게 매우 위험하다. 무슨 말인지 잘 실감이 나지 않으면 이성에 의한 기술과 제도의 발전이 무엇을 뜻하는지 곰곰이 생각해 보라.

기술과 제도의 발전은 한편으로는 좋은 것이다. 기술이 발전하면 더 많이 생산할 수 있고, 더 잘 싸울 수 있다. 또한 제도가 발전하면 보다 안정되게 내일을 설계할 수 있다. 그러나 기술과 제도의 발전은 소수가 통제하고 제압할 수 있는 인간의 수를 기하급수적으로 늘린다. 맨주먹으로 싸우는 인간은 아무리 강해도 기껏 수십 명의 적을 제압할 수 있을 뿐이다. 그러나 칼을 잘 쓰는 인간은 칼 없는 인간 수백도 베어 버릴 수 있다. 심지어 총을 사용할 줄 아는 인간은 총이 없는 인간 수천도 혼자 제압할 수 있다. 또 제도가 발전하지 않으면 인간들끼리 뭉쳐 봐야 한시적으로만 시너지 효과가 날 뿐이다. 그러나 제도가 발전해서 사회가 정비되고 군대가 조직적으로 결성되면 온 세계를 대상으로 정복 전쟁에 나설 수도 있다.

현대과학은 얼마나 찬란한가. 현대과학이 발전하면서 얼마나 많은 문명의 이기들이 발명되어 인간의 삶을 편하게 했는가? 그러나 현대과학의 발전은 전쟁 무기의 발전 역시 초래했다. 전쟁 무기의 발전은 물론 소수의 사람이 학살할 수 있는 인간의 수를 기하급수적으로 늘렸다. 심지어 오늘날에는 조금의 과장도 없이 단 한 명의 인간이 온 인류를 멸망시킬 수도 있게 되었다고 말할 수 있다. 미국이나 러시아 같은 강대국의 권력자가 조금 정신이 이상한 사람이라 충동적으로 단추를 하나 꾹 누르면 그 즉시 핵전쟁이 발발하게 되는 것이다.

'현대의 프로메테우스'인 프랑켄슈타인 박사는 죽음의 한계를 과학적 이성의 힘으로 극복해 내었다. 얼마나 찬란한 이성의 승리인가? 그

러나 찬란한 이성의 승리가 곧 인간의 승리와 같다고 여겨서는 안 된
다. 찬란한 이성의 승리는 언제나 인간에게 크나큰 위기가 도래했음
을 알리는 그 전조와도 같다. 이성이 승리를 거둘 때마다 인간은 최대
한 현명해지려 애써야 한다. 크나큰 화가 임박했기 때문이다.

대다수의 전통적인 철학자들이 잘 헤아리지 못했던 진실 가운데 하
나는 현명한 삶이란 결코 이성적인 삶, 이성이 승리를 거두는 삶과 같
은 것이 아니라는 것이다. 현대의 프로메테우스가 그 증거이다. 프랑
켄슈타인 박사의 열정적 연구를 통해 이성이 승리를 거두었지만 그렇
다고 프랑켄슈타인 박사의 삶이 좋아진 것은 아니었다. 그는 결국 파
멸해 버렸다. 그것도 자신의 피조물이 가하는 정신적, 육체적 고통을
굴욕적으로 견뎌 내다 파멸해 버렸다. 왜 그랬을까? 현명하지 못했기
때문이다. 철저하게 이성적으로만 사고하려 하면 할수록, 철저하게
이성이 승리를 거두게 하려 하면 할수록, 삶은 빈곤해지고 위험해지
며 무의미해진다.

프랑켄슈타인 박사가 창조해 낸 괴물 인간이 자신의 창조자에게서
발견한 것이 바로 이것이었다. 이성의 힘을 빌려 창조하기는 했으되
그 마음속에는 사랑이 없었다. 이성의 힘으로 죽음의 힘마저 이겨 냈
으되 그 마음속에는 삶에 대한 경탄과 긍정의 정신이 깃들어 있지 않
았다. 냉철한 지성적 판단 능력을 지니고 있되 삶이란, 설령 삶을 가
능하게 하는 어떤 원인에 의해 창조된 것이라고 하더라도, 오직 무한
한 가능성 앞에 열린 본질적으로 창발적인 것으로서 창조되는 것이라
는 점에 대한 통찰이 없었다. 한마디로, 현대의 프로메테우스는 이성

의 승리를 갈구하며 스스로 자신의 삶에 굴욕과 패배를 예비하는 어리석은 존재이다.

차라투스트라는 당당하게 자신을 이렇게 소개한다.

"그렇다! 나는 신을 부정하는 차라투스트라다!"

차라투스트라의 이러한 선언에 대한 최악의 오해는 신과 맞서 싸우며 신보다 더 위대해지기를 의욕하는 자가 바로 차라투스트라고 단정하는 것이다. 실은 그 반대이다. 차라투스트라가 신을 부정하는 까닭은 이성의 승리를 갈구하며 스스로 자신의 삶에 굴욕과 패배를 예비하는 인간의 어리석음을 신의 이름이 반영하고 있다는 생각 때문이다.

신을 부정한다는 말은 두 가지 의미를 지닌다. 첫째, 신은 존재하지 않는다. 둘째, 신이 존재하기는 하지만 우리는 복종하기보다 차라리 신과 맞서 싸워야 한다. 두 경우 모두 신과 맞서 싸운다는 말에 어떤 현실적인 의미도 부여하지 않는다. 신이 존재하지 않는다면 신과 싸우는 것은 불가능하다. 반대로 실제로 신이 존재하는 경우 신과 맞서 싸우는 것은 어리석은 일에 불과하다. 대체 전지전능한 절대자인 신과 어떻게 맞서 싸울 것인가? 실제로 존재하는 신은 인간이 싸워서 이

길 수 있는 존재가 아니다. 그러니 신과 맞서 싸우는 것은 그저 무모할 뿐이다.

그렇다면 차라투스트라는 왜 신을 부정하는가? 두 가지 이유 때문이다. 첫째, 신을 믿는 자는 기꺼이 복종하려는 자이다. 기꺼이 복종하려 한다는 점에서 그는 자발적인 노예이다. 하지만 동류의 인간에게는 압제자이기 쉽다. 그는 다른 사람이 신의 뜻과 어긋나는 생각과 행동을 하는 것을 결코 허용하지 않을 것이다. 그러니 신을 믿는 자가 큰 힘을 발휘하는 곳에서 자유분방하게 창의적으로 삶을 살아갈 가능성은 아예 없거나 지극히 제한적으로만 주어질 뿐이다.

둘째, 현대의 프로메테우스처럼 자신이 신과도 같은 존재일 수 있다는 망상을 품는 자 역시 신을 믿는 자이다. 그가 유신론자인가 아니면 무신론자인가는 별로 중요하지 않다. 아무튼 그는 자신에게서 현실적인 신을 발견하는 것이다. 자신에게서 현실적인 신을 발견하는 자는 누구나 다 잠재적, 현실적 압제자이다. 이러한 자는 최고도로 교만한 자이다. 자신과 생각이 다르고 가치관이 다른 모든 인간을 하찮게 여기는 자이며, 그럼으로써 모든 인간의 고통과 죽음에 둔감해진 자이다.

권위적이고 가부장적인 남자는 왜 여자가 자신에게 복종해야 한다고 생각하는가? 여자가 남자에게 복종하는 것이 마땅하고 올바른 일이라고 보기 때문이다. 이러한 생각을 품은 남자는 모두 신을 믿는 자인가? 그렇다. 설령 그가 입으로는 신의 존재를 부인한다 해도 그는 실제로는 자신의 생각이 올바르다는 것을 보증해 줄 수 있는 어떤 절대적이고도 현실적인 원리가 있음을 암묵적으로 전제한다. 그런데 신이야말로 절대적이고도 현실적인 원리를 지칭하는 가장 대표적인 말이다.

자신을 귀족이라 여기며 대다수 인간을 하찮게 대하는 자는 또 어떠한가? 이러한 자 역시 신을 믿는 자이다. 스스로 신을 믿는다고 여기든 아니든 아무튼 그는 자신을 존귀한 자라 여기고, 대다수의 인간을 하찮게 여기는 자신의 사고방식이 절대적으로 올바르다고 믿는다. 혹시 그는 세계란 힘의 논리에 의해 움직일 뿐이라고, 자신은 그러한 세계에서 강자이기에 우쭐할 권리를 갖는다고 생각하는가? 그렇다면 그는 사나운 개에 불과할 뿐이다.

아니, 자신을 귀족이라 여기는 자는 다 본질적으로 사나운 개에 불과하다. 그러나 자신이 그렇다는 것을 인정하는 것이야말로 생각할 줄 아는 동물인 인간에게는 최악의 자기모멸일 뿐이다. 그렇기에 자기를 존귀한 자라 여기는 모든 개는 신의 이름이 표상하는 어떤 고상한 정신적 원리에 곧잘 호소한다. 자신이 남보다 더 높고 잘난 자라 여기는 속물근성이 마치 대단한 정신적 가치를 지니기라도 하는 것처럼 생각하며 자기기만에 빠져 버리는 것이다.

기억하라! 신을 부정하는 차라투스트라는 인간을 향한 크나큰 사랑 때문에 스스로 자신의 몰락을 선택한 자라는 것을. 크나큰 사랑의 힘에 의해 추동되는 삶은 끝없이 낮은 곳으로 향하기 마련이다. 그럼으로써 모두를 복되게 하며, 모두가 모두에게 다정한 친구처럼 되는 세상을 만들어 나간다. 바로 그렇기에 그는 노예의 정신과 압제자의 정신으로 분열된 인간의 자아를 가차 없이 비판한다. 차라투스트라가 신을 부정하는 까닭은 신의 이념이야말로 인간으로 하여금 노예의 정신과 압제자의 정신으로 분열된 자아를 지니도록 하는 근본 원인이라고 보기 때문이다.

제8장

/

천민과 노예의 폭동

디에고 리베라, 〈교차로에 서 있는 인간〉(〈인간, 우주의 지배자〉로 개명), 1934,
멕시코시티 예술 궁전Palacio de Bellas Artes

　니체의 철학은 종종 천민과 노예에 대한 경멸적 언사 때문에 비판
의 대상이 되거나 반대로 경탄의 대상이 되거나 했다. 민주주의를 사
랑하는 사람이라면, 모든 인간은 평등하다고 굳게 믿고 있는 사람이
라면, 천민과 노예에 대한 니체의 경멸적 언사가 달가울 리 없다. 반
대로 민주주의를 혐오하는 사람이라면 니체의 똑같은 언사가 반갑게
느껴질 것이다.

　사회주의 사상가들 가운데서는 니체가 파시즘적 사상가가 아닌가,
의심하는 사람들이 적지 않았다. 실제로 나치들이 니체를 위대한 독
일 정신의 상징으로 떠받들기도 했으니 그렇게 의심하는 것도 사실
무리는 아니다. 그러나 니체는 유럽의 뿌리 깊은 반유태주의에 대한
비판자였다. 자신의 조국에 대해서도 니체는 그다지 우호적이지 않았
다. 게다가 천민과 노예에 대한 그의 경멸적 언사에도 불구하고 니체
는 결코 특권층의 편이 아니었고, 자신이 특권층에 속한 일종의 귀족

이라는 식의 생각도 하지 않았다. 오히려 니체의 관점에서 보면 자신이 남들보다 특권을 누릴 권리를 가지고 있다고 여기는 자야말로 천민의 전형이었다.

차라투스트라가 인간 사랑 때문에 스스로 자신의 몰락을 선택한 자라는 것을, 차라투스트라의 주장에 따르면 인간이란 스스로 자신의 몰락을 선택하는 경우에만 초인을 향한 길로 접어들 수 있다는 것을 생각해 보라. 특권 의식을 지닌 자보다 초인으로부터 멀리 떨어져 있는 자는 없다. 특권 의식이야말로, 남들보다 더 많은 권리를 누리고 싶다는 욕망이야말로, 니체적 의미의 천민과 노예의 특징인 것이다.

어느 날 차라투스트라는 두 명의 왕과 만났다. 그들은 왕이면서도 자신보다 더 높은 인간을 찾아 길을 떠난 참이었다. 그들은 차라투스트라와 정신적으로 잘 통하는 자들이었다. 그들 중 하나는 어째서 왕인 자신들이 스스로 왕이기를 포기하고 길을 떠나야 했는지 다음과 같이 밝힌다.

"바른 예절이라니? 대체 우리가 무엇을 피해서 달아나고 있는 것인가? 바른 예절 아닌가? 바로 우리의 상류사회가 우리가 피하려는 그것 아닌가?

진정 금박을 입힌 가짜, 짙게 화장한 우리의 천민과 함께 사느니 차라리 은둔자나 염소치기들과 함께 사는 것이 낫지.

천민이 자신을 상류사회에 속한 자라고 여긴다 해도 말일세.

천민이 자신을 귀족이라고 부른다 해도 말일세.

거기에서는 모든 것이 가짜이고, 부패했으니, 특히 피가 그렇다네. 그리고 그것은 고질적인 나쁜 질병과 더욱 저질인 돌팔이 의사들 때문이지."

그들이 왕의 지위마저 내려놓고 길을 떠난 것은 천민들을 피하기 위해서였다. 상식적으로 생각해 보면 왕이 천민들을 피하기 위해 길을 떠난다는 것은 말이 되지 않는다. 왕은 왕궁을 나서지 않으면 천민들과 만날 일이 없다. 왕과 가까이 할 수 있는 자들은 대개 신분이 높거나 큰 부자들이다. 신분도 낮고 부자도 못 되면서 왕을 만날 수 있는 자들이란 기껏해야 시종 같은 부류의 인간들이다. 차라투스트라와 만난 두 명의 왕들은 천민을 피하려고 왕궁을 떠났지만 실은 왕궁에 남는 것이 왕궁을 떠나는 것보다 천민과 만날 가능성을 줄이는 데 더 낫다.

차라투스트라가 이 두 명의 왕을 기꺼워했던 이유 중 하나는 그들이 천민을 사회적 신분을 지칭하는 말로 사용하지 않는다는 점이었다. 사회적으로 신분이 낮은 자가 천민이라면 그들이 왕궁에서 상대하던 자들은 대개 천민으로 분류될 수 없는 자들이었다. 왕들은 자신을 귀족이라고 부르는 자들, 금박을 두른 듯 화려한 차림으로 거들먹거리는 자들과 함께 살았다. 하지만 왕들은 이처럼 공허한 인간들이 끝없이 주변을 맴도는 것을 참을 수 없었다. 특권 의식을 지닌 귀족이나 부자야말로 왕들에게는 천민의 전형이었다. 이러한 자들과 비교하면 특권 의식 같은 것은 조금도 지니지 않은 채 하루하루 묵묵히 삶을 길러 내는 농부들이 높고 탁월한 인간들이었다.

"농부가 오늘날 최선의 존재이다. 농부의 종족이 주인이 되는 것이 마땅한 일이다. 하지만 눈앞에 보이는 것은 천민의 제국뿐이로구나. 다시는 속지 않으리라. 천민은 이를테면 잡동사니에 불과할 뿐이다."

천민이 잡동사니라니, 대체 무슨 뜻일까? 말 그대로다. 오늘날에는 정말 다양한 부류의 인간들이 다 천민이다. 심지어 사회적 통념에 비추어 보면 천민과 가장 먼 부류의 인간인 성직자, 귀족 등도 다 잡동사니 천민에 속할 뿐이다.

"천민-잡동사니. 그 안에서는 모든 것이 뒤섞여 있다. 성자와 불량배, 귀공자와 유태인, 노아의 방주에서 나온 온갖 가축이 한데 뒤섞여 있다."

한마디로, 이 두 명의 왕은 잡동사니 천민들 사이에서 왕 노릇하는 것이 견딜 수 없어서 왕궁을 떠났다. 왕이라 한들 잡동사니 천민들과 한데 뒤섞여 있으면 똑같은 천민에 불과하다는 것을 그들은 알고 있었던 것이다.

"빌어먹을, 천민들 사이에서 으뜸인 체하는 꼴이라니!

아, 역겹도다! 역겹도다! 역겹도다!
이제 우리 왕들이 무슨 소용이란 말인가!"

이러한 한탄은 차라투스트라에게 친근하고 정겹게 느껴졌다. 실은 차라투스트라야말로 왕들에 앞서서 오늘날 왕이 무슨 소용이냐고 공언한 자였던 것이다. 특권 의식에 사로잡힌 모든 인간은 차라투스트라에게 적당한 행복만을 추구하는 끝물 인간과 조금도 다르지 않았다. 끝물 인간을 향한 차라투스트라의 가차 없는 비판과 경멸은 무엇보다도 우선 특권 의식에 젖은 자들을 향해 있었던 것이다.

디에고 리베라는 멕시코의 화가로, 활발하게 벽화 운동을 전개하던 인물이었다. 그는 한국의 미술 애호가들에게는 독립된 화가로서보다 프리다 칼로의 남편으로 더 잘 알려져 있다. 하지만 살아 있을 때 그는 칼로보다 훨씬 더 유명하고 영향력 있는 예술가였다.

어느 날 그에게 록펠러센터의 디렉터였던 넬슨 록펠러가 록펠러센터의 메인 빌딩인 30 록펠러 플라자 로비를 장식할 벽화의 주제를 제시했다.

희망과 높은 비전으로 새롭고 더 나은 미래를 선택하기를 모색하며 교차로에 서 있는 인간.

30 록펠러 플라자는 1932년에 완공된 건물이었다. 원래 넬슨 록펠러는 피카소나 마티스에게 벽화의 제작을 의뢰하려 했다. 하지만 마티스는 이미 다른 기관으로부터 작품을 의뢰받아 작업하고 있는 중이었고, 피카소는 아예 답장조차 보내지 않았다.

넬슨 록펠러는 장차 뉴욕 주지사와 미국 부통령이 될 인물이었다. 그런 그가 디에고 리베라에게 자본주의의 상징과도 같았던 록펠러센터의 주 건물 로비를 장식할 벽화를 의뢰하게 된 것은 역사의 아이러니였다. 아내인 프리다 칼로와 마찬가지로 디에고 리베라는 열렬한 공산주의자였던 것이다.

피카소와 달리 왜 리베라는 넬슨 록펠러의 작품 의뢰를 수락했을까? 아예 답장조차 보내지 않은 피카소 역시 리베라처럼 공산주의에 경도되어 있었다. 아마 그 때문에 피카소는 넬슨 록펠러에게 무반응으로 일관했을 것이다. 어쩌면 리베라가 피카소와 다른 선택을 한 것은 사상이나 신념보다 돈이나 명예 때문이었을 수도 있다. 하지만 이유야 어쨌든 결과적으로 리베라는 작품 의뢰를 수락함으로써 그렇게 하지 않았더라면 일어나지 않았을 큰 파란을 자본주의의 심장부에서 일으킬 수 있었다. 우선 넬슨 록펠러가 리베라에게 제시한 벽화의 주제를 다시 한번 살펴보자.

희망과 높은 비전으로 새롭고 더 나은 미래를 선택하기를 모색하며 교차로에 서 있는 인간.

리베라는 교차로를 자본주의 역사와 사회주의 역사의 교차로로 해석했다. 그는 실제로 자본주의와 사회주의를 대조적으로 묘사하는 방식으로 작품을 구상한 뒤 록펠러의 승인을 받았다. 그렇다면 교차로란 자본주의와 사회주의가 서로 충돌하는 곳인 셈이다. 교차로에 서 있는 인간에게는 이러한 대충돌이 파국적으로 끝나지 않게끔 할 사명과 책임이 주어져 있다. 더 나아가 그는 인류가 지금까지의 세계보다, 자본주의와 사회주의 사이의 대립으로 인해 가리가리 찢긴 그러한 세계보다, 더 나은 미래를 향해 나아가도록 해야 한다. 바로 이것이 교차로에 서 있는 인간이 품어야 할 희망과 비전이다.

리베라가 그린 그림의 제목은 〈교차로에 서 있는 인간〉이었다. 그것은 많은 자본주의의 옹호자들을 격분하게 했다. 리베라의 그림에서 교차로는 X 자 모양을 이루고 있는 네 개의 프로펠러로 묘사되어 있다. 그 왼쪽은 자본주의 세계이고 오른쪽은 사회주의 세계이다. 문제는 언뜻 보기에도 자본주의 세계보다 사회주의 세계가 훨씬 더 건강하고 바람직한 세계로 그려져 있다는 것이었다.

왼쪽에는 꽤나 부유해 보이는 여자들이 담배를 피우며 카드놀이를 하고 있는 반면 오른편에서는 레닌이 만국의 노동자들과 굳건한 연대의 표시로 손을 맞잡고 있다. 카드놀이를 즐기고 있는 유한 마담들의 왼쪽에는 단순한 방관자처럼 보이는 한 무리의 인간들이 있고, 그 뒤에는 현대 진화론의 창시자 찰스 다윈이 역시 단순한 방관자처럼 그림 가운데 쪽을 바라보고 있다. 그림의 구도는 왼쪽의 자본주의 세계와 오른쪽의 사회주의 세계가 그림 가운데를 향해 전진하고 있는 방식으로 설정되어 있다. 그 때문에 자본주의 세계의 인간들은 대체로 역사의 주역이 아니라 수동적이고 무관심한 존재라는 느낌을 준다.

그렇다면 자본주의 세계의 전진은 누구에 의해 이루어지고 있는가? 그 해답은 위쪽에 주어져 있다. 자본주의적 방관자들의 위에서 방독면을 쓴 거의 기계처럼 보이는 군인들이 앞을 향해 전진하고 있다. 그들이 전진하는 모습은 희망보다는 절망을, 높은 비전보다는 비참한 파멸을 예감하게 한다.

하지만 오른쪽의 사회주의 세계는 완전히 다르다. 만국의 노동자와 손을 맞잡고 있는 레닌의 오른편으로는 트로츠키와 프리드리히 엥겔스, 카를 마르크스 등이 진지한 표정으로 노동자들과 함께 혁명 운동을 준비하고 있다. 그들 위로는 메이데이의 노동자들이 붉은 깃발을 높이 들고 앞을 향해 힘차게 전진하고 있다. 비참한 파멸을 향해 나아가는 왼쪽의 자본주의 세계와 달리 오른쪽의 사회주의 세계는 새롭고 건강한 미래를 향해 단호하게 나아가고 있는 중이다.

리베라가 록펠러센터 주 건물의 로비에 그리기 시작한 벽화는 완성될 수 없었다. 오늘날 우리가 알고 있는 작품은 리베라가 조국 멕시코에서 다시 그린 것이다.

미국의 자본주의자들이 처음 보았을 때 리베라의 벽화는 자본주의 세계와 사회주의 세계 사이의 대조가 꽤나 완곡하게 표현되어 있었다. 적어도 나중에 완성된 작품과 비교해 보면 그랬다. 그럼에도 그들이 격분하도록 하는 데는 이미 충분했다. 미국의 여러 매체가 리베라의 벽화를 비판했다. 심지어 〈뉴욕 월드 텔레그램〉이라는 신문은 리베라의 벽화를 '반자본주의적 선전물'이라고 아예 낙인을 찍었다.

넬슨 록펠러는 리베라에게 그림에서 레닌을 지우라고 요구했다. 하지만 리베라는 이러한 요구를 받아들이지 않았다. 대신 그는 링컨의 초상을 삽입함으로써 자본주의에 보다 우호적인 분위기를 자아내는 것으로 절충할 것을 제안했다. 리베라의 제안은 거부되었고 미완성인 채로 벽화는 천으로 가려졌다. 이듬해인 1934년 2월에 벽화는 결국 철거되었다.

자신의 그림이 결국 철거될 것이라는 것을 예감한 리베라는 벽화를 사진으로 찍어 두었다. 그리고 그는 멕시코시티로 가서 이 도시의 예술 전시관인 예술 궁전Palacio de Bellas Artes의 한 벽에 벽화를 그리게 해 달라고 정부에 요청했다. 그의 요청은 받아들여졌다.

오른쪽의 트로츠키, 마르크스, 엥겔스와 왼쪽의 다윈 등은 록펠러 센터의 원화에는 없었던 것을 예술 궁전에서 벽화를 그리면서 삽입한 것이었다. 록펠러 가문에 대한 복수였을까? 리베라는 존 록펠러 주니어도 새로 그려 넣었다. 그는 원래 평생 동안 철저하게 금주한 인물이었지만 그림 속에서는 나이트클럽에서 한 여자와 술을 마시고 있다.

그들 머리 위에는 매독 박테리아가 잔뜩 담긴 접시가 하나 놓여 있다.

리베라는 벽화를 개명했다. 〈교차로에 서 있는 인간〉은 이제 〈인간, 우주의 지배자〉가 되었다. 차라투스트라가 만난 두 명의 왕은 오늘날 최선의 존재는 바로 농부라고 말한다. 반면 리베라의 벽화에서 우주의 지배자에 적합한 이미지를 지닌 존재는 노동자이다. 그것도 수공업에 종사하는 전통적 노동자가 아니라 첨단의 기계를 조종하는 노동자, 원자와 세포에 관한 현대과학의 성과들을 적극적으로 수용하면서 미래를 향해 나아가는 그러한 노동자이다. 리베라의 정치적 성향이나 그림이 풍기는 인상에 비추어 보건대 이 노동자는 자본주의보다 사회주의에 더 친화적인 인간이다.

만약 니체가 〈인간, 우주의 지배자〉를 보았다면 어떤 반응을 보였을까? 만약 그가 20세기의 인간이어서 두 번에 걸친 세계대전, 약소국가에 대한 서구 열강들의 제국주의적 침탈, 나치 독일이 자행한 홀로코스트의 만행, 러시아의 사회주의 혁명, 스탈린 치하의 구소련에서 일어난 엄청난 테러, 독재 등등을 모두 목격했다면? 아마 그는 자본주의와 사회주의 모두를 강하게 비판했을 것이다. 겉으로 보기에 퇴폐적으로 보이든 건강해 보이든 상관없이 자본주의와 사회주의는 각각의 방식으로 모든 인간을 획일화하려는 이데올로기의 이름이기도 하다.

니체의 관점에서 보면 자본주의에 열광하는 자본주의 사회의 구성원이나 사회주의를 찬양하는 사회주의 사회의 구성원은 모두 적당한 행복만을 추구하는 끝물 인간들에 불과하다. 대체 지금의 자본주의적 자아나 사회주의적 자아를 경멸하지 않고서 어떻게 고유하고 자유분방한 기상을 지닌 인간이 될 수 있을까? 대체 모든 것을 획일화하려는 그러한 사회에 맞서 싸우지 않으면서 어떻게 큰 희망과 높은 비전으로 새롭고 더 나은 미래를 선택하는 인간일 수 있을까?

진정으로 삶을 보존하고 또 증진하기를 원하는 인간이라면 자본주의와 사회주의의 나쁜 점을 발견해 내서 단호하게 비판해야 한다. 어느 한 편에 서서 맹목적으로 자본주의나 사회주의를 옹호하는 일은 체제에 대한 굴종이고, 고유하고 자유로운 존재가 되기를 지향하는 인간성에 대한 배신이며, 적당한 행복을 위해 압제와 타협하는 일 이상도 이하도 아니다.

그럼에도 아마 니체는 리베라가 우주의 지배자로 묘사한 노동자 인간에게서 초인의 새로운 전형을 발견했을 것이다. 왜 그러한가? 무엇보다도 우선 인류의 역사에서 과학과 기술의 발전은 돌이킬 수 없는 것이기 때문이다. 사람 중에는 과학과 기술의 발전을 긍정적으로 평가하는 이도 있고 부정적으로 평가하는 이도 있다.

평화로운 곳에서 현대과학과 기술의 혜택을 잔뜩 받으며 살아온 사람들은 과학과 기술의 발전이 매우 긍정적인 일이라고 생각하기 쉽다. 오늘날 사람들은 컴퓨터와 인터넷, 스마트폰 등의 기기와 자동차, 비행기 등의 운송 수단을 사용하는 데 익숙하다. 이러한 문명의 이기들을 사용할 수 없었던 옛사람들은 얼마나 살기가 불편했을까?

그러나 근대 이래 과학과 기술이 그토록 급속도로 발전하지 않았더라면 두 번의 세계대전과도 같은 대규모의 참혹한 전쟁은 발생하지 않았을 것이다. 홀로코스트도 일어나지 않았을 것이고, 원자폭탄에 의해 수십만에 달하는 사람들이 일시에 떼죽음을 당하는 일도, 핵전쟁이 일어나 인류가 멸망하게 될지도 모를 불안과 두려움이 인류의 정신을 괴롭히는 일도, 지구상의 모든 인간이 상상도 할 수 없으리만치 치밀하고 체계적인 방식으로 끝없이 감시를 당하고 또 통제당하게 될 것이라는 디스토피아적 전망도 생겨나지 않았을 것이다.

기억하는가? 기술과 과학의 발전은 소수가 통제하거나 제압할 수 있는 인간의 수를 기하급수적으로 늘린다는 것을? 메리 셸리의 『프랑켄슈타인』이 강력하게 암시하는 것처럼 인간 이성의 산물은 인간이 감당할 수 없는 것이 되기도 한다. 총과 칼을 만들기는 쉽다. 그러나 총과 칼에 의해 죽임당하지 않을 존재가 되는 일은 불가능하다. 첨단의 과학과 기술을 발전시켜 나가는 것은 인간이 할 수 있는 일이고 지난 몇 세기 동안 이미 해 온 일이기도 하다. 그러나 인간이 현대적인 과학과 기술의 산물에 의해 멸망당하지 않을 만큼 강력한 존재인 것은 아니다.

누가 알겠는가? 어쩌면 인류의 멸망은 현대적인 과학과 기술의 발전을 통해서만 막을 수 있는 일인지도 모른다. 예컨대 어느 공상과학 영화에서처럼 지구와 충돌하려는 거대한 유성을 인간이 원자폭탄을 사용해서 파괴하는 일이 실제로 벌어진다면 인류는 과학과 기술 덕분에 살아남게 될 것이다. 그러나 이러한 가능성이 과학과 기술로 인해 인류가 멸망당할 가능성을 무화시키지는 않는다. 실은 그 반대이다. 과학과 기술이 발전하면 발전할수록 인류는 과학과 기술 덕분에 살아 남게 될 확률과 반대로 과학과 기술로 인해 파멸하게 될 확률이 동시 에 커지는 역설적인 현실을 마주하게 될 것이다.

　무엇을 어떻게 해야 할까? 다른 방법은 없다. 리베라가 그린 〈인간, 우주의 지배자〉의 중심인물처럼 인류는 스스로 자기 운명의 조종간 을 잡아야 한다. 담대하게 위태로운 운행을 계속해야 한다. 스스로 자 신을 파멸시킬 가능성을 떠안게 된 인류가 자신이 직접 창조한 현실 을 직시하기를 거부할 만큼 비겁해지면 오직 파멸이 확실해지는 결과 만을 낳을 뿐이다. 사회주의에 우호적인 분위기에도 불구하고 어쩌면 리베라는 〈인간, 우주의 지배자〉에서 인류가 살아남을 유일무이한 비 전을 제시하고 싶었는지도 모른다. 인류가 살아남으려면 자본주의 사 회의 인간들과 사회주의 사회의 인간들이, 각각 고유한 방식으로 자 신을 사랑하고 또 경멸하면서, 스스로 자신의 한계를 넘어서는 초인 이 되어야 한다고 말하고 싶었는지도.

　어느 날 차라투스트라는 '스스로 거지가 된 자'를 만났다. 아마 '스 스로 거지가 된 자'는 차라투스트라가 만난 숱한 인간들 가운데서 가장 예수와 닮은 자일 것이다. 예수처럼 그 역시 산상수훈자였다. 차 라투스트라를 보자마자 그는 다음과 같이 외쳤다.

"이 자는 구역질을 하지 않는 인간 차라투스트라다.

크나큰 구역질을 극복한 자다."

차라투스트라가 구역질을 하지 않는다는 것은 대체 무슨 뜻일까? 그것은 인간이 숙명적으로 느껴야만 하는 슬픔을 차라투스트라가 극복해 냈다는 뜻이다. 천하를 얻은 자의 마음조차도 단단하게 얽어매는 슬픔ー 산상수훈자에 따르면 바로 이러한 슬픔이 오늘날에는 구역질이라고 불린다. 자신을 본 산상수훈자의 외침에 화답이라도 하듯 차라투스트라는 산상수훈자에게 다음과 같이 말한다.

"나에 관해서는 말하지 말라, 그대 별난 자여!

우선 그대의 이야기를 들려다오!

그대는 예전에 큰 재산을 내던져 버리고 스스로 거지가 된 자 아닌가?

자신의 재산을, 부자라는 것을, 부끄럽게 여기면서, 자신의 충만한 마음을 나누어 주려고 가장 가난한 자들에게로 달아났던 자가 아닌가?

하지만 가장 가난한 자들은 그대를 받아들이지 않았지."

과연 차라투스트라의 말대로 산상수훈자는 가장 가난한 자에게서 외면을 당한 자였다. 그 때문에 그는 결국 암소들에게로 와서 살았다. 어떤 점에서 산상수훈자는 차라투스트라가 이전에 만난 두 명의 왕보다 인간에 대한 더욱 큰 환멸에 시달리는 자였다. 두 명의 왕은, 비록 특권 의식을 지닌 귀족과 부자 나부랭이에게서 추악한 천민성을 발

견하고 피해 달아나기는 했지만, 농부에 대한 믿음, 소박한 삶을 꾸려
가는 자들을 향한 믿음이 있었다.

하지만 산상수훈자는 인간이 아니라 짐승과 살아야 할만큼 커다란
환멸에 시달리고 있었다. 그것은 그가 오늘날의 인간들에게는 올바르
게, 제대로 베푸는 것이 불가능에 가깝다는 것을 알고 있기 때문이었
다. 이러한 진실을 차라투스트라가 들려주자 산상수훈자는 특히 오늘
날 제대로 베풀기가 어려워졌다고 화답한다.

> "요즘이 특히 그렇지. 오늘날 모든 저열한 것이 폭동을 일으키고, 겁먹고
> 있으면서도, 천민의 방식으로 나름 거만하게 행세하는 요새가 말이야.
> 그대도 잘 알고 있듯이 거대하고 불길하며, 오랫동안 서서히 일어나는 천
> 민과 노예의 폭동이 일어나고 있기 때문이지.
> 이 폭동은 점점 더 커지고 있어."

산상수훈자의 이야기는 무엇을 뜻하는가? 폭동을 일으키는 천민과
노예는 더 이상 사회의 하층민이 아니다. 실은 그 반대이다. 폭동을
일으키는 현대사회의 천민과 노예는 도리어 지위가 높은 자, 부유한
자, 학식이 높은 자, 시인인 양, 예술가인 양, 제법 교양 있는 체 거드
름을 떠는 인간들이다. 그들은 인류가 지금까지 이루어 온 모든 소중
한 삶의 의미들에 맞서 폭동을 일으키면서 돈과 권력을 차지하는 것
외에 인간에게 중요한 것은 아무것도 없다고 공공연하게 외친다.

산상수훈자가 가장 가난한 자들에게로 달아난 것은 현대사회의 상

류층에 속한 자들과 달리 가장 가난한 자들만큼은 아직 천민과 노예가 되지 않았다고 기대했기 때문이었다. 한마디로, 차라투스트라의 초인처럼 인간을 향한 사랑 때문에 스스로 자신의 몰락을 선택하기는커녕 특권을 누리려 버둥거리는 자들은 모두 천민과 노예일 뿐이다. 바로 그 점에서 산상수훈자는 차라투스트라와 생각이 같았다.

산상수훈자가 보기에 현대사회의 비극은 단순히 가난한 자가 많다는 사실, 고통에 시달리다 폭동을 일으키는 빈민들이 많다는 점만으로 설명될 수 없다. 진정한 비극은 가난한 자들조차도 소박하고 진실한 삶의 의미를 잃어버린 채 특권을 향한 욕망에 마음을 빼앗겨 버렸다는 점에 있다.

그들은 더 이상 삶을 위해 투쟁하지 않는다. 그들은 다만 사회 상층부를 형성하는 정신의 천민들과 마찬가지로 자신의 적당한 행복만을 위해 투쟁하는 끝물 인간일 뿐이다. 그들은 거들먹거리는 부자들과 고관들을 향해 분노하지만 정의와 사랑의 정신에 충실해서가 아니라 자신이 특권을 누리지 못한다는 점 때문에 분노한다. 바로 그 때문에 산상수훈자는 가장 가난한 자에게서조차 인간을 향한 희망을 거두고 마침내 인간 세상을 완전히 떠날 결심을 하게 된 것이다.

산상수훈자는 차라투스트라에게 현대의 인간들에 대한 자신의 실망감을 다음과 같이 토로한다.

"위에도 천민, 아래에도 천민!

오늘날 가난하다는 것과 부유하다는 것이 무슨 소용인가?

이러한 구분을 나는 잊어버렸다. 그 때문에 나는 달아났다.

멀리, 더욱 멀리. 마침내 이 암소들이 있는 곳까지.”

기억하는가? 산상수훈자에 따르면 차라투스트라는 큰 구역질을 극복한 자이고, 여기서 구역질이란 인간이 숙명적으로 느껴야만 하는 슬픔, 천하를 얻은 자의 마음조차도 단단하게 얽어매는 슬픔을 뜻하는 말이다. 인간을 향한 산상수훈자의 환멸은 그가 큰 구역질에 시달리고 있는 자라는 사실을 알려 준다. 아마 바로 이러한 점에서도 그는 성경 속의 예수를 닮은 자일 것이다.

자신을 배신한 군중을 향해 예수는 크나큰 동정심을 품고 있었다. 그는 군중을 향해 너희들은 다 끝물 인간에 속한다고 알려 주는 대신, 그들이 끝물 인간 이상의 존재가 되도록 애쓰는 대신, 끝끝내 끝물 인간으로 남을 군중을 동정하며 군중의 죄를 속죄하는 마음으로 스스로 십자가의 운명을 떠안았다.

차라투스트라가 인류를 구원하려는 예수의 기획이 실패했음을 직감한 것은 바로 이 지점이었다. 군중을 향한 예수의 동정심은 ―예수는 실은 모든 인간이 군중에, 끝물 인간에 속한다고 보았을 것이다― 군중이 끝물 인간 이상의 존재가 될 수 없다는 생각의 표현이기도 하다. 그렇다면 군중을 향한 예수의 동정심은 군중을 경멸하는 마음의 이면에 지나지 않는 셈이다. 예수는 왜 십자가에서 흘린 자신의 피로 인류의 죄를 씻으려 했는가? 모든 인간을 끝물 인간으로 보고 동정하고 또 경멸했기 때문이다. 인간이란 자신의 힘에 기대서는 결코 끝물 인간 이상의 존재가 될 수 없다고 본 것이다.

물론 군중을 끝물 인간으로 보고 경멸하기는 차라투스트라 역시 마찬가지였다. 그러나 그는 끝물 인간을 동정하는 대신 가혹하게 비판하는 편을 택했다. 그 까닭은 모든 인간에게는 끝물 인간 이상의 존재가 될 역량과 책임이 동시에 주어져 있다고 보았기 때문이다. 지금의 자기를 버리고 스스로 초인의 길로 들어서라는 질책과 청유— 바로 이것이 인간을 향한 차라투스트라적 사랑의 표현이다.

인간에게 끝물 인간 이상의 존재가 될 역량과 책임이 동시에 주어져 있다고 생각하지 않았다면 차라투스트라는 결코 인간을 위해 자신의 몰락을 선택하지 않았을 것이다. 바로 그 때문에 차라투스트라는 지금 이 땅 위의 모든 인간을 향한 그 자신의 크나큰 경멸에도 불구하고 슬픔에 잠기지 않았다. 도리어 그는 모든 인간의 숙명적인 슬픔을, 구역질을 극복했다. 그럼으로써 그는 스스로 참된 초인에 이르는 길 위의 이정표가 된 것이다.

리베라의 아내였던 프리다 칼로는 멕시코의 전통을 현대예술과 창조적으로 융화하는 데 큰 공을 세운 화가이다. 그녀는 매우 불행한 삶을 살았다. 그것은 18세 때 겪었던 끔찍스러운 교통사고 때문이었다.

그녀는 버스를 타고 있었다. 버스는 과속으로 달리다 전차와 부딪

프리다 칼로, 〈부러진 척추〉, 1944, 돌로레스 올메도 미술관

했다. 전차는 버스를 벽 쪽으로 밀어 버렸고, 버스 안은 삽시간에 아수라장이 되었다. 이 사고로 칼로는 척추가 세 군데나 부러졌다. 오른쪽 발과 왼쪽 다리가 끔찍스럽게 짓이겨졌고, 그 밖에 갈비뼈나 대퇴골 등 그녀의 뼈 여러 곳이 조각조각 부러졌다. 심지어 칼로는 콩팥을 크게 다치는 바람에 소변조차 제대로 볼 수 없는 처지가 되고 말았다. 그러나 최악은 버스 안의 금속 난간이 휘어지며 프리다 칼로를 꿰뚫어 버린 것이었다. 금속 난간은 칼로의 배와 옆구리, 질을 관통해 버렸다. 그 때문에 그녀는 임신할 수 없게 되었다.

리베라는 바람둥이였다. 리베라와 결혼한 뒤 칼로는 리베라로 인해 거듭거듭 커다란 마음의 상처를 받게 되었다. 리베라는 심지어 칼로의 누이동생과도 바람을 피웠다. 칼로와 리베라는 1929년 8월에 결혼한 뒤 1939년 11월에 합의 이혼했다. 칼로는 1954년 7월에 숨을 거두었다. 10여 년의 결혼 생활을 청산한 뒤 그녀는 마음의 평안을 되찾았을까? 알 수 없는 일이다. 다만 한 가지 확실한 것은 남편과 헤어진 뒤 그녀에게 남은 15년의 세월도 행복과는 거리가 멀었다는 것이었다. 숨을 거두기 전 그녀가 마지막으로 남긴 말은 다음과 같았다.

"이 외출이 행복하기를. 그리고 다시는 돌아오지 않기를."

만약 니체가 프리다 칼로와 같은 삶을 산 사람을 알고 있었더라면 그의 사상이 다소간 변했을까? 니체의 영원회귀 사상은 윤회를 운명으로 받아들이라는 뜻이 아니라 몇 번이고 반복되어도 좋은 삶을 살도록 최대한의 의지를 발휘하라는 뜻이다. 아니, 영원회귀 사상의 진정한 뜻은 보다 깊고 그로테스크하다. 적당한 행복만을 삶의 목적으로 아는 끝물 인간과 달리 삶이 주는 온갖 고통에도 불구하고 기어이 삶을 긍정하고 사랑하는 법을 배워야 한다는 것— 바로 이것이 영원회귀 사상의 정수이다.

그런데 칼로와 같은 삶을 산 사람에게 이러한 요구는 얼마나 뻔뻔스럽고 잔인한가? 온몸의 뼈가 다 산산조각이 나고, 금속 난간에 의해 옆구리와 배가 꼬치처럼 꿰이며, 긴 세월 동안 끔찍스러운 고통과 고독에 시달려 온 사람이 똑같은 삶을 몇 번이고 되살아도 좋다고 다짐해야 한다는 말인가? 그러나 어쩌면 이러한 의문을 품는 것이야말로 칼로에 대한 부당한 모욕인지도 모른다.

그녀가 겪어야만 했던 끔찍스러운 고통에도 불구하고 칼로는 후회 없는 삶을 살았으며, 진실한 사랑을 했고, 죽는 날까지 예술혼의 불꽃을 튕겼다. 아마 다시 돌아오게 된다면, 그리고 똑같이 끔찍스러운 운명과 마주치게 된다면, 그녀는 또 묵묵히 후회 없는 삶을 살려 최선을 다할 것이다. 그러니 숨을 거두기 전 그녀가 남긴 "다시는 돌아오지 않기를"이라는 말은 다시 돌아오지 않아도 좋을 만큼 후회 없이 살았으며, 바로 그 때문에 설령 즐거움과 행복만이 가득 찬 삶이라도 다시 이 지상 위에서의 삶을 반복할 필요는 없다는 뜻이었을 것이다.